『後二条師通記』論

平安朝〈古記録〉というテクスト

中丸貴史 著

和泉書院

凡例

一、本書で引用したテクストとその主な底本は、次の通りである（五十音順）。なお、叢書に収められているものは、叢書名（出版社）を示すにとどめた。

・『後二条師通記』＝大日本古記録（岩波書店）、および東京大学史料編纂所の写真帳を適宜参照。
・『猪隈関白記』＝大日本古記録（岩波書店）
・『今鏡』＝海野泰男『今鏡全釈』（パルトス社）
・『栄花物語』＝新編日本古典文学全集（小学館）
・『淮南子』＝新釈漢文大系（明治書院）
・『延喜式』＝訳注日本史料（集英社）
・延慶本『平家物語』＝延慶本注釈の会編『延慶本平家物語全注釈』（汲古書院）
・『懐風藻』＝辰巳正明『懐風藻全注釈』（笠間書院）
・『菅家文草』＝日本古典文学大系（岩波書店）
・『漢書』＝中華書局標点本

・『玉蘂』＝今川文雄翻刻・校訂『玉蘂』（思文閣出版）
・『玉葉』＝図書寮叢刊（明治書院）
・『魚魯愚鈔』＝史料拾遺（臨川書店）
・『愚管抄』＝日本古典文学大系（岩波書店）
・『九条殿遺戒』＝日本思想大系新装版（岩波書店）
・『九暦』＝大日本古記録（岩波書店）
・『経国集』＝小島憲之『国風暗黒時代の文学』（塙書房）
・『芸文類聚』＝上海古籍出版社
・『元亨釈書』＝新訂増補国史大系（吉川弘文館）
・『弘安源氏論議』＝高田信敬「弘安源氏論議（管見・簡校）」（紫式部学会編『源氏物語と文学思想　研究と資料』武蔵野書院）

・『江記』＝木本好信編『江記逸文集成』（国書刊行会）
・『江家次第』＝神道大系
・『江談抄』＝江談抄研究会編『古本系江談抄注解』（武蔵野書院）、新日本古典文学大系（岩波書店）
・『江都督納言願文集』＝山崎誠『江都督納言願文集注解』（塙書房）
・『江吏部集』＝群書類従
・『後漢書』＝吉川忠夫訓注『後漢書』（岩波書店）
・『古事談』＝新日本古典文学大系（岩波書店）
・『後拾遺和歌集』＝新日本古典文学大系（岩波書店）
・『西宮記』＝新訂増補故実叢書
・『山槐記』＝増補史料大成（臨川書店）
・『三国志』＝中華書局標点本
・『史記』＝新釈漢文大系（明治書院）
・『周礼』＝十三経注疏（中華書局）
・『春秋左氏伝』＝新釈漢文大系（明治書院）
・『小右記』＝大日本古記録（岩波書店）
・『続日本紀』＝新日本古典文学大系（岩波書店）
・『新儀式』＝群書類従

・『新古今和歌集』＝新編日本古典文学全集（小学館）
・『晋書』＝中華書局標点本
・『新選朗詠集』＝和歌文学大系（明治書院）
・『水左記』＝増補史料大成（臨川書店）
・『政事要略』＝新訂増補国史大系（吉川弘文館）
・『世説新語』＝新釈漢文大系（明治書院）
・『説文解字繫伝』＝四部叢刊
・『千載佳句』＝金子彦二郎『平安時代文学と白氏文集 句題和歌・千載佳句研究篇 増補版』（培風館）
・『千載和歌集』＝新日本古典文学大系（岩波書店）
・『荘子』＝新釈漢文大系（明治書院）
・『続古事談』＝新日本古典文学大系（岩波書店）
・『楚辞』＝新釈漢文大系（明治書院）
・『台記』＝増補史料大成（臨川書店）、史料纂集（続群書類従完成会）
・『中外抄』＝新日本古典文学大系（岩波書店）
・『中右記』＝大日本古記録（岩波書店）、増補史料大成（臨川書店）
・『中右記部類紙背漢詩集』＝図書寮叢刊（明治書院）

・『貞信公記』＝大日本古記録（岩波書店）
・『田氏家集』＝小島憲之監修『田氏家集注』（和泉書院）
・『殿暦』＝大日本古記録（岩波書店）
・『都氏文集』＝中村璋八・大塚雅司『都氏文集全釈』（汲古書院）
・『土右記』＝増補史料大成（臨川書店）
・『日本紀竟宴和歌』＝続群書類従
・『日本書紀』＝新編日本古典文学全集（小学館）
・『日本霊異記』＝新日本古典文学大系（岩波書店）
・『白氏文集』＝謝思煒『白居易詩集校注』『白居易文集校注』（中華書局）、新釈漢文大系（明治書院）
・『百練抄』＝新訂増補国史大系（吉川弘文館）
・『袋草紙』＝新日本古典文学大系（岩波書店）
・『扶桑略記』＝新訂増補国史大系（吉川弘文館）
・『文華秀麗集』＝日本古典文学大系（岩波書店）
・『別聚符宣抄』＝新訂増補国史大系（吉川弘文館）
・『法性寺関白記』＝図書寮叢刊（明治書院）
・『法性寺関白御集』＝群書類従
・『本朝世紀』＝新訂増補国史大系（吉川弘文館）
・『本朝続文粋』＝新訂増補国史大系（吉川弘文館）
・『本朝無題詩』＝本間洋一『本朝無題詩全注釈』（新典社）
・『本朝文粋』＝新日本古典文学大系（岩波書店）
・『本朝麗藻』＝川口久雄・本朝麗藻を読む会編『本朝麗藻簡注』（勉誠社）
・『枕草子』＝新編日本古典文学全集（小学館）
・『御堂関白記』＝大日本古記録（岩波書店）
・『蒙求』＝池田利夫編『蒙求古註集成』（汲古書院）
・『毛詩』＝十三経注疏（中華書局）
・『文選』＝胡刻本（中華書局）、新釈漢文大系（明治書院）
・『礼記』＝新釈漢文大系（明治書院）
・『洛陽田楽記』＝日本思想大系（岩波書店）
・『吏部王記』＝史料纂集（続群書類従完成会）
・『劉白唱和集』＝柴格朗訳注『劉白唱和集（全）』（勉誠出版）
・『凌雲集』＝小島憲之『国風暗黒時代の文学』（塙

書房）

・『梁塵秘抄』＝新編日本古典文学全集（小学館）

・『類聚句題抄』＝本間洋一『類聚句題抄全注釈』（和泉書院）

・『類聚符宣抄』＝新訂増補国史大系（吉川弘文館）

・『論語』＝新釈漢文大系（明治書院）

・『和漢朗詠集』＝三木雅博訳注『和漢朗詠集』（角川学芸出版）

一、引用本文は、原則として底本の表記によったが、改めたところがある。

一、引用本文に、異同あるいは疑義のある場合は〔　〕に示した。

一、引用本文には、（　）内に人名（必要に応じて地名）を注記した。

一、漢文の引用については、原則として訓点をほどこしたが、詩など、書下し文を付したものについては省いた。

一、漢字の字体は、研究者名以外は原則として常用漢字とした。

一、本文中の年号表記について、改元のある年で改元前の日付の場合は、改元前の年号を用い、改元後の年号も括弧内に示した（改元後の場合は、その前の年号は示さない）。なお、表や巻の年紀に関しては、改元後のもので統一した。

目次

第Ⅲ部 〈古記録〉の論理

序

本書は、〈古記録〉をテクストとして分析することによって、平安時代の言説の一端を明らかにしようとするものである。

〈古記録〉をテクストとして分析するとは一体どういうことか、まずはここから説明しなければならないだろう。論者は平安時代の言説を一旦、すべてテクストのレベルに立ち返らせる必要性を感じている。[1] テクストが、近代以降、書かれたものを規制してきた学問分野によるジャンルの壁を取り壊すのに有効な概念であるからだ。

近代国文学が平安朝文学を対象とするにあたって、仮名テクストをその中心に据えて「文学作品」とし、ハイカルチャーとして、本流ともいうべき地位にあった真名テクスト＝漢文を端に追いやったことは、時代の要請もあり、やむを得ないことであったかもしれない。しかし、現在に至ってもなおテクストを規定しつづけていることの必然性はまったくない。[2] 一方、歴史学においては「歴史資料（史料）」というタームがテクストを規定してきた。[3] 本書で主たる対象とする〈古記録〉は、まさに「史料」として扱われてきたテクストであった。「史料」と「文学作品」を分けるものは一体何か。叙述の客観性だろうか。客観性は装うことはできても、それを叙述する主体が存在する以上、その立ち位置による規制を免れ得ない。

書かれたものは、対象とするものそれ自体ではあり得ず、認識の結果なのであって、書かれたものから構築される事実はもはや客観的な事実などではない。「史料」も「文学作品」も書かれたものである。それゆえに、一旦そうした枠組みを取り払って、書かれたテクストという観点から〈古記録〉を分析してみたい。

〈古記録〉をめぐっては、もう一つの問題がある。それは漢文で書かれたということである。国文学において、漢文が本来的意義とは別にして、端に追いやられたことは先に述べた。一方で漢文学においては、〈古記録〉の漢文が、リンガ・フランカ（lingua franca）(4)たる漢文とは異なり、日本的に変容したものであったがために、「和臭（習）漢文」や「変体漢文」として、さらに端に追いやられた。しかしながら、リンガ・フランカと現地語――古代日本の場合、和語和文ということになる――が混じり合い、また別の言語を生み出すというのは、こちらも差別的なニュアンスを含みながらではあるが、ピジン（pidgin）やクレオール（creole）など、世界各地でみられる現象であったし、何よりこうした日本的に変容した漢文は、単なる誤りというのが憚られるほど、多く書かれ、それは近代に至るまでつづいていたのである。よって、本書ではこうした〈古記録〉の漢文を、そのほかの日本で書かれた漢文も含めて「日本漢文」として積極的にとらえていきたい(5)。

「文学作品」と「史料」にしても、「かな」と「漢文」にしても、中心にあるその概念の根拠となったものだけをみていてはその概念や枠組みを強固にするだけである(6)。概念の周縁にあるものを中心に据えたとき、これまでみえてこなかったまた別の世界が広がる。〈古記録〉をテクストとして分析の中心に据え、その文体である日本漢文を当時の言語文化の中心に据えて考えてみよう、というのが本書の目論見である。これが新たな中心の創出にすぎないという批判はあろうが、〈古記録〉と日本漢文は未だ周縁にあり、中心に据えて検討されていないのだから意義は十二分にある。これらが中心になった暁には、再びその周縁を中心に据えてみればよいのであって、こうした不断の試みが学問に求められているのであるし、同時に学問そのものなのではないか。

〈古記録〉の語についても述べておきたい。論者はこれまで「古記録」の語を用いず、「漢文日記」の語を用いてきた。「古記録」の語と「史料」という概念が深く結びついているからであるが、本書では〈古記録〉の語を用いることにする。

あるテクスト群を命名するということは困難なことである。命名の仕方によってはその内容まで規定しかねないからである（「古記録」というと客観的な記録のようであるが、実際はそれを装っている）。一方、「漢文日記」はどうか。仮名日記という用語はあるが、日本文学研究においては、単に日記といえば、『土左日記』や『蜻蛉日記』などの仮名日記を指す。つまり、「漢文日記」は、日記は仮名で書かれるものがスタンダードである、という前提のもとでの用語なのである。古代日本においては漢字から仮名が派生したのだから、これは転倒した命名である。仮名が誕生したのちも、本来的に日記は漢文で書かれるものであった。

本書では「古記録」の語を「史料」として他のテクストと区別するのではなく、「記録」すること＝書くことの問題性を自覚したうえで用いることとする。また、これまでの「古記録」と区別して〈古記録〉と表記してきたが、以後、特に必要でない限り〈　〉では括らず使用する。

藤原師通関係系図

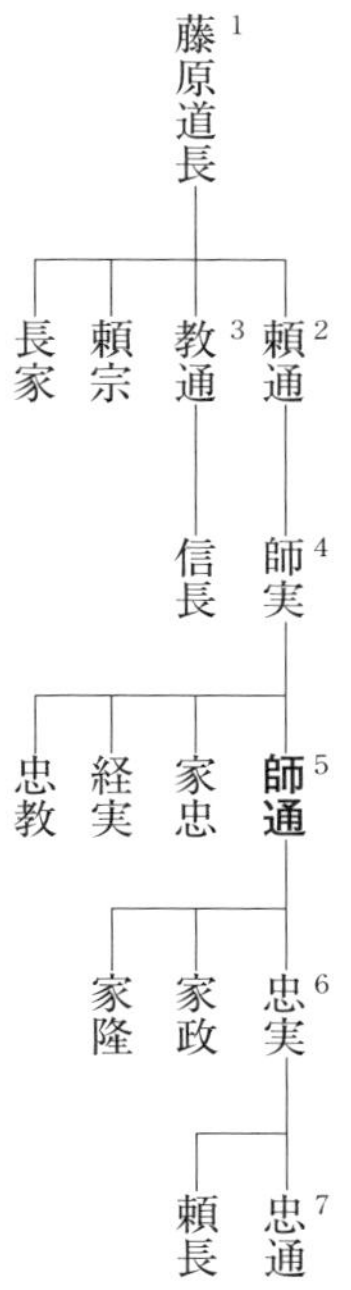

（数字は摂関に就任した順）

以上をふまえ、本書では平安時代院政期初頭の関白藤原師通（一〇六二～九九）の日記『後二条師通記』（以下、『師通記』と略称する）を主たる対象とする。『師通記』は師通の任内大臣直前の永保三年（一〇八三）正月一日から、関白在任中三十八歳で薨去するわずか十一日前の承徳三年（康和元、一〇九九）六月十七日までの約十七年間にわたって書かれた。摂関家嫡流においては、曾祖父道長の『御堂関白記』につづいて、まとまった分量が残っている日記である。書名にある「後二条」は師通が二条殿に住んだことからくる呼称で、大叔父の教通が二条関白、大二条殿とよばれるのに対して「後」が付される。別称として『後二条関白記』『後二条殿記』『師通公記』などがある。

先行研究は、古くは田山信郎「後二条殿記」（『岩波講座 日本歴史 十 記録―特に平安朝の日記について―』岩波書店、一九三五年）(7)があり、伝本の形態を中心とした概説的な研究がなされている。活字本が出される以前に書かれたものとして、今なお有効な視点は多い。昭和三十一年（一九五六）から三十三年にかけては、大日本古記録において活字化、これによって研究の利便性が飛躍的に増した。昭和三十六年五月には、書道雑誌『墨美』第一〇七号において師通を特集している。雑誌の性格上、書芸が関心の中心にあるが、春名好重による師通の概説が充実しており、また、モノクロではあるが図版も多く、参考になる。

昭和五十年代に入ると、遠藤好英によって日本語学の立場から、時の表現、語彙に注目した研究がなされる。「記録体における「夕方」の語彙の体系―『後二条師通記』の場合―」（『国語と国文学』第五十五巻第五号、一九七八年五月）、「記録体における「朝」の語彙―『後二条師通記』の場合―」（『国語学研究』十九、東北大学文学部、一九七九年十二月）、「記録体における時の表現―『後二条師通記』の「昨日以前」・「昨夜」の意味の語句―」（国語語彙史研究会編『国語語彙史の研究』一、和泉書院、一九八〇年）、「記録体における日中に関する時の語彙―『後二条師通記』の場合―」（『佐藤茂教授退官記念 論集国語学』桜楓社、一九八〇年）、「記録体における時の語彙―『後二条師通記』の夜に関する語について―」（『訓点語と訓点資料』第七十七輯、一九八七年三月）である。「日記の文章は、日次の形式による記載内容が統一性と連続性とを性格としてもつことから、この時の表現を考えるのには最もふさわしい」として、十七年にわたって書かれ、ある程度連続して残っている『師通記』が対象に選ばれたようである。[8] この遠藤の一連の研究は『平安時代の記録語の文体史的研究』（おうふう、二〇〇六年）にまとめられている。

昭和六十年代になると、木本好信による歴史学からの一連の研究がある。「後二条師通の儀式観について」（『日本海地域史研究』第七輯、文献出版、一九八五年）、「後二条師通と大江匡房」（『山形県立米沢女子短期大学紀要』二十号、一九八五年十二月）、「関白後二条師通の周辺—北政所と姫君を中心として—」（『日本歴史』第四六一号、一九八六年十月）、「後二条師通記」（山中裕編『古記録と日記』上巻、思文閣出版、一九九三年）である。木本は昭和六十二年に『平安朝日記と逸文の研究—日記逸文にあらわれたる平安公卿の世界—』（桜楓社）[9]、平成十二年（二〇〇〇）に『平安朝官人と記録の研究—日記逸文にあらわれたる平安公卿の世界—』（おうふう）[10]、平成二十八年に『奈良平安時代の人びとの諸相』（おうふう）[11] とこれまでの論をまとめているが、これらの論考は『師通記』にとどまらない、さまざまな「記録」の丁寧な読解を通して行なわれたものであり、本書にとっても学恩はかりしれない。また、国書逸文研究会の活動として木本は『江記逸文集成』（国書刊行会、一九八五年）もまとめており、師通と『師通記』に大きな影響を与えた大江匡房の日記の基礎資料として重要である。

平成に入ると研究にいくつかの傾向がある。

一点目は「言談」に注目した論で、田口和夫「言談・教命」（本田義憲・池上洵一・小峯和明・森正人・阿部泰郎編『説話の講座 第二巻 説話の言説—口承・書承・媒体—』勉誠社、一九九一年）、松本昭彦「藤原師通における家系と執政への意識—寛治六年源経信の除目に関する言談から—」（関西軍記物語研究会編『軍記物語の窓』第二集、和泉書院、二〇〇二年）などがある。

二点目は語学からの視点である。近年、「記録語・記録体」に関する研究が多く出されるようになってきているが、[12]『師通記』を扱うものとしては先の遠藤のものとともに、川﨑（柳原）恵津子「『後二条師通記』に見られる文体の形成過程」（『国語と国文学』第七十九巻第九号、二〇〇二年九月）、同「（調査報告）『後二条師通記』冒頭部の使用語彙―本記と別記の比較という観点から―」（『日本語学論集』第三号、二〇〇七年三月）、同「『後二条師通記』冒頭三ヵ年分の「本記」と「別記」について」（月本雅幸・肥爪周二・藤井俊博編『武蔵野書院創立九十周年記念論集 古典語研究の焦点』武蔵野書院、二〇一〇年）があり、永保三年から三ヵ年の二つの本文について文体と語彙の観点から論じている。また、学問が日記の文体・語彙に与えた影響についても指摘しており、本書にもきわめて重要な視点を提供してくれた。

三点目は漢文学からの研究である。柳瀬喜代志「中国文学と平安朝漢文学―漢籍受容の一、二のかたちをめぐって―」（『国文学 解釈と鑑賞』第五十五巻十号、一九九〇年十月）、松本昭彦「貴族日記の中の自画像―台記・中右記を中心に―」（『国語国文』第六十二巻第十号、一九九三年十月）、佐藤道生「詩序と句題詩」（『日本漢学研究』第二号、慶應義塾大学佐藤道生研究室、一九九八年十月）[13]、後藤昭雄「《書評》平安朝人は『後漢書』をいかに読んだか―吉川忠夫訓注『後漢書』第一冊を読んで―」（『文学』第三巻第一号〈二〇〇二年一・二月号〉、岩波書店）、中島和歌子「『後二条師通記』の雪月花」（第七十八回和漢比較文学会東部例会発表資料、二〇〇三年一月、於中央大学）、小野泰央「『後二条師通記』の漢詩文表現―古記録の記述と時令思想―」（『中央大学国文』第五十二号、二〇〇九年三月）、同「『後二条師通記』に見られる漢籍依拠―院政期官人の生活と中国思想―」（『東洋文化』復刊第一〇七号、二〇一一年十月）[14]などがある。

平成十八年から二十一年まで『日本社会史研究』（日本社会史研究会）に中野栄夫「『後二条師通記』を読む」がその一からその八まで掲載され[15]、これに関連したものとして、中野栄夫「『後二条師通記』に見られる「薄文」について」（『日本社会史研究』八十八号、二〇一〇年七月）、同「朔旦冬至をめぐって―『後二条師通記』を読む（番外）―」（『日本社会史研究』一〇〇号記念誌、二〇一二年十二月）もある。

また、平成九年に松薗斉『日記の家―中世国家の記録組織―』（吉川弘文館）が刊行された。松薗は「日記の家」をキーワードに、古記録そのものを研究対象とし、古代から中世にかけてのあらゆる日記を渉猟し、記録のシステムを解明したという点で、きわめて画期的な研究であった。その後刊行された『王朝日記論』（法政大学出版局、二〇〇六年）とともに、『師通記』も多くの日記の一つとして論じられているわけであるが、本書も松薗の研究によるところが大きい。

本書はこれらをふまえて、総合的に『師通記』をテクストという観点から論じようというものである。構成は三部からなり、第Ⅰ部「『後二条師通記』生成論」では、『師通記』の現在に至るまでのテクスト生成を師通の在世期間を中心に考えていく。それによって、古記録のテクストとしての特質も明らかにしたい。第Ⅱ部「東アジア古典世界のなかの『後二条師通記』」では、日本漢文で書かれた古記録を、東アジア古典世界に位置づけるとともに、記主師通が摂関家嫡流としては異例なかたちで学問にはげんだことと『師通記』の関係を考えていく。第Ⅲ部「〈古記録〉の論理」では、古記録がどのような論理をもったテクスト群であるのかを、その発生・記憶・語りと筆録などをキーワードに考えていく。

本書は『師通記』それ自体を論じた初の専著ということになり、それが最大の特徴であり意義であるということになる。これは現在の学問状況からすると、一見、細分化した研究成果のようにみえるかもしれない。しかし、平安朝廷を構成した男性官人たちの多くが日々書いていた漢文体の日記の一つであることを考えると、平安時代においては最も本流をゆくテクストなのであって、これらのテクストを分析することの意義は小さくないはずである。ましてや摂関家嫡流に生まれ、自らも関白となった記主師通が、白河院政が開始される時期に書いた、時代の転換期に位置する日記ということとなればなおさらであろう。

以下で具体的に論じていきたい。

注

（1）「作品」が、ある価値基準において、他の書かれたものからそれを区別する機能を有し、「作者」が、それに絶対的な立場から意味を付与するのに対し、テクストは、作者を絶対的な地位から引きずりおろし、その原義が織物であるように、書かれたものを言葉によって織りなされたものとみなす用語である。テクストを分析するというのは、引用の織物たる書かれたものを、織り込まれた横糸と縦糸をほぐしていく作業に似ている。なお、テクストは書かれたものに限定されないが、ひとまず本書では書かれたテクストを対象とする。

（2）「国文学」については多くの論考があるが、神野藤昭夫「近代国文学の成立」（酒井敏・原國人編『森鷗外論集 歴史に聞く』新典社、二〇〇〇年）が要を得ていてわかりやすい。ほかにハルオ・シラネ、鈴木登美編『創造された古典―カノン形成・国民国家・日本文学』（新曜社、一九九九年）、笹沼俊暁『「国文学」の思想―その繁栄と終焉―』（学術出版会、二〇〇六年）も参照。

（3）「史料」という用語の問題性については、北條勝貴「〈書く〉ことと倫理―自然の対象化／自然との一体化をめぐって―」（『GYRATIV@（方法論懇話会年報）』第三号、二〇〇四年三月）、同「主体を問う、実存を語る―文学／歴史学の論争と共通の課題」（『国文学 解釈と教材の研究』第五十二巻第五号、二〇〇七年五月）、田中貴子「「史料」と「資料」にはさまれて」（『日本歴史』第七二八号、二〇〇九年一月）などと共通の認識をもつ。

（4）リンガ・フランカは本来、中世以降、地中海地域の交易の場において使用された混成語で、国際共通語などと訳されることが多いが、重要なのは、異なる母語をもつ人々との間での共通語という点である。古代東アジア世界においては、例えば、渤海と日本とのやり取りのなかで使われた漢語漢文がリンガ・フランカということになる。現代においては英語がその役割を果たしているといえよう。

(5)「日本漢文」については、すでに峰岸明が「漢字・漢文が本邦に伝来して以降、これに習熟した日本人が己れの文章表現として作成した漢文体の文章に対する仮称であって、表記様式の上から言えば、漢字（専用）文ということになる。（中略）（論者注：日本人にとって本来の漢文、中国古典の文章は中国語音で音読されることが前提のものであり、それに対して日本漢文は）訓読という行為を予想して作成されることはあっても、特殊な場合を除いては、音読を前提として作成されるものではなかったと推測される」（『平安時代古記録の国語学的研究』東京大学出版会、一九八六年、四十三頁）と述べているが、その後の研究の進展と細分化にともなって、総体的に「日本漢文」として論じられることが少なくなっている。

(6)ある概念を説明する際に、その例として出されるものは、往々にしてその概念の根拠となっている。その例をもととして概念がつくられるのであって、概念があって「もの」があるのではない。この場合でいうと、漢文という概念を説明する際には『史記』や『漢書』などがその例として出されてくるわけだが、日本漢文となるとその周縁に追いやられてしまう。なぜならば『史記』や『漢書』の文体から漢文の概念が形成されるからであり、漢文の概念があって『史記』や『漢書』が生み出されるわけではないからである。文学作品の概念と古記録との関係にしても同様である。

(7)田山信郎「平安朝の記録」（史学会編『本邦史学史論叢』上巻、冨山房、一九三九年）も参照。

(8)遠藤好英前掲論文「記録体における日中に関する時の語彙―『後二条師通記』の場合―」。

(9)「後二条師通の儀式観について」（『後二条師通記』と藤原師通」と改題）を所収。

(10)「後二条師通と大江匡房」（「藤原師通と大江匡房―関白と学儒との交わり―」と改題）、「後二条師通記」を所収。

(11)「関白後二条師通の周辺―北政所と姫君を中心として―」を所収。

(12)先にあげた遠藤好英『平安時代の記録語の文体史的研究』（おうふう、二〇〇六年）のほかに、清水教子『平安中期記録語の研究』（翰林書房、一九九三年）、中山緑朗『平安・鎌倉時代古記録の語彙』（東宛社、一九九五年）、小山登久『平安時代公家日記の国語学的研究』（おうふう、一九九六年）、清水教子『平安後期公卿日記の日本語学的研究』（翰林書房、二〇〇五年）、堀畑正臣『古記録資料の国語学的研究』（清文堂、二〇〇七年）、穐田定樹『古記録資料の敬語の研究』（清文堂、二〇〇八年）などがある。また、二〇一六年に峰岸明『平安時代記録語集成』上・下「附記録語解義」（吉川弘文館）、二〇一九年に田中草大『平安時代における変体漢文の研究』（勉誠出版）が出され、さらに充実しつつある。なお、峰岸明『平安時代記録語集成』については、『日本文学』第六十六巻第五号（二〇一七年五月）に論者の書評が載る。

(13) のち『平安後期日本漢文学の研究』（笠間書院、二〇〇三年）に所収。

(14) 小野泰央の二論文は、のち『中世漢文学の形象』（勉誠出版、二〇一一年）に所収。

(15) 「『後二条師通記』を読む―その一―」（『日本社会史研究』六十七号、日本社会史研究会、二〇〇六年六月）、その二（六十八号、二〇〇六年九月）、その三（六十九号、二〇〇六年十一月）、その四（七十号、二〇〇七年三月）、その五（七十二号、二〇〇七年七月）、その六（七十四号、二〇〇七年十一月）、その七（七十七号、二〇〇八年七月）、その八（八十一号、二〇〇九年二月）。

第Ⅰ部　『後二条師通記』生成論

第一章　現　在

『師通記』は、記主藤原師通の任内大臣直前の永保三年（一〇八三）正月一日から、関白在任中三十八歳で薨去するわずか十一日前の承徳三年（康和元、一〇九九）六月十七日までの約十七年間にわたる記事が、途中七年分を欠くものの、現存している。『師通記』が、この現在にむかってどのように生成されてきたかを考えるために、まず本章では、『師通記』の現在について確認しておきたい。

自筆本・古写本・転写本・予楽院本

『師通記』の伝本は自筆本・古写本・転写本・予楽院本の四種類に分類することができ[1]、転写本以外の伝本はすべて陽明文庫に伝わっている。

自筆本は一巻、寛治七年（一〇九三）二月二十二日条で、後三条天皇皇女篤子内親王が堀河天皇に中宮として立后した日の記事である。大日本古記録解題（以下、解題と略称する）が指摘しているように「筆勢奔放であつて、抹消加筆」なども多く、「草稿本」と考えられ、日次に記した記事（＝日記）とは別に、ある特定の儀式・出来事を対象として記された、いわゆる「別記」というべきものである。

古写本は二十九巻が現存する。第二十七巻巻末の奥書に「仁平元年四月九日校了。登宣」とある。仁平元年は西暦一一五一年、鳥羽院政下、近衛天皇の時代であり、保元の乱が起こる五年前である。書写年代についての奥書はここのみであるが、解題は、紙質・筆蹟・校合の状態などから、ほかの巻もこれと同時期に写されたと推測し、奥書に記名のある人物のなかで「成隆」「登宣」は、師通の孫にあたる藤原頼長の家司藤原成隆と、近習の儒者菅原登宣であると指摘している。

転写本は現存する古写本にはない、応徳三年秋冬・寛治二年秋冬・寛治五年春・寛治六年春・寛治七年春・同年夏の記事を収める本文であり、これ以外の年紀の記事は存在しない。(2) 宮内庁書陵部所蔵葉室本、同久世本、同柳原本、同内藤本、同鷹司本、同藤波本、神宮文庫所蔵宮崎文庫本、同吉見本、内閣文庫所蔵和学講談所本、東山御文庫所蔵本、京都大学附属図書館所蔵平松本、森末義彰旧蔵阿波国文庫本など、各所に伝わっており、(3) 解題は「此等諸本は近衛家より古写本の中少くとも六巻が或る時期に出て、それが転写流布されたものである事明瞭である」とする。

予楽院本は三十二冊、予楽院近衛家熙（一六六七〜一七三六）によって作成された江戸時代の写本である。家熙は、有職故実、漢籍、和歌などに通じ、多芸多才をもって知られ、『御堂関白記』をはじめとする家記の書写、保存にも力を尽くした。(4) 予楽院本は現存の古写本と転写本のすべての期間にわたる記事を存するが、解題は、家熙の時代、古写本と転写本はすでに現状と同じで、家熙はまず古写本を写させ、古写本に欠けている部分は転写本をもって補ったとしている。また、数多くの転写本のなかでも、平松本あるいはその系統本によったことを明らかにしている。平松家は高棟流平氏の系統で、当時の当主時方（一六五一〜一七一〇）は家熙の有職故実の相談相手であった。高棟流平氏は代々摂関家の家司であり、師通の時代も時範がそうであった（第三章参照）。

伝本の特徴

これら伝本の関係について年別に表にまとめたのが、次の「『師通記』記述期間――伝本対照表」である。

『師通記』記述期間――伝本対照表

年	永保三年（一〇八三）	応徳元年（一〇八四）	応徳二年	応徳三年	寛治元年（一〇八七）
季	春 夏 秋 冬	春 夏 秋 冬	春 夏 秋 冬	春 夏 秋 冬	春 夏 秋 冬
古写本	A ――→ B ――→	――→ ――→	――→ ――→ B 秋まで	――→ A 春夏まで	
転写本				――→ 秋冬のみ	
予楽院本	――→	――→	――→	――→	
備考	正・二六　師通内大臣 三・七　忠実着袴 九　後三年の役	九・二三　中宮賢子崩	一一・八　実仁親王薨	九・一六　『後拾遺和歌集』撰進 一一・二六　堀河天皇即位／師実摂政	

寛治二年	寛治三年	寛治四年	寛治五年	寛治六年
春　夏　秋　冬	春　夏　秋　冬	春　夏　秋　冬	春　夏　秋　冬	春　夏　秋　冬
← 春夏のみ			本記 ← 別記 ← 夏秋冬のみ	← 夏秋冬のみ
← 秋冬のみ			← 春のみ	← 春のみ
←―――	―――	―――	―――	―――
正・二一　忠実元服 一二・一四　師実太政大臣	正・五　堀河天皇元服 四・二五　師実辞太政大臣	一二・二〇　師実辞摂政、為関白	一二・一七　師実五十算賀	

年	季				出来事
寛治七年	春 夏 秋 冬	← 秋冬のみ	← 春夏のみ	←	※二月二十二日自筆別記あり 一二・二一　師通辞左大将
嘉保元年（一〇九四）	春 夏 秋 冬	※「御暦裏」のみ残る			三・九　師通関白 三・一一　師通氏長者 九・三　藤原信長薨
嘉保二年	春 夏 秋 冬				
永長元年（一〇九六）	春 夏 秋 冬	←		←	正・五　師通従一位 六～七　田楽の大流行 八・九　白河上皇出家
承徳元年（一〇九七）	春 夏 秋 冬				閏正・六　源経信薨 閏正・二九　忠実男忠通誕生

承徳二年	康和元年（一〇九九）
春　夏　秋　冬	春　夏　秋　冬
→	六月十七日条まで
→	
	六・二八　師通薨去

＊『師通記』伝本関係図

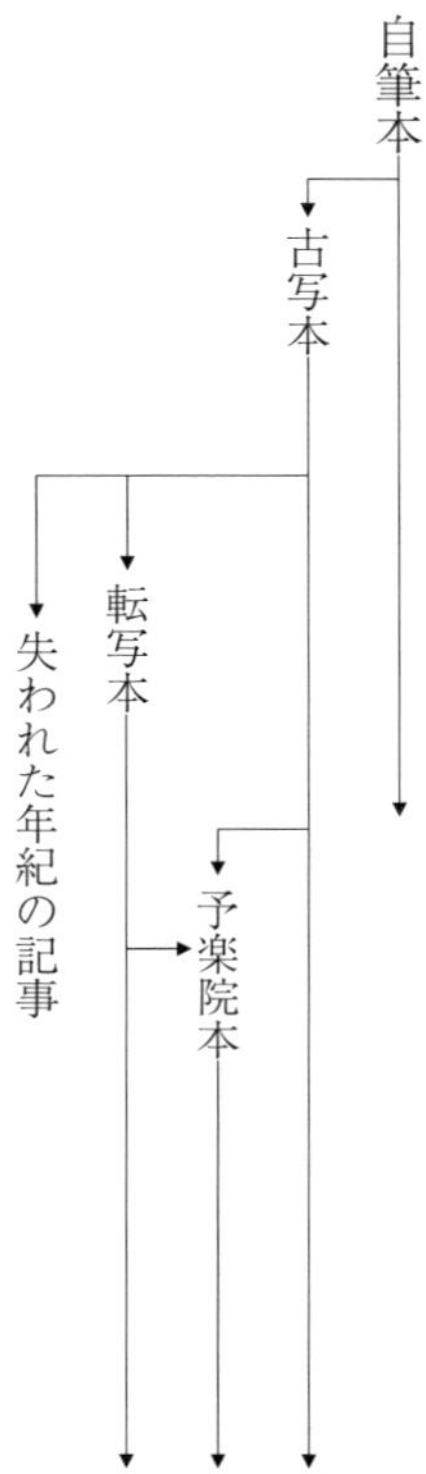

ここからわかる伝本の特徴をまとめると以下のようになる。

①古写本、永保三年・応徳元年・同二年の三ヵ年の重複記事
②古写本（一部転写本）、寛治五年の重複記事
③古写本と転写本の相互補完関係
④古写本＋転写本＝予楽院本

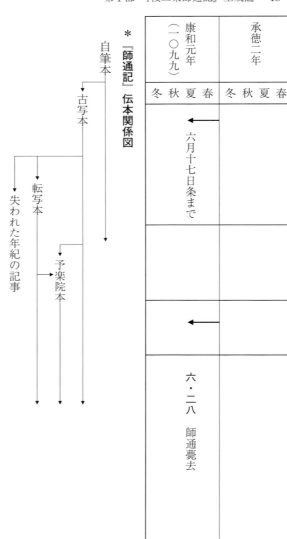

⑤現存しない時期の記事

①②は、古写本（一部転写本）間で同時期に重複して記事が残っているということで、③は古写本の欠けている期間にそれを補うかのように転写本があるということ、④は古写本と転写本をあわせると予楽院本の年紀となるということ、⑤は、現存の範囲が古写本と転写本にとどまるということである。以上のような特徴を把握したうえで、次章以下で時間軸に沿って『師通記』のテクスト生成と構造についての考察をすすめていきたい。

注

（1）自筆本と古写本は、昭和二十七年（一九五二）に国宝に指定されている。

（2）ただし、書陵部所蔵の御系譜係本・柳原九冊本・柳原八冊本は、明治十七年（一八八四）頃、修史館に借りあげてあった予楽院本（後述）を写したものであるのでこの限りではない。

（3）学習院大学に「五関白記」として、『御堂関白記』『猪隈関白記』『岡屋関白記』『後深心院関白記』とともに『後二条関白記』の名称で『師通記』がある。いずれの時代の写本か不明であるが、『国書総目録』には「五関白記」として記載されている。この『師通記』も、応徳三年秋冬・寛治二年秋冬・同五年春・同六年春・同七年春夏のみであり、転写本に属するものである。また、解題によれば、転写本は二つのグループに大別できる。一つは鷹司本・吉見本・平松本をもって代表とし、もう一つは葉室本・藤波本・阿波国文庫本をもって代表とする。後者が応徳三年九月五日条、「参殿」以下十六文字を欠くのが大きな特徴である。久世本のように前者と後者が混入しているものもある。

（4）近衛家熙については、『近衛家熙―風雅の探求』（宮内庁三の丸尚蔵館、二〇〇一年）、『陽明文庫創立七十周年記念特別展　宮廷のみやび―近衛家一〇〇〇年の名宝』（東京国立博物館、二〇〇八年）、緑川明憲『豫楽院鑑―近衛家熙公年譜―』（勉誠出版、二〇一二年）など参照。

第二章 二つの本文
——永保三年〜応徳二年——

一、はじめに
——古写本、永保三年・応徳元年・応徳二年の重複記事——

『師通記』は、記主である藤原師通が二十二歳、内大臣となる直前の永保三年（一〇八三）正月一日から残っている。曾祖父道長は長徳元年（九九五）に三十歳で政権の座について以降断続的に、長保六年（寛弘元、一〇〇四）からは継続的に日記を書いていたようである。祖父頼通は日記をほとんど書かなかったようであるし、父師実は逸文でしか残っていないので不明である。子の忠実は承徳二年（一〇九八）、二十一歳、権大納言のときから、孫の忠通は永久四年（一一一六）頃、二十歳、内大臣の頃から[1]、同じく孫の頼長は保延二年（一一三六）、十七歳、内大臣となる年からそれぞれ日記を記しはじめていることがわかっているので、師通も内大臣となる永保三年正月より日記を記しはじめたと考えてよいのであろう。

この永保三年から応徳二年（一〇八五）までの『師通記』には、重複する二つの本文が存在する。それは古写本の第一巻から第七巻にあたり、その形態は次の通りである。

第一巻　永保三年春夏　原標紙外題「永保三年別記」
第二巻　永保三年秋冬
第三巻　永保三年四季

第四巻　応徳元年春夏と四季　原標紙外題「応徳元年春夏別記」
第五巻　応徳元年秋冬
第六巻　応徳二年春夏と春夏秋
第七巻　応徳二年秋冬

これらは原標紙外題やその形態から、次のように二種類に分けることができるだろう。

本文Ａ（大日本古記録では「別記」とする）
第一巻　永保三年春夏
第二巻　永保三年秋冬
第四巻　応徳元年春夏
第五巻　応徳元年秋冬
第六巻　応徳二年春夏
第七巻　応徳二年秋冬

本文Ｂ（大日本古記録では「本記」とする）
第三巻　永保三年四季
第四巻　応徳元年四季
第六巻　応徳二年春夏秋

これらの重複部分について、大日本古記録の解題は次のように説明している。(2)

これら重複部分は、一本を本記とすれば、他を別記となし得るが、しかしその両者の関係には、普通他の記録に見られるものと甚だその趣きを異にするものがある。例へば小右記・中右記等の別記とは、或る特殊の事柄

（主として年中行事）に関して、その記事だけ取り出して別に詳記したものである。（此記に於ては寛治七年二月廿二日立后記がこれに当る）ところが、此記の場合、本記と別記との性格が夫々余り明確でない。本書に於ては、その対比の便宜上、永保三年から応徳二年までを上下二段としたが、これによつても判る如く、記事を一見したゞけではそのいづれを本記とし別記とすべきか区別がつかない。しかも両者の記載は同一の如くにして、実は決して一様でない。同じ事実を記しながら、字句は必ずと申してよいくらゐに異つてゐるし、記事の疎密さにも相違がある。又永保三年二月廿五日条の如き、本記に祈年穀奉幣の事を数行に亙つて記しながら、別記には「無御日記」としてゐる所もある。要するに、此の両者の関係は、普通所謂別記と本記との関係とは異質のものであつて、われら読者よりすれば、両々相俟つて記載の不備を補ふものともいふべく、これが此記の他記に見られない特色の一つとなつてゐる。

ここでも述べられているように、これらの重複記事は単に「本記」「別記」とよんでよい性質のものではない(3)。よって、本書では大日本古記録が古写本の原標紙外題に基づいて「本記」とするものを「本文B」、「別記」とするものを「本文A」と便宜的によぶことにする。また、これら重複記事の関係は傍線部の「両々相俟つて記載の不備を補ふ」というように片づけてよいものではない(4)。このような発想は『師通記』に限らず古記録を、歴史資料として史実抽出の材料として扱うことからくるものであって、各テクストがもつ固有の論理を無視しているといってよいのではないか。本章では、これらの重複記事が古記録というテクストの性格、生成、日次記の非日次性の問題を解明する手がかりとなるものとして、以下、論じていきたい。

二、本文A・Bの性格

この三年分の重複記事については、川崎（柳原）恵津子が、日本語学、文体論の立場から、有効な論を提示している[5]。重複記事を考えるうえでの川崎論文のポイントは主に三点である。

一点目は「裏書」の存在である。本文Aとそれ以降の年紀の記事には一定の字数を超えると「裏書」があり、そこに情報を記している。これは、日記が具注暦に記されたために起きたものと考えられるが[6]、本文Bには「裏書」がないことから、本文Aがその後の記事に接続する記事といえるのではないかということである。

そして二点目は「措辞の転倒」から「措辞の正格化」への流れの指摘である。次にあげたのは『師通記』永保三年正月一日条本文Aである。

天晴。殿下（師実）拝畢後、公卿率内殿上参。暫此間頭弁（藤原通俊）御薬。了御装束事問給。其弓場殿立。頭令レ奏後、如レ常節会。了間大将（師通）称二警蹕一。宣命参議。座復称唯。右大臣（源俊房）・右大将（源顕房）・左大将（師通）・民部卿（源経信）・左衛門督（源師忠）・太皇太后宮権大夫（藤原伊房）・右衛門督（源俊明）・侍従中納言（源雅実）・家忠（藤原）・公房（藤原）・実政（藤原）・公実（藤原）・基ー（藤原）忠歟。

傍線部が日本語の語順にひかれた転倒表記となっている。川崎は「（論者注：永保三年あたりは）高い割合で転倒表記されるが、応徳二年頃から正格表記例が増え始め、寛治二年に突如正格表記例の方が多数を占めるようになって、以後転倒表記は減少の一途を辿る」と指摘している。同日条の本文Bもあげておく。

晴。先参二殿下一。有二拝礼事一。々畢殿下令二参内一給。上達部等候二御共一。先候二殿上一、喚二頭弁通俊一、令レ問二主上（白河天皇）御装束有□（無カ）之由一給。御殿御装束儀如レ常。上達部等着レ靴佇二立弓場一。御出之後、令レ奏二拝礼之由一。先レ是付二職司一奏レ之。奏畢殿下・右大臣俊（房）・右大将顕房・民部卿経信・左衛門督師忠・太（大）皇后権大夫伊房・右衛門督俊明・侍従中納言雅実・左京大夫□（公）房・左大弁実政・左近中将公実・右近中将基忠列二立庭中一。拝舞訖上達部着二仗下座一。天皇御レ南。節会如レ恒。事了還御。右大将随（雖）レ為二位階上臈一、猶左大将称二警蹕一。就二禄所一如レ例。公卿各以分散。

例えば、本文Aの「公卿率内殿上参」が「殿下令二参内一給。上達部等候二御共二」、「御装束事問給」が「令レ問二主（白上（河天皇）御装束有□（無カ）之由㆑給」、「弓場殿立」が「佇㆓立弓場㆒」とあり、本文Bではすべてが正格表記である。
また、応徳三年以降の記事をみても、当初は転倒表記が正格表記の事例を上回るものの、次第に減っており、永長元年（一〇九六）には一例もみられなくなっている。つまり、日記の書きはじめには措辞の転倒などのいわゆる「和習」がみられ、のちに「正格」へとむかっているのである。本文Aに転倒表記がみられるのに対して、本文Bは正格表記であることから、本文Aが当初書かれたものであると推定できる(7)。

そして三点目は語彙・表記の変化である。川崎は「しばらくありて」系の副詞を中心に使用語彙の変化をみた。重複期間以後、応徳三年から寛治三年（一〇八九）にかけては、用例は少ないものの「有暫」が主表記であり、寛治五年は「暫之」、寛治六年から永長元年にかけては「頃之」、承徳三年（康和元）は「有頃」が主表記となっており、『師通記』において「しばらくありて」系の副詞は「有暫」→「暫之」→「頃之」→「有頃」という表記の流れがあることを指摘している。三年間の重複記事においては、本文Aでは「有暫」のみの用例で、本文Bにおいては「頃之」が主表記であることから、やはり本文Aが応徳三年以降の記事に接続する本文であると考えるほうが適切であろう。

川崎の指摘をふまえると、応徳三年以降の本文には本文Aが接続すると考えてよさそうであるが、本文Bがいかなる本文であるのか、また、重複して記事が残っていることの意味は不明のままである。

(1)　永保三年十二月二十日〜二十一日の本文A・B

次にあげたのは、永保三年十二月二十日条本文Aである。

天晴。行㆓幸六条院㆒。参入罷帰。大炊殿吉日渡侍也。暁帰。指事不㆑侍。台居庇侍也。退出畢。
裏書。

修㆓法御前〔源麗子〕二条殿㆒。慶会〔懐〕阿闍梨也。初行所也。六条行幸召仰云、官奏通俊頭。天皇官奏仰也。陣外承㆑仰者也。

この日、六条院に白河天皇の行幸があり、師通も参入、その後師通は大炊殿にわたり、暁に帰った旨が書かれている。裏書には二条殿において母源麗子が慶懐阿闍梨をして修法を行なったこと、官奏についての記事がある。特に官奏に関わる部分は「官奏」の語が二度繰り返されるなど、文意がつかみにくい。

つづいて、同日条本文Bをみてみたい。

晴。幸㆓六条院㆒。帰宅。大炊殿初所㆑渡也。候㆓西対方㆒。反閇道〔賀茂〕時〔言〕朝臣也。
御前修㆓法於二条㆒。慶懐阿闍梨也。於㆓陣外㆒承㆓官奏事㆒云々。頭弁通俊。

ここでは本文Aの本文と裏書を足した情報が簡潔に書かれており、父師実の大炊殿にわたったときの反閇が賀茂道言であったという、本文Aにはない情報もある。この翌日の記事を比べてみると、本文A・Bの構造がさらに明らかになる。

〈本文A〉
天晴。大炊殿暁帰□〔候カ〕者也。六条院宿□直〔盧カ〕候。

〈本文B〉
晴。従㆓大炊殿㆒、払暁、帰㆓二条亭㆒。宿㆓六条院㆒。

前日二十日条本文Aでは大炊殿から「暁帰」とあり、この「暁」とはこの二十一日の暁であって、ここにあげた二十一日条本文Aの記述と重複してしまう。これは一日一日日記を書き継いでいることからくる重複である。しかし、本文Bにおいてはこの二十一日条の方に「払暁、帰」と記し、二十日条ではその記述を省くことによって両日条の重複を避けている。また、本文Bでは帰った先が「二条亭」であるとも補足されている。「措辞の転倒」と「正格化」の関係についてはいうまでもない。本文Aに転倒表記が目立つのに対して、本文Bでは正格表記となっている。

(2) 応徳元年九月十七日〜二十三日の本文A・B

つづいては、翌年応徳元年九月十七日から二十三日に至るまでの記事である。まずは本文Aをみてみたい。

十七日。甲寅。
和歌留了。関白殿《(師実)》・御前《(源麗子)》同車、内令レ参給。
廿三日。庚申。
内参也。

この記事の前の九月十二日、関白師実夫妻は四天王寺参詣の旅に出ている。この参詣は、上達部や殿上人の多くが随行し、盛大なものであった[8]。『師通記』には、一行が住吉大社や四天王寺に参詣したことなどが書かれている。当該条はそれにつづく記事である。十七日は和歌会がとどめられ、夫妻が同車して内裏に参ったということ、その間、十八日から二十二日まで日記がなく、二十三日は師通が内裏に参ったという記事のみである。どうやら、和歌会も何らかの原因で中止されたようであるが、和歌会がとどめられたこと、関白夫妻が参内したこと、つづく二十三日条の師通の参内についての詳細は不明で、断片的な記事である。

しかし、本文Bをみると、こうした出来事が連動したものであったことがわかる。

十七日。甲寅。依二中宮《(藤原賢子)》御悩一、和歌留レ之。関白殿・大盤所《(源麗子)》御同車令二参内一。中宮御悩重煩給云々。
廿二日。己未。中宮極重煩給、於二三条殿一已以薨給。参《万》人泣涕難レ止。
廿三日。庚申。八卦物忌也。参二三条殿一。

傍線部が本文Aにはない情報である（以下同じ）。ここから「中宮御悩」によって和歌会が中止されたことがわかる。中宮とは白河天皇の寵妃藤原賢子であり、中宮の養父母であった関白夫妻は急ぎ内裏（ここでこのときの里内裏が三条殿にあったことがわかる）に駆けつけたのであった[9]。この後二つの本文いずれにも記事がないことは、それだけ取り込んでいたことを意味するのであろう。二十二日には、里内裏であった三条殿で、中宮が亡くなっている。[10] 二十二日条は本文Aには存在しない。本文B作成時に追記された記事であることは明白である（なお、これらの記事に関しては、第Ⅲ部第二章で、記憶と書くことの観点から論じている）。

(3) 永保三年正月七日、二月二日、応徳二年正月九日の本文A・B

つづいて、数日間の記事ではなく、一日分の記事における本文A・Bをみてみたい。まずは永保三年正月七日条である。

〈本文A〉

天晴。節会初事。午時始。如レ常。退出了。戌剋許、六条院行幸候也。依二白河事事〔ママ〕一退出畢。

〈本文B〉

晴。節会□□□次第如レ常。事畢公卿退出。秉燭行二幸六条殿一。為二御方違一也。

本文Aには「戌剋許」に白河天皇が六条院に行幸したことが書かれているが、理由は不明である。本文Bをみると傍線部にあるように「為二御方違一也」とあり、行幸が方違によるものであったことがわかる。

次は二月二日条である。

〈本文A〉

天晴。指事不レ侍。但殿下宇治殿参入御坐。何等事不レ侍。

〈本文B〉

晴。春日祭也。但殿下参二御宇治殿一。御忌日也。余不レ能二参入一云々。

本文Aには「指事不レ侍」とあって「但殿下宇治殿参入御坐」とつづくわけだが、接続詞「但」が使われている意味が不明である。しかし、本文Bには「春日祭也」とあり、本文Aの「指事不㆑侍」が、春日祭がつつがなく終わったということであり、「但」と接続するのは、藤原氏の氏神である春日大社の祭事に師実が参加できなかったためであることがわかる。その理由として本文Bでは「御忌日也」とも追加されていて、春日祭当日が頼通の忌日であったこともわかる。この日は春日祭と頼通の忌日が偶然重なってしまったのであった。

次は応徳二年正月九日条である。

〈本文A〉

天晴。指事。法成寺参。退出了。

〈本文B〉

晴。法成寺修正也。参㆓入御堂㆒。

本文Aはやはり断片的である。本文Bによって、本文Aの「指事」が「法成寺修正会」のことであることがわかる。

以上、(1)(2)(3)で検討してきたことから、本文Bは具注暦に記された（あるいはその形態を残す）本文である本文Aの文体を整えるだけでなく、情報を付加し文意の通りやすいように書きかえた本文であると考えられる。[11]

(4)　本文Bに補足された情報——開かれた本文への可能性——

本文Bには、本文Aにはない情報が足され、文意が整えられてきたことがわかったが、そのつけ足された情報のなかでも、注目すべきものがある。例えば、次にあげた記事である。

〈永保三年正月六日条本文B〉

叙位議始。戌剋始事。筥文三。子細在㆓西宮記㆒。

〈十一月十日条本文B〉

晴。弓場始也。上達部着二陣座一。予任大臣之後初行レ之。勝方念人等列二座《庭》中一再拝□。次第見二四条記（北山抄）一。右宰相中将[12]的。

〈十二月十五日条本文B〉

晴。有二除目事一、如レ常。任大臣其後初参也。左大臣（源俊房）・右大臣（源顕房）・予候二菅円座一。見二蔵人式一。

〈応徳元年二月七日条本文B〉

於二仗下一改元之事被二定申一。諸卿等定了。令二参議一撰レ書已了。付二職司一令レ奏返給。次第見二西宮記一。為二応徳元一云々。

傍線部がここで注目したい追加された情報である。これまでみてきたように、本文Aというのは、日記を読む側にとって必ずしも読みやすいとはいえない、その日その日に記されたメモ書きや備忘録に近いテクストであった。一方で本文Bは、情報がつけ足されたことによって、本文Aに比して読みやすいテクストとなった。この補足された情報のなかで、ここであげた用例は、古記録のテクストとしての性格を読み取るうえで、少々看過できない問題をはらんでいる。

傍線部に「子細在二西宮記一」「次第見二四条記（北山抄）一」「見二蔵人式一」「次第見二西宮記一」とあるように、これらは『師通記』の記事が、その日の儀式の詳細を『西宮記』『北山抄』『蔵人式』などの儀式書に委ねている。ここに『師通記』の性格の一つをみることができるのではないか。つまり、『師通記』にとって独自の事象であれば記す価値を見出したが、先例通りの儀式などはわざわざ書く必要はなく、その典拠となった書物を記せばこと足りたということではないか。

そして、これは本文Bに書かれたことに意味がある[13]。本文Bの作成は文意を整える意味以上に、先例の積み重ねによる、時代に合った規範の構築が目指されていたのではないか。例えば、儀式書にしてもこれまでと同じ儀式の作法であれば、わざわざ新たに作成する必要はないのであって、独自の例があるからこそ、記述する価値があったわけである。翻っていうと、先例通りに行なわれた場合は、それを記す必要もあったし、さらにその典拠を示す必要があった。よって、本文Bにこれらの書物が典拠として補足されたのである。

なお、ここまで補足された情報ばかり注目してきたが、本文B作成にあたって削除された情報もある。例えば、師通が学問をよくしたことは知られているが、『師通記』における学問の初出記事である応徳二年三月一日条本文Aの裏書には「左伝読始了」とあり、『春秋左氏伝』を読んだことが書かれているが、これは本文Bの作成段階で削られている。同年四月二十五日条本文Aにも『礼記』を読みはじめたことが書かれるが、これも同様である。『師通記』と学問については第Ⅱ部第一章で考えてみたい。

三、本文B作成の一般性
――『中右記』から――

これまでに述べてきたことを確認すると、本文Aと本文Bにおいて、本文Aは具注暦に書かれた当初の本文（あるいはその形態を残す本文）ということができ、本文Bは本文Aの「本文＋裏書」に新たな情報を加えて整えたもの、ということができるだろう。本文Aは出来事があってからそう離れていない時期に書かれたもので、その裏書は具注暦のスペースが不足した結果書かれたか、もしくはのちに補足的に書かれたと考えられるので、記事に統一性といったものがない。それを後になってから内容、文体とともに整え、まとめたのが本文Bである。具注暦に書いた日記をのちに整理するということは、ほかの日記にもみることができるが、師通と同年の生まれの藤原宗忠の『中右記』の例で確認してみたい。

次にあげたのは、『中右記』寛治五年十二月条巻末の奥書である。

此巻年少之間依二注付一旧暦中甚以狼藉也。仍令二少将（藤原宗能）清書一。但寛治三年自清書也。本暦記破却了。皆見合也。

記主藤原宗忠は、康平五年（一〇六二）、師通と同じ年に権大納言宗俊の長男として生まれ、保延七年（永治元）、八十歳の長寿を全うした人物である。右大臣まで昇り、曾祖父は藤原頼宗である。『中右記』は応徳四年（寛治元）正月一日から書きはじめられている。この記事は、この年（寛治五年）の終わりに日記を整理したということが述べられており、これまで書いてきた五年間の日記が、筆跡、内容ともにまとまりに欠けているため長男の少将宗能に清書させたが、寛治三年は自ら清書し、原本と照合した後に原本は破却したというのである。

つづいては、保安元年（一一二〇）六月十七日条である。

今日私暦記部類了。従二寛治元年一至二此五月一、卅（ママ）日四年間暦記也。合十五帙百六十巻也。従二去々年一至二今日一、分二侍男共一、且令二書写一、且令二切続一、終二其功一也。是只四位少将宗（宗能）、若遂二奉公之志一者、為レ令レ勤二公事一所二抄出一也。為二他人一定表（力脱カ）二鳴呼一歟。為二我家一何不レ備二忽忘一哉。仍強尽二老骨一所二部類一也。全不レ可二披露一、凡不レ可二外見一。努々々。若諸子之中、居二朝官一時、可レ借二見少将一也。

この日に「私暦記」、つまり日記の部類が終わったとしている。それは起筆にあたる応徳四年からこの年保安元年五月までの三十四年にもわたる膨大なもので、前年からこの日に至るまで書写したり切り継ぎをさせたりしたことがわかる。また、長男の宗能のためにつくったことが強調され、他見を強く禁じており、宗忠の日記に対する姿勢がよくわかる一文である。

つづいては、長承二年（一一三三）八月二十二日条である。

閑亭寂々〔野宮本傍書「細歟」〕、紙雨濛々。独披二家記之目録一、注二入□漏之公事一。且為レ散二当時之不審一、且為レ備二将来之廃忘一也。

雨がしとしとと降る日、人気の少ない中御門亭で宗忠は、自分の日記をひらき、遺漏があった公事などを補足している。当時の不審の箇所を明らかにするためでもあり、将来の廃忘に備えるためであるという。戸田芳実は

「(論者注：この記事を書いた当時、宗忠は七十二歳) 内大臣に昇り、功成り名遂げていたが、なお孜々として、その日記の充実・完成に努めていた。晩年の宗忠が日記によせた執念がまざまざとうかがわれる記事である」[14]と評している。

日記を書きはじめた応徳四年、宗忠は二十六歳、寛治五年は三十歳、保安元年には五十九歳、そして長承二年には七十二歳となっていたが、宗忠はその折々で日記を整理し、部類していた。こうしてみると、平安時代の貴族たちの日記というものは日記を伝えるべき子孫や家に対する執念のもとに書かれていたのだということを改めて確認させられる。同時に日記の本文は確定的なものではなく、常に新しい情報が書き加えられるべきものであったということもいえるだろう。『師通記』の本文Bも同様の観点から作成されたのである。

四、本文Bが作成されなくなった意味
——その後の『師通記』——

具注暦に書かれたとおぼしき本文Aに対して、別の本文、つまり本文Bを作成することは、『師通記』のみの発想ではなかった。だが、それではなぜ応徳三年以降本文Bは作成されなくなったのだろうか。本文Bはその文体、語彙などから寛治五年から七年頃に作成されたと考えられる。[15]よって、重複記事の存在する最後の年である応徳三年に作成されたため、本文Bのそれ以降の記事は存在しないとは考えることができない。

また、本文Bの応徳三年以後のものが散逸してしまった可能性も考えられるが、重複記事が残る三年分の最後の年である応徳二年も、後半になるにしたがって記事は少なくなり、本文Bに至っては八月四日条以降のものはなくなってしまう。それ以降、書きつづけられたとは考えられないのである。原因はさまざまに考えることができるが、一つには本文Aの記述自体がもともとそれほど多くないということがあげられる。特に応徳二年はもともと具注暦

に書いてあったと思われる日付と干支の次に天気くらいしか記さない日が多い。例えば四月三日から十九日の本文Aをみてみたい。

三日。丙寅。凶会。天晴。
四日。丁卯。凶会。天晴。
五日。戊辰。凶会。天晴。
六日。己巳。凶会。天晴。
七日。庚午。狼藉。天晴。
八日。辛未。凶会。九坎。厭。灌仏。天晴侍。別事不レ侍。□□参。
九日。壬申。天晴。
十日。癸酉。天晴。
十一日。甲戌。天晴
十二日。乙亥。天晴。今宮《（善仁親王）》斎宮《（媞子内親王）》台《（対カ）》度坐。送物為家《（高階）》。
十三日。丙子。吉田祭。雨降。
十四日。丁丑。天晴。
十五日。戊寅。天晴。
十六日。己卯。天晴。
十七日。庚辰。天晴。
十八日。辛巳。雨降。
十九日。壬午。申刻雨晴。御禊也。

日付、干支以外の記事といえば天気くらいのもので、かろうじて八日、十二日、十九日の各条に記事をみることができる。同期間の本文Bを次にあげる。

　　従㆓一日㆒至㆓于七日㆒無㆑本。
　八日。辛未。天晴。灌仏。予不㆑参。
　　九日・十日・十一日無㆑本。
　十二日。乙亥。天晴。今宮渡㆓御斎宮御方㆒。有㆓送物事㆒。不㆓記置㆒云々。
　　十三・十四・十五・十六・十七・十八日無㆑本。
　十九日。壬午。雨。頃之晴。御禊日也。

「従㆓一日㆒至㆓于七日㆒無㆑本」、「九日・十日・十一日無㆑本」、「十三・十四・十五・十六・十七・十八日無㆑本」となっている箇所は本文Aでは基本的に天気のみの日である。本文Bを作成する際に不要とされ、削られたのであろう。それ以外の条も「天晴侍」の「侍」や、「別事不㆑侍」という、無駄とも思える箇所や、書いたときには理解できても後から読むと理解しにくいような悪文を直し、簡潔にはなっているが、本文Aから本文Bを作成しようとしたとき、これだけ記事が少ないとその作成に疑問を感じはじめるのは当然のことであろう。七月には本文Aの記事すらなく、本文Bに「不㆑注」とあるのは「しるさず」とか「ちゅうせず」と訓ずるのだろうが、本文Bを作成していたときの気分からいえば「記せなかった」という意味に近いのではないだろうか。結局本文Bの作成はその翌月の八月三日条をもって終わるのである。

五、おわりに

『師通記』起筆の永保三年から三ヵ年の二つの本文は、少なくとも古写本の段階においてそれぞれ「本記」「別記」として処理されたために、後世の人々を混乱させる結果となった。本書においては、古写本でいうところの「本記」を「本文Ｂ」、「別記」を「本文Ａ」と便宜的に名づけ、本来具注暦に記されていたと思われる「本文Ａ」を、内容文体ともに整えて書き直したのが「本文Ｂ」であるという結論を得た。ここから、少なくとも古写本の段階で「本文Ａ」が「別記」とされ、「本文Ｂ」が「本記」とされた意味もわかってくる。古記録の「本記」と「別記」の関係というのは、具注暦に記されたものを「本記」、具注暦には記しきれない、またはある出来事だけを詳細に書いたものを「別記」という。ところがこの三ヵ年の本文は、そういった古記録における「本記」「別記」の関係ではなく、「本記」「別記」という語の本来的な意味合いで名づけられたようなのである。つまり、書き直した方（本文Ｂ）が、まずみるべき本文＝「本記」であり、もともと具注暦に記したもの（本文Ａ）は、出来事からそう時間が経っていない段階で書かれた本文であるから、もし「本記」で不明な点があれば確認するものとして――それはそれで価値をみとめられ――、「別記」とされたのではないか。

日記を記すことは、それ自体が目的ではない。先例が重視される社会にあって、記された情報をどのように整理するかということが重要である。具注暦に書かれた本文は「原典」として保存されることもあるが、それ以上に、その原典に書かれた情報はさらなるテクストを生成する材料としてあった。材料は加工しなければ意味がない。

本文Ａは、文体、内容ともに稚拙であり――ある意味日記の書き出しというのは往々にしてそのようなものではあるが――半ば日記の練習帳のような趣すらあるわけだが、これを書き直さなければならないと思うのは当然であっただろう。そうして生成された本文Ｂにしても、師通がもう少し長命であったならば、さらなる本文の材料となった可能性も否定できないのである。

注

（1）忠通の日記『法性寺関白記』は散逸してしまっており、全容が不明であるが、『国史大辞典』は逸文から、永久四年頃から晩年の保元頃まで執筆していたと推測している。忠通は永久三年に内大臣に任じられている。

（2）古くは田山信郎『岩波講座　日本歴史　十　記録―特に平安朝の日記について―』（岩波書店、一九三五年）に言及があるが、重複記事が『師通記』の他本にはみられない特色との位置づけで、大日本古記録解題の認識とほとんど変わらない。

（3）具注暦に記されたものを「本記」、具注暦には記しきれない、またはある出来事だけを詳細に書いたものを「別記」という。

（4）『平安時代史事典』（「後二条師通記」項、河野房男執筆）も大日本古記録解題を受けて、この重複記事について「一部を除いて『小右記』『中右記』等の別記という性格とは異なり、本書の場合はその区別がつけにくく、両者の性格もあまり明確ではない。同じ事実を記しながら字句は異なっているし、記事の疎密さにも相違がある。要するに両者の関係は普通のいわゆる本記・別記の関係とは異質のもので、読者にとってはむしろ両々相まって記載の不備を補うものといえる。これが他の日記に見られない特色の一つとなっている」としている。

（5）「『後二条師通記』に見られる文体の形成過程」（『国語と国文学』第七十九巻第九号、二〇〇二年九月）。

（6）『延喜式』巻十六「陰陽寮・進暦条」には、「凡進暦者、具注御暦二巻六月以前為二上巻一、七月以後為二下巻一」とある。具注暦は一年分を二巻（正月から六月までが上巻、七月から十二月までが下巻）としていることから、本文Aを収める古写本の巻が半年単位になっていることは、本文Aが具注暦に記されたものであることを裏づけている。

（7）なお、本章では川﨑の研究をふまえ、「措辞の転倒」「正格」などの判断基準を用いたが、古記録の文体を日本漢文として積極的にとらえるならば「和習」の語も含めて、一方の立場からの用語であるということを前提としたうえで用いなければならないだろう。転倒表記は摂関家嫡流に共通する「摂関家の文体」ともいうべきものであったが、『師通記』においては、「正格」漢文化がすすむ。これは師通がその学問によって転換を図ったものと考えられる（これについては第Ⅱ部第二章で言及する）。

（8）『師通記』九月十二日条本文Bには、「宮《（令子内親王）》・大盤所令二同車一給。出車六両、宮女房二両、殿下《（師実）》女房四両。上達部中納言以下騎馬」とあり、『栄花物語』巻四十「紫野《（源麗子）》」には「上達部、殿上人残り少なく参らせたまへり」とある。

（9）このあたりのことは『扶桑略記』に、「十五日。壬子。中宮俄有二御悩一。邪気所為云々。仍右大臣《（源顕房）》等飛蹄参洛」、『栄花物語』巻四十「紫野」に「御遊びなどあるべきを、中宮例ならずおはしますといふことありて、華やかなる事はとまりぬ。歌など、殿の御方、宮の御方にも、さまざまをかしくて多かり。宮の御心地重くおはしますとて、十七日に急ぎ帰らせたまひぬ」などとある。

（10）このときのことは、『栄花物語』『扶桑略記』『今鏡』『古事談』等に記され、白河天皇の悲嘆を語ってあまりある。また、中宮賢子が内裏で亡くなったことは、『今鏡』『古事談』などに言及があり、源俊明が天皇にこれを指摘すると「例ハ自レ此コソハ始ラメ」と天皇が述べたという『古事談』巻二・五十三の逸話はあまりにも有名である。

（11）本文Bの作成については、桃裕行「記録」（『桃裕行著作集　第四巻　古記録の研究〔上〕』思文閣出版、一九八八年、初出一九五一年・一九五五年）に「清書にさいして文章の整理をおこなつているものがある」（二十一頁）と言及がある。

（12）右宰相中将は、『公卿補任』などによれば、藤原基忠か藤原保実であるが、いずれか不明。

（13）応徳二年八月五日条は本文Aしかない、というよりはこの二日前の三日条で本文Bの作成が終わっているのであるが、ここに「日時・僧名四条記見」とある。だが、この二日前で本文Bの作成が終わっていることも考え合わせれば、この段階に至って本文B作成の意味がなくなったとも考えられるのであり、そういったタイミングの記事に、これまで本文Bでしかみられなかったような用例がみられるのは非常に興味深いことである。

（14）『中右記―躍動する院政時代の群像―』（そしえて、一九七九年）二八五頁。

（15）これについては、柳原恵津子「『後二条師通記』冒頭三カ年分の「本記」と「別記」について」（月本雅幸・肥爪周二・藤井俊博編『武蔵野書院創立九十周年記念論集　古典語研究の焦点』武蔵野書院、二〇一〇年）参照。

第三章　開かれたテクスト

——応徳三年〜寛治四年——

一、はじめに

——第二段階に入った『師通記』——

日々書き継がれる日次記は、多くの物語や小説、評論などと異なり、一定の期間にまとめて書かれるものではないために、記主のおかれた環境、立場によって書くことの基準が変化し得るものである。『師通記』も、記しはじめた永保三年（一〇八三）から応徳二年（一〇八五）頃まではある程度同じような基準、姿勢で書かれていたが、前章の最後にみたように応徳二年以降、師通なりの試行錯誤がみえはじめる。

本章では、第二段階に入ったともいえる応徳三年以降の『師通記』を分析していきたい。

二、「委追可入尋書」

——ペンディング状態にされた記事——

正月はほかの月に比して多くの儀式があるために、どの年も基本的に記事の量が多くなる傾向がある。応徳三年正月条はそれをふまえて考えると、記事が多いとはいえない。二月以降も簡単な記事がつづき、閏二月などは二十九日あるうち二十二日が天気のみの記述で、それすらない日も二日ある。以後もそのような状態で、五月十三日から七月二十八日に至っては日記自体が残っていない。八月後半からは次第に記事が増えて、安定してくるのは九月条後半あたりからである。

さて、応徳三年から——次の寛治元年（一〇八七）は現存しないが——寛治二年にかけての記事をみていくと、次のような記事がみえはじめる。

①日吉御詣御奉幣也。委追可レ入二尋書一。〔葉室本「也」〕（応徳三年九月二十六日条裏書）

②叙位初行レ之。内大臣（師通）不レ□（参カ）也。次第追可レ尋。（応徳三年十二月十六日条）

③摂政（師実）殿取二頭挿花一。挿レ冠畢登二殿上一云々。若二長和之例一歟。慥可レ尋レ之。（寛治二年三月二十三日条裏書）

④陣定、被レ定二五事一云、先日事被レ定、秉燭云々。委者左大弁（大江匡房）問而可レ注云々。（寛治二年十二月二十四日条）

①は、「日吉の奉幣に関する委細は後で追って尋ねて書き入れるべし」、②は、その前の月に堀河天皇が即位しているが、「即位してはじめての叙位に内大臣師通は参らなかったので、次第を後で尋ねるべし」、③は、石清水臨時祭における摂政師実の行為を、「長和年間（一〇一二～一七）の例によるものか」と書いたうえで、「慥（たしかに）これを尋ねるべし」、④は、陣定の内容について「詳しくは左大弁大江匡房に尋ねて注すべし」、と書いている。

以上のように、応徳三年以降、「可レ尋」「可二追尋一」「可レ注」など、「後で尋ねて日記に記そう」という意味の語句、つまりペンディング状態にされた記事が散見される(1)。

次頁にあげた表は、「ペンディング状態にされた記事の用例数」である。これは『師通記』にみられる「可レ尋」「可二追尋一」「可レ注」などの語を年代別、テクスト別に並べたもので、応徳三年から用例が多くみえはじめる。第二章でみたように、日記の本文は確定的なものではなく、書き直されるなどして常に新しい情報が書き加えられるべきものであった。師通は、のちに遺漏の記事などを注し入れるために、このような一文を添えたのであろう。

また、寛治五年の別記に用例が多いのは、本記とは別にある事項について詳細に記すためにあった別記の性格に加え、さらに詳細な別記、部類記、儀式書などを作成することが念頭にあったためと考えられる（これについては

第四章も参照）。寛治七年の自筆別記――これは二月二十二日、後三条天皇皇女篤子内親王が堀河天皇の中宮として立后した日の儀式次第であるが――においても同様である。これについては大日本古記録解題において「筆勢奔放であつて、抹消加筆等も多く、一見して自筆の草稿である事疑ひを容れない」と述べられているように、「草稿」の状態で残されたものであるため、ペンディング状態を示す「可レ尋」の用例が一日のうちに四例もあるのは当然である。

以上、表に示しただけでも、多くのペンディング状態を示す記事があることがわかる。ここからも日々書き継がれた日記としての古記録は、書かれた段階で完成されたテクストなのではなく、その先のテクストへ再編されるための、一次的な開かれたテクストであった[2]といえる（特に『師通記』の場合、永保三年から応徳二年に至る本文Aのようなテクストが残ることになったのと同様、師通の早世によってこうしたペンディング記事が残ったと考えられる）。一方で、その家の嫡流の日記であるならば――摂関家嫡流ならばなおさらだが――、日々書き継がれた日記それ自体に価値がおかれたことも確認しておかなければならないだろう[3]。

ペンディング状態にされた記事の用例数

	本文A	本文B
永保3	0	1
応徳1	0	0
応徳2	0	0
応徳3	21	
寛治1	—	
寛治2	34	
寛治3	18	
寛治4	10	別記
寛治5	1	18
寛治6	11	別記
寛治7	22	4
嘉保1	—	
嘉保2	—	
永長1	4	
承徳1	—	
承徳2	—	
康和1	3	

※『師通記』における「可尋」「追尋」「入尋」「追可」「可注」の用例を検索し、そのなかからペンディング状態にされている用例数をあげた。

※用例抽出にあたっては東京大学史料編纂所ホームページ内の古記録フルテキストデータベース（http://wwwap.hi.u-tokyo.ac.jp/ships/shipscontroller）を利用した。

※首書・頭書・補書の部分にみられる用例については、その性格がはっきりしないため、用例からはずした。

三、「次第為房・時範記委尋可注之」

――『為房卿記』『時範記』『江記』『師記』との関係――

寛治二年秋冬は転写本のみで古写本は現存していないが、その扉書には次のようにある。

　金峯詣事、有㆓委者時範（平）記㆒。可㆑尋㆓注之㆒。
　　八月七日於㆓大極殿㆒相撲七番御覧。
　　摂政殿（師実）初補㆓任太政大臣㆒事。
　　　追可㆓清書㆒云々。
　　十月祈年穀奉幣事。
　　弓場始事。

まず注目したいのが、「金峯詣事、有㆓委者時範（平）記㆒。可㆑尋㆓注之㆒」、「追可㆓清書㆒云々」という記事である。「金峯山詣の委細は『時範記』にある」ということと、「追って清書すべし」ということであるが、後者は「大極殿相撲七番御覧」と「摂政殿（師実）初補㆓任太政大臣㆒事」を清書せよということであろう。このような扉書は、子孫など後世の人間が書いている場合もあるが、今回の場合は他のペンディング記事と同様、師通自身が書いたものと考えてよいだろう。

『時範記』は平氏高棟流の時範の日記である[4]。時範は有能な実務官僚で摂関家家司でもあった人物だが、このような用例はほかにも見出すことができる。次は『師通記』に引かれる『時範記』の用例である。

①次第為房（藤原）・時範記委尋可㆑注㆑之。（寛治二年十二月二十七日条裏書）

②自余時範記尋可レ見云々。（寛治四年三月二十五日条裏書）

③又時範朝臣許件有二日記一、取尋一定可レ被レ候歟。（寛治四年九月二十四日条）

④自委不レ見云々。委記有二時範許一云々。（嘉保三年（永長元）三月二十四日条裏書）

⑤御装束儀、可レ問二時範日記一。（嘉保三年五月十三日条）

⑥任二先例一可レ被レ行由、仰二付（源）成宗一了。日記説々所レ見也。申二合於殿一、仰云、付二近代例一可レ候者也。治暦四年以後同レ前。時範幷成宗日記云々。（嘉保三年八月二十日条）

①は、除目の下名に関連して「次第は為房と時範の日記にあるのでそれを尋ねるべし」、②は、この日行なわれた『大般若経』供養の装束について「自余のことは『時範記』をみるべし」、③は、この日あった五節について内々に定めることがあり、「それに関する詳しい日記が時範のもとにある」、④は、この日行なわれた殿上の賭弓の、⑤は、大極殿で行なわれた千僧御読経の、「装束について、詳しいことは『時範記』をみよ」、⑥は、郁芳門院媞子内親王の崩御にともなう錫紵の儀について「時範と成宗[5]の日記をみよ」とある。『師通記』が単に『時範記』を参考としているというよりは、儀式記録などの一部を委ねているようにもみえる。

このような例がみられるのは『時範記』に対してだけではない。①の用例で時範とともに並んで書かれた勧修寺流藤原氏の為房の日記『為房卿記』[6]――為房は有能な実務官人であり、摂関家家司として時範と非常によく似た立場で働いた――や、院政期最大の学者大江匡房の日記『江記』、師通の琵琶の師であり歌人としても名高い源経信の日記『師記』なども同様である。以下でこれらの例をみていきたい。

⑦習礼也。可二委尋一。民部卿（源経信）日記可レ尋也。内大臣（師通）依レ障不レ参者也。（応徳三年十二月十三日条）

⑧次第尋二外記庁一、若左大弁（大江匡房）記可レ書也。可レ用レ使云々。（寛治二年十二月十三日条）

⑨委者左大弁匡房朝臣被レ記。尋可レ見歟。於レ此可レ注云々。（寛治三年十月五日条）

⑩左大弁記可レ被二相尋一云々。（寛治四年四月十日条裏書）[7]

⑪於二子細一可レ被レ相二尋左大弁記。一也。（寛治六年四月三十日条）

⑫今日事相二尋左大弁一処、日記被二示送一也。在レ別云々。（寛治六年八月二十一日条）

⑬自二戸部（源経信）一、予被レ任二大将一之日記所レ被レ送也。（寛治七年三月二十六日条）

⑭昨日依レ召万寿三年記権記也所レ令レ献也。付二御返事一被レ下給レ之畢。自二戸部許一四月（葉室本「朔」）一日平座日記所レ被（葉室本「示」）二返送一也。（寛治七年四月四日条）

⑮自二民部卿許一送二祭日記一云々。（寛治七年四月十四日条）

⑯次第如二民部卿記一。（寛治七年四月十五日条）

⑰子細見二於左大弁　記一云々。（寛治七年六月五日条）

⑦⑬⑭⑮⑯が『師記』で、⑧⑨⑩⑪⑫⑰が『江記』である。これらの用例は、師通がのちのち、内容をまとめようとして記したペンディング状態の側面をもつ。また、第二章でみた『師通記』初期にみられる「子細在二西宮記一」（永保三年正月六日条本文B）、「次第見二四条記（北山抄）一」（永保三年十一月十日条本文B）などのように、儀式などの次第が儀式書の記述と重なる場合、『師通記』には記さず、儀式書の記述に任せる傾向と一致するものと考えられよう。[8]

これに関して、古くは和田英松の指摘があるが、[9]松薗斉によれば、日記中に引勘されるほかの日記について、必ずしも死後に残された日記に限らず、摂関家の当主たちの日記においては、儀式の記事の詳細な記述を家司クラスの日記に任せ、自身の日記では省くという現象があるという。さらに、「摂関家の家司またはそれに準ずる人々には様々な「家」の人々がいたはずであるが、日記の中でそれを補完できる立場にあるのは特定の一門（勧修寺流藤原氏・高棟流平氏など）にほぼ限られていることで、この傾向は代々の日記に一貫して存在する傾向であ」り、「師通・忠実段階では源経信・藤原宗忠といった上級クラスの貴族が入っている」とも指摘している。[10]また、このような現象が起きたことについては次のように述べている。

当時、摂関などに日記を提供することが一般貴族の彼らに対する奉公の一形態と認識されていたのではないかということである。外記日記や蔵人による殿上日記の作成などは、もともと国家に対する奉仕の一端として認めてよいものであるが、私日記の作成は儀式・政務における自らの活動を助けるためのメモ的なものが本来の姿ではなかったかと推測している。また同じような立場になる子孫のために書き残したということも従来から繰り返し言われていることであり、それも真実であろう。日記するという行為は始まりにおいては自身と子孫との間に完結したものであったはずである。ところがある時期から権力者に対して儀式などの日記を送ったり、適当な先例を引勘したりということがその人物の権力者に対する奉公と認識されるようになったのである。そうなるには日記とそれに関わる行為に一種の価値観の変化を生じなければなるまい。そのような価値観の変化を生じさせた一因として「日記の家」の形成を考えるべきであると考えている。日記が「家」のものとなり、それを支える存在と認識されるようになると、それを「家」の外に出すことを嫌う、つまり日記を秘するようになる。（中略）このような秘密主義が進めば進むほど逆に主体的に「家」の外に見せる場合は、見せられた方にとってある種の好意として認識されることになる。[11]

摂関家などの主家に日記をみせるという行為そのものが奉仕であった、というのである。確かに『師通記』の時代に限ってみてみれば、『時範記』は『中右記』に一回引勘されるものの[12]、『為房卿記』『江記』『帥記』などは、ほかに引勘された様子はない[13]。これは主人と家司、あるいは主家と従家の間でのやりとりであり、外部に対しては秘匿されている。しかも、師通によって「子細は何々にあり」などと記載を任された家司らの日記がなければ、ある儀式の記録としての『師通記』は不十分なのである。やはり、このような関係が前提で日記が書かれていたのではないか。それゆえに後世、『師通記』が引勘される際に、次の『中右記』保延三年（一一三七）九月一日条のように、依レ服レ薙不レ勤二御燈祓一。是先例也。

中宮（藤原聖子）御不例間、被レ止二御燈一事、殿下（藤原忠通）御消息。

嘉保二年九月、公家（堀河天皇）御咳病。無二御湯殿一。仍被レ停二御燈一。依二院御時例一也者。見二一条殿并為房卿日記一也。

依二此例一、明日中宮御燈可二停止侍一也。御悩未二尋常一。無二御湯殿一之故也。加レ之御起居不レ穏御坐也。不具謹言。

右大臣（宗忠）殿

と『為房卿記』とともに引勘されることになるのである。ある儀式の記録としての『師通記』は、それだけでは完結せず、その他、家司等の日記によって補完されていく。主家を中心としたそれぞれの日記が機能的に関係し、ひとつのグループを形成していたとも考えられるのである[14]。

四、「寛治二年秋冬の扉書」の先にあるテクストの可能性

「金峯詣事、有委者時範記〈可尋注之〉」――『寛治二年金峯山御参詣記』の可能性

もう一度寛治二年秋冬の扉書をみてみたい。ここには「金峯詣事、有二委者時範記一。可レ尋二注之一。」とあったが、実際に『師通記』では金峯山詣はどのように書かれているのであろうか。師通は二度金峯山詣を行なっているが、寛治二年は初度である[15]。金峯山詣に関する記事は、この扉書の書かれた前の巻、つまり古写本第九巻の最後の記事である五月四日条の精進始めにはじまるが、翌日から六月二十九日まで記事がない。七月一日条も「金峯詣之間、内々有二沙汰一云々」とあるのみで、次は七月十五日の出京の記事、次いで二十五日の「鎰懸嶺根」（鐘掛岩のことだろう）に至った日には少々記事がみられるものの、それ以降も八月二日に入京するまでほとんど記事らしい記事が

ない。

この事に関して、宮崎康允は扉書の記事とあわせて、永承三年（一〇四八）の藤原頼通の高野詣のときとの状況の類似を指摘している。[16]頼通の高野詣は、『高野山御参詣記』として平範国が頼通の命を受けて、高野詣の次第を記したものであった。[17]範国は時範の大伯父にあたる人物で日記も残している。宮崎は「恐らく寛治二年の師通の金峯山詣の際には、時範が師通の命を受けて、その一切を記録することになっており、ために師通はこの間の日記をほとんど書かなかったものと思われる」と述べている。頼通の高野詣は、治安三年（一〇二三）の道長につづくもので、[18]その後は承暦三年（一〇七九）に師実、寛治二年に白河上皇が行なっている。白河上皇の高野詣については、同道した藤原通俊が撰述した『寛治二年高野御幸記』がある。[19]なお、御幸記は、天治元年（一一二四）の鳥羽上皇の『高野御幸記』（藤原実行が筆録）[20]のほか、歴代天皇家や貴族の参詣を簡略に記した『高野山御幸御出記』[21]などがある。

金峯山詣は、寛弘四年（一〇〇七）に道長、長和三年（一〇一四）と永承四年に頼通が行なっており、師通の金峯山詣はそれにつづくものである。三橋正は、「金峯山は道長の時代において新しく信仰の対象とされ」「、「公卿の地位にありながら参詣したという確実な記録は道長以前に認められない」と述べている。[22]なお、寛治六年には白河上皇も行なっており、このときのことを記した大江匡房の『江記』逸文が近年紹介された。[23]このほか、院によって熊野詣も盛んに行なわれている。[24]

以上のことと扉書の記事をふまえて考えると、参詣の記事全体も清書して「寛治二年金峯山御参詣記」を作成しようとしたのではないか（あるいは作成されたが、現存していないだけかもしれない）。

さて、宮崎の指摘するように参詣の間、ほとんど日記を記さなかった師通であるが、記した日は何を記していたのか。「鎰懸嶺根」に到った二十五日条をみてみたい。当該条は具注暦の表に記されたと思しい本文（暦記）と裏書との関係が、下書と清書との関係にあるようである。暦記「令〔冷〕如レ氷云々」の後に葉室本には「可二清書一也」と割注があるのはそういうことだろう。対応関係を明らかにするため二段で示し、その箇所に丸数字を付した。

【暦記】
①天晴。酉刻許、到二鎰懸本根一。
②一心見レ之、念二金剛蔵王一。万人示レ之。
③澗底有二雷声一。山辺懸二雲気一。
④而等覚門下礼拝三遍之。
⑤望〔臨〕二湯水屋一了。⑥就〔宗賢〕二別当房一之。
⑦令〔冷〕如レ氷云々。

【裏書】
①天晴。酉時許、已到二鎰懸嶺根一。
②仰レ天無レ所レ及レ心。蔵王念レ之。無二怖畏一哉。量レ之為二前生人一歟。無辺無量也。携二手足一、石山漸々歩。謀〔ママ〕界廻レ眼、重山如レ玉。
④参二向等覚門外一、敷レ薦奉レ拝三度也。
已及二黄昏一、拝畢之程、③近山懸二小雲一、発二雷声一。
即晴之。⑤向二湯屋一解脱、⑦洗二手足一以二寒氷一。
秉燭之後、⑥宿二別当房一之。

裏書では暦記で書かれた表現をふまえながらも、時間軸を含めて修正をしていることがわかる。両方の記事には「一心見レ之、念二金剛蔵王一」（暦記）、「仰レ天無レ所レ及レ心。蔵王念レ之。無二怖畏一哉。量レ之為二前生人一歟。無辺無量也」（裏書）とあり、はるばる京から霊山を訪れた師通の感動と息遣いが聞こえてくるようであるし、「澗底有二雷声一。山辺懸二雲気一」（暦記）、「謀〔ママ〕界廻レ眼、重山如レ玉」「近山懸二小雲一、発二雷声一」（裏書）などの表現から想像される世界は神秘的ですらある。

特に裏書でつけ加えられた「謀〔ママ〕界廻レ眼、重山如レ玉」の「廻眼」は白詩語（白居易がよく使用する語）であるし（第Ⅱ部第三章参照）、「重山」は、『和漢朗詠集』「仏事」五八七・『摩訶止観』の「月隠二重山一兮」によるものであろう。[25] その「重山」を「如レ玉」とするのであるが、古記録で常用される「如レ常」「如レ例」「如何」などの「如」以外に、あるもの（A）をあるもの（B）に例える「A如B」のような見立て表現は、これが初出といってよい。[26]『師通記』において、詩的表現がみえはじめるのもこの時期からであり、中島和歌子は「金峯山詣が表現の彫琢に繋がる」と指摘している。[27] また、以下に述べるように、金峯山詣に限らず、信仰の場において詩的表現がなされる傾向がある。

　寛治四年二月、師通は長い間の不例に陥るが（病については第五章参照）、このとき、師通は法性寺に参籠し、五壇法を修している。次にあげたのは、この結願の前日の三月四日の記事である。

　天晴。法性寺。〔宝カ〕法蔵物見本 侍者也。（師実）摂政殿六条殿令レ渡給之由承レ之。一両御坐給之由承レ之。
　裏書。京二条修法畢日料大掛〔褂〕留云々。
　法性寺中望二僧処一　桜花漸綻暮二壇場一
　重山霞度招レ人集　数樹粧（月）光放レ馬行

結願を翌日に控えて思わず裏書に漢詩を記した、ということだろうか。「重山」の語は先の金峯山詣でも使用されていた。これは『師通記』に記されたはじめての漢詩であった。

　はじめの金峯山詣から二年後の寛治四年八月八日、師通は再び金峯山に向かう。曾祖父道長の例を意識して、父師実から道長の参詣日記を借りて（七月十四日条）、そのときの日記――寛弘四年閏五月十七日条から八月十四日条まで――を裏書（現状では八月十三日条の裏書になっている）に引き写したりしている。[28] 日記にも「専レ心奉レ念二蔵王一」「事慶難レ極」（八月八日条）などと感動を記すことは前回と同様であり、「師〔通〕ｌ垂涕〔涙カ〕渡如レ雨」（八月八日条）、「見上余人色如二青草一」「小々人垂レ涕如レ雨」（八月十日条）などと、見立て表現がほかの記事よりも多くなっている。

　以下は寛治四年よりものちの例であるが、信仰の場における詩的表現の例をみてみたい。

寛治五年八月十六日、師通のもとに金峯山礼堂が大風により倒壊したことが告げられている。翌日には師通の二回目の参詣記録にも出てくる金峯山住僧の阿闍梨高算が奏状をよこす。次にあげたのは、それに対する師通の記述である（別記）。

　抑宝山者天下第一之霊験。蔵王者日域無二之化主矣。碧巌従〔聳カ〕レ天、堂殿巻レ雲。霊龕窺レ谿、禅侶咽レ霧。

高算が藤原惟信に付して献上した消息には「哀欲〔歎カ〕断レ腸、泣〔涙カ〕落如レ雨」ともあった。涙を雨に例えるのは二度目の金峯山詣の際の師通の表現と共通する。

また、この年の十月十六日、師実は延暦寺において千僧読経を修した。次にあげたのは、その翌日の記事である（本記）[29]。

　鐘声之後殿下（師実）々御。予座主（良真）房宿。曙雲満、一界望眼如二海浪一。眺望與〔興カ〕言・参《万》人警〔驚カ〕レ心。扶桑日暉、雷声似レ鼓。京中雷鳴、天晴云々。

比叡山で迎えた朝の状況を記しているわけだが、山頂からみた状況はまさに絶景、まるで雲が海のようであるという。傍線部の表現について、小野泰央は『和漢朗詠集』「眺望」六二六・源順の「見二天台山之高巌一、四十五尺波白」をふまえていると指摘している[30]。

翌寛治六年正月十一日に再び師実と延暦寺に詣でた際も、

　天晴。午時許参二三条殿一。候二御登山御共一。山路気暖、峯上風吹。身中漸冷、日落到レ房。初夜聞レ鐘。

と表現している。

寛治七年四月二十一日には、師実の賀茂詣につき従っている。その際、日記の裏書に次のように記している。

　早旦天陰。万人曰〔葉室本「々」〕、難レ晴。巳剋許、日脚纔有レ点。雲色気漸分散。有頃、雲晴希有也。参二着社頭一之間、碧落〔葉室本「類」〕青顔也。衆人神感云〔葉室本「々」〕々、神妙云々。

この日の早朝は曇り。人々は晴れ難しというも、巳剋（午前十時頃）、太陽が出てきて次第に晴れ間が広がるようになった。社頭に着いた頃には青空が広がり、人々は驚嘆の声をあげていたというのである。傍線部「碧落青顔（葉室本「類」）也」について、中島は『和漢朗詠集』「雁」三二一・島田忠臣の「雁飛二碧落一書二青紙一」、『和漢朗詠集』「雁」三二二・菅原道真の「青苔色紙数行書」、小野が『千載佳句』「眺望」八七二・白居易の「雁点二青天一字一行」（『和漢朗詠集』「眺望」六二四にも所収）などとの類似を指摘している。(31)

また、同年七月十四日には乳母であった高階能遠の母が亡くなっているが、このときの日記には次のようにある。

天晴。月色清潔。平沙如レ霜。（高階）能遠朝臣母卒去已了。

中島は『千載佳句』「夏夜」一三〇・白居易の「月照二平沙一夏夜霜」（『和漢朗詠集』「夏夜」一五〇にも所収）の影響を指摘している。

以上のように、信仰の場、信心や感動が書かれる場においては、詩的表現があらわれやすい、さらにいえば、そういった場こそ詩文の練磨の場としてあったことがいえるであろう。(32)

さて、寛治二年の金峯山詣の『師通記』に戻って考えると、数少ない参詣時の記事が詩的表現で満たされているということ、それも、裏書で推敲の跡までうかがえることは注目すべき点である。「記録」は家司であり実務官人であった時範にまかせて、自らは学問の実践と詩人意識(33)に基づいた叙述を展開したのである（師通の学問については第Ⅱ部を参照）。

「摂政殿初補任太政大臣事、追可清書云々」――『任槐大饗部類記』

寛治二年秋冬の扉書には「摂政殿初補二任太政大臣一事、追可二清書一云々」ともあった。

内閣文庫に、中御門家旧蔵本で江戸初期の書写といわれる『任槐大饗部類記』という部類記がある。これは寛治二年十二月の摂政藤原師実の任太政大臣大饗に関する記事を諸日記から部類したものである。(34)所収の日記は、『江記』『水左記』『中原師平日記』『為房卿記』『時範記』と「不知記」となっているものである。師実の大饗に関する記録は、『師通記』はもちろん『中右記』にもあるが、これらとの関係についても考察の余地がある。また、『師通記』の扉書から、師通は父師実の太政大臣補任やそれにともなう大饗に関して「清書」する意志があったことがうかがえるので、『任槐大饗部類記』の作成は師通の指示によるものだったのではないか。これは所収日記に師通の家司筋の日記が多く含まれることからもいえる。『任槐大饗部類記』については、いずれ稿を改めて論じることとする。

五、おわりに

応徳三年以降のペンディング状態にされた本文は、のちに情報を確認、整理することのあらわれであると同時に、さらに次のテクストへとつながっていく一過程にすぎない可能性を示すものであることがみえてきた。また、師通は、家司たちの日記の存在を記すことで、自らの日記叙述を家司たちの日記を前提とし、あるいは自分の日記の一部分としていたようである。これらは『師通記』が閉じられた、それ自体で完結した日記でなかったことの証拠である。

寛治二年秋冬の扉書に関しても、「寛治二年金峯山御参詣記」にしても『任槐大饗部類記』にしても、これまでみてきた古記録の開かれたテクストとしての側面を考えれば、『師通記』の先にあるテクストを想定することはあながち的外れではあるまい。この時代、多くの部類記が作成されたことを考えれば、むしろ当然のことである。日記の記主たちは、日記を情報整理の場として利用し、その本文を常に変動させていた。切り刻み、継ぎ、捨て、拾い、情報を整理したのである。

一方で、特に家司の日記との関係をいえば、『師通記』のみならず摂関家の日記というものの自立性が問われてくる。『師通記』に関していえば、金峯山詣の際の詩的日記がその独自性をあらわしているだろう。また、『師通記』はほぼ日次の状態で残っているのに対して、家司筋の日記、『為房卿記』『時範記』『江記』などは、逸文でしか残っていないという事実もある。摂関家においては、その後も嫡流をはじめとする子孫が日記を記していく。特に道長以降、日記それ自体が相伝の宝物として重視された。中身と同様に、日記という「もの」も大切にされたのである。家司筋の日記は、それ自体としてではなく、書かれた情報が贈答された結果、切り継ぎされて、次のテクストへと再生産されてゆくのであった。

注

（1）松薗斉は、「自分がその儀式の場に居合わせなかった際、その記録を他の人の日記で補う場合などに、その日記の記事を丸ごと載せたり（国書刊行会本『玉葉』のようにそれが書写されていくうちに、本文と紛れてしまうこともあるので注意を要する）、（略）家司クラスの日記や（略）子弟の日記の存在を指示するだけで済ませているような場合もある。これらは（略）「日記の家」の存在が前提となって始めて機能するものである」と述べている（「家記の構造」『日記の家―中世国家の記録組織―』吉川弘文館、一九九七年、初出一九八五年、七十三頁注一）。

（2）テクストは本来的に閉じられたものではないので、「開かれた」とするのは違和感がなくもないのだが、閉じられたものとしてとらえられがちな古記録が常に生成されるテクストであることを強調する意味で用いている。

（3）神田龍身「漢文日記の言説―男色家・藤原頼長『台記』」（『偽装の言説―平安朝のエクリチュール―』森話社、一九九九年、初出一九九六年）二〇六～二一三頁参照。

（4）『時範記』は、極官の右大弁にちなんで『右大記』『右御記』『平右記』などともよばれる。承保二年（一〇七五）

十一月から嘉承三年（一一〇八）正月まで断続的に伝わる。木本好信・中丸貴史・樋口健太郎編『時範記逸文集成』（岩田書院、二〇一八年）がある。先行研究には、木本好信「『時範記』と平時範」（『平安朝日記と逸文の研究―日記逸文にあらわれたる平安公卿の世界―』桜楓社、一九八七年、初出一九八五年）、宮崎康充「平時範に関する覚書」（『書陵部紀要』第四十一号、一九九〇年三月）、佐々木恵介「受領と日記」（山中裕編『古記録と日記』下巻、思文閣出版、一九九三年）、森公章『日記で読む日本史十一　平安時代の国司の赴任―『時範記』をよむ―』（臨川書店、二〇一六年）などがある。

（5）成宗は醍醐源氏経成の男。もとは成経。兄弟に重綱・重資がいる。このとき、五位蔵人・少納言。その日記が『師通記』において言及されるのはこの一回であるが、『中右記』同日条では、長暦三年（一〇三九）の中宮藤原嫄子崩御にともなう錫紵の際、成宗の父経成が五位蔵人として事に当たったときのことが成宗によって語られている。

（6）『為房卿記』は藤原為房（一〇四九〜一一一五）の日記で、為房の極官が大蔵卿であったことから『大記』『大府記』ともよばれている。為房は勧修寺長者で、白河院別当や師実・師通家司などを務めており、院と摂関家の両方に信任を得ていたことがわかる。ちなみに父は隆方、母は平行親女であり、時範とは従兄弟にあたる。日記は延久元年（一〇六九）から永久三年（一一一五）まで断続的に伝わり、『歴代残闕日記』や駒澤大学大学院史学会古代史部会編「翻刻『為房卿記』自延久四年至永保二年」（『史聚』第十号記念号、一九七九年二月）、『大日本史料』第三編にその翻刻が掲載されている。先行研究としては、河野房男「白河・鳥羽両院政下の内蔵頭」（『平安末期政治史研究』東京堂出版、一九七九年、初出一九六五年）、所功「筆者為房の略伝」（『史聚』第十号記念号、一九七九年二月、のち『宮廷儀式書成立史の再検討』国書刊行会、二〇〇一年）、木本好信「藤原為房―その生涯と日記『大府記』―」（『平安朝官人と記録の研究―日記逸文にあらわれたる平安公卿の世界―』おうふう、二〇〇〇年、初出一九八七年）などがある。為房は『撰集秘記』『貫首抄』『装束抄』などの儀式書を記したことでも知られ、大江匡房・藤原伊房と並び「前の三房」とよばれた。

（7）大日本古記録は、「本条、恐ラクハ九日ノ裏書ナラン」とする。

（8）特に初期において、このような用例がほぼ本文Ｂ（のちにまとめられた本文）に限定されるということは、『師通記』の原則として先行文献と重複するものは記さないという姿勢をあらわすものである。先例と同じならば、その先例を記した書物名を記せば事足りるのであり、そのような姿勢で書かれた記事に、『師通記』の独自性があらわれるのではないか。先例・典拠を大事としながらも時代に合った新しい「例」が創出されてゆくのである。これについては第二章でも述べているので参照されたい。

(9) 「即ち後二条関白師通は、寛治二年、三年、四年の記に、大江匡房、藤原為房の日記に詳細なる紀事があるから、省筆した事を、処々に記し、(中略)是等は、概ね摂関大臣等地位の高い人の日記のみに限つて居るやうである、殊に忠実の如きは、永久五年四月三日(論者注:正しくは永久二年四月三日~五月二十二日)の日記をば、家司知信をして記録せしめた類もあるから、この外、貴族の日記には、家臣に執筆せしめたものも多少あつたらうと思はれます」(和田英松「日記に就いて」『史学雑誌』第二十四編第十号、一九一三年十月、のち『国史国文之研究』雄山閣、一九二六年)。

(10) 松薗斉前掲論文六十五頁。

(11) 松薗斉前掲論文六十六~六十七頁。

(12) 『中右記』嘉保二年(一〇九五)八月八日条。

(13) 大島幸雄編『平安朝漢文日記索引 典籍文書名篇』(国書刊行会、一九九二年)によって調べたが、同時代資料が少ないこともこのような結果が出た一因と考えることができる。

(14) すでに松薗斉は「日記を一つのシステムと考えた場合、個々の日記がばらばらに存在するのではなく有機的に結合している」(前掲論文四十九~五十頁)と述べている。

(15) ちなみにこのときの七月二十七日付の師通の願文も現存する。個人蔵。影印・翻刻は『大日本史料』三編之一補遺(三編之九所収)および『墨美』第一〇七号「藤原師通」(一九六一年五月)参照。師通の金峯山詣については、関秀夫「藤原師通の御岳詣と金泥経の埋納」(『平安時代の埋経と写経』東京堂出版、一九九九年)、上島享「金峯山信仰史再考」(『説話文学研究』第四十九号、二〇一四年十月)、上川通夫「末法思想と中世の「日本国」」(『日本中世仏教と東アジア世界』塙書房、二〇一二年、初出二〇〇〇年)を参照。

(16) 宮崎康充前掲論文。

(17) 末松剛「『宇治関白高野山御参詣記』（京都府立総合資料館本）の紹介と諸本について」（『鳳翔学叢』第五輯、平等院、二〇〇九年三月）参照。
(18) 道長の高野詣および金峯詣の意義については、三橋正「藤原道長と仏教」（『平安時代の信仰と宗教儀礼』続群書類従完成会、二〇〇〇年、初出一九九八年）参照。
(19) 『扶桑略記』同年二月条はこの記録を節略したもので、以前よりその存在は知られていたが、昭和三十四年（一九五九）に高野山西南院を調査した際に発見された。その詳細は、和多昭夫「史料紹介 西南院蔵「寛治二年白河上皇高野御幸記」」（『密教文化』第五十一号、一九六〇年十二月）、同「史料紹介 寛治二年白河上皇高野御幸記（二）」（『密教文化』第五十二号、一九六一年三月）に詳しい。
(20) 『群書類従』第三輯「帝王部」所収。
(21) 『続群書類従』第二十八輯上「釈家部」所収。
(22) 三橋正前掲論文四四七頁。
(23) ヘザー・ブレーア・馬耀・上島享・川崎剛志・近本謙介「〔シンポジウム〕二〇一三年四月例会「白河院金峯山御幸の記録と記憶―新出「江記逸文」をめぐって―」」（『説話文学研究』第四十九号、二〇一四年十月）参照。
(24) 美川圭は『白河法皇―中世をひらいた帝王―』（NHKブックス　二〇〇三年）で、白河院が応徳三年に堀河天皇に譲位した後に寛治二年に高野山、同四年に熊野、同五年に再び高野山、同六年に金峯山というような参詣を繰り返したこととともにこの彦根詣をとりあげ、「白河院にとってみれば、さしせまって霊験に頼らなければならないような病気はもっていなかったから、よくいえば好奇心、悪くいえばいささかの軽薄さが参詣をうながしたのであろう。このように、譲位間もないこの時期の白河院は、個人的な信仰といったものにそれほどとくに強い性向が見られないのである。だから、この時期の熊野詣も、高野山や吉野金峰山と同様に、在位中の窮屈さをいっきにはらすような、物見遊山的、遊興的な意味あいがかなり強いのではあるまいか」（一七九頁）と述べているが、そのような単純な話であろうか。院政の主催者として時代の演出を試みた行為であったのではないだろうか。また、第Ⅲ部第二章で述べる「永長の大田楽」をめぐる院の行動に通じるものもある。

(25) 中島和歌子「『後二条師通記』の雪月花」(第七十八回和漢比較文学会東部例会発表資料、二〇〇三年一月、於中央大学)。

(26) 応徳二年十月二十九日条にも見立て表現をみることができるが、これは博士の勘申であり、師通自らの表現ではないために、用例として数えない。

(27) 中島和歌子前掲資料。

(28) 上島享前掲論文は、師通の寛治二年、初度の金峯山詣を道長のそれと比較して異例であったとし、二度目の金峯山詣はその反省をふまえたものであった可能性を指摘している。

(29) 別記もほぼ同じ記事であるが、ここはひとまず本記を引用する。寛治五年の本記と別記については第四章参照。

(30) 小野泰央「『後二条師通記』の漢詩文表現―古記録の記述と時令思想―」(『中世漢文学の形象』勉誠出版、二〇一一年、初出二〇〇九年)。

(31) なお、『師通記』において同様の例がこのほかに、寛治六年五月十四日条「晴、未剋甚雨、頃之晴又雨止、漢天青類」、寛治七年二月二十二日条自筆別記「巳終雲満暴雨、北風、未剋日脚有レ纔、頃之暗以二青類一同時参内」、四月二十五日条「漢天如二青紙一」、六月二十四日条「天晴、碧落青□」、嘉保三年八月二十三日条「天晴、碧落青類」、九月三十日条「晴、秋天青類」にみられる。

(32) 大曾根章介は、師通と同時代の詩人の作品を収める『本朝無題詩』が、ほかの漢詩集に比して「山寺」の詩が多いことを指摘、「院政期の蓮府槐門による仏教の異常な崇拝と夥しい造寺造仏の事業が、当代の詩人達に反映したことや、「即事言志」の無題の詩には当然多く見られるものと推定される」と述べている(「『本朝無題詩』成立考」『大曾根章介 日本漢文学論集』第二巻、汲古書院、一九九八年、初出一九六〇年)。また、七田麻美子「『本朝無題詩』の山寺詩―慈恩寺詩を中心に―」(『アジア遊学別冊三 日本・中国 交流の諸相』勉誠出版、二〇〇六年三月)も参照。七田は「山寺詩の作品群には、むしろ「寺」より「山」という場で読まれた作品であることに特徴がある」とし、白居易の影響を指摘。ただし、藤原明衡にとって慈恩寺は『白氏文集』から直接ではなく『千載佳句』『和漢朗詠集』からである、という指摘は今回の師通の場合を考える際に参考になる。

（33）「詩人」については、藤原克己『菅原道真―詩人の運命―』（ウェッジ選書、二〇〇二年）参照。

（34）これに関しては、木本好信による基礎的研究「内閣文庫蔵『任槐大饗部類記』―藤原師実の任太政大臣大饗―」（前掲書『平安朝官人と記録の研究―日記逸文にあらわれたる平安公卿の世界―』、初出一九九二年）があるほか、『内閣文庫所蔵史籍叢刊　古代中世篇』第五巻（汲古書院、二〇一三年）に影印および解題（新井重行）が収められている。

第四章　再び二つの本文
――寛治五年――

一、はじめに

寛治五年（一〇九一）の『師通記』にも二つの本文が存在する。しかし、この二つの本文は、第二章でみた永保三年（一〇八三）から応徳二年（一〇八五）の二つの本文とは性質が異なる。永保三年からの二つの本文は記事の粗密に大差がなかったのに対して、こちらは違いが一目瞭然であり、一般にいう「本記」「別記」の関係に近いようである。「本記」は具注暦に記すゆえに分量が限られてくるので、それ以上書く必要がある場合は別に詳しく書く必要がある。これが一般的な「別記」であるが、寛治五年の二つの本文の関係はこれに近い。また、先の二つの本文と異なり、ほぼ同時期に書かれたと考えられる。これらについて以下で考察していきたい。

二、伝本の形態

まず、伝本を確認したい。

古写本　第十四巻　正～六月
古写本　第十五巻　四～六月

古写本　第十六巻　七～十二月
　　　　　　　　　七～九月　※二度目の七月条のはじめに別筆で「以下別記」とあり。
古写本　第十七巻　十～十二月
転写本　　　　　　正～三月

寛治五年の記事は、古写本の第十四巻から第十七巻にあたり、正月から三月に限って転写本が存在する。[1] 古写本の第十四巻は、寛治五年の上半期を収めるものであり、古写本第十六巻の下半期の記事と対応すると考えていいだろう。すると、古写本第十五巻・同第十六巻後半部・同第十七巻が、四月から十二月を収め、転写本の収める時期と対応する。古写本第十六巻の二度目の七月条のはじめに別筆で「以下別記」とある通り、こちらの本文を「別記」ととらえてよいだろう。整理すると次のようになる。

〈本記〉
古写本　第十四巻　正～六月
古写本　第十六巻　七～十二月
〈別記〉
転写本　　　　　　正～三月
古写本　第十五巻　四～六月
古写本　第十六巻　七～九月
古写本　第十七巻　十～十二月

『延喜式』巻十六「陰陽寮・進暦条」には、「凡進レ暦者、具注御暦二巻六月以前為二上巻一、七月以後為二下巻一」とある。具注暦は一年分を二巻（正月から六月までが上巻、七月から十二月までが下巻）としていることから、本記が半年単位になっていることは、これが具注暦に記されたものである可能性が高いことを示している。まず、これらの本記と別記の関係を分析してみたい。

三、本記と別記

圧倒的な分量の「別記」

先にも述べたように、「本記」「別記」には圧倒的な分量の差がある。例えば本記の正月から六月条までは大日本古記録の頁数にしてわずか九頁であるのに対して、これに対応する別記は七十六頁と、約八倍の分量がある。

次にあげたのは、正月一日条「本記」である。

陰。未剋許、降レ雨。参二三条殿一。依二雨湿一停二止拝礼一云々。相二率公卿等一参二於仙院（白河上皇）南庭一。幷甚雨。仍無二拝礼一云々。殿下（師実）令（拝脱カ）二参内一給云々。具有二別記一。
裏書。天皇（堀河）四方事如レ恒。

雨により師実邸（三条殿）ならびに院の拝礼は中止となったという、きわめて簡潔な内容である。それに対し、別記は大日本古記録の行数として四十七行、本記の約十二倍の分量があり、鶏鳴の師通の四方拝にはじまり、餅鏡も例年通り済ませ、師実邸、院、斎宮に参った後に参内し、小朝拝、節会、供御薬などの儀式が人の動きとともに詳細に記されている。要するにこの本記の記述はこの日のはじめの一部分のみであり、詳細は「云々」と省略され、詳しいことは「具有二別記一」と「別記」に記す旨が書かれている。これは別記の存在を前提としたものであることを示している。

また、本記の裏書をみてみると、天皇の四方拝がいつも通り行なわれたことが書かれている。別記には師通の四方拝が記されている。『師通記』が師通の行動に従って記されることは当然のことなので、本記では略述し、別記で詳細に記している。この裏書には、その他記すべきことを、さらに分けて記した、ということになるのだろう。

次に、二月十一日条本記と別記両方をみてみたい。

〈本記〉

列見。依二院御行一、延二引之一云々。

〈別記〉

晴。予巳剋参レ院。日吉御行大略如二八幡一。西対御装束如レ本。菅円座又廂長押子端敷レ之云々。寄二御車於西台南階一。自余如レ常。社頭着御申時。又如レ常。関白殿依二御忌月事一、不二入御一云々。

関白殿御〔葉室本「御」〕白重下襲・甘〔紺〕地平緒・壇〔檀〕地螺鈿鏧物剣也。自余如レ常。予蒲下襲・甘〔紺〕地平緒也。〔忠実〕、〔三〕位中将款冬下襲・表袴蒲・甘〔紺〕地平緒・檀地剣鏧物也。

（頭書）「神楽之間、院仰事伝レ之千〔久世本「云」〕々。被レ告二蔵人〔葉室本ナシ〕人少将俊忠〔藤原〕一、承レ之予候二御前一。予聞レ之退出。着二公卿座一。召レ弁〔源基綱〕。社司幷座主〔良真〕譲二法眼関白殿禅師君〔澄真〕一。其由仰レ弁。々承了起退出。」

本記には、列見が白河上皇の日吉御幸によって延引したことのみ書かれている。これに対し、別記には、延引理由はもちろん、列見についても一切書かれず、上皇の日吉御幸についてのみが記されている。このことから、別記には、その日に行なわれた公事の周辺の事情は省き、公事の詳細を中心に記したということがうかがえる。

別記よりも本記が長い条

寛治五年の本記と別記について、圧倒的に別記の分量が多いことは先に述べたが、本記が別記よりも本文が長い条も存在する。次にあげたのは正月十二日条である。

〈本記〉

降レ雨。々止大風吹。雲不レ定。戌剋許、参二法成寺一。事未レ終以前帰レ家。雨風不レ定。

〈別記〉

降レ雨。

本記では、降雨の後大風が吹いたこと、戌刻（午後八時頃）に修正会のために法成寺に行き、事が終わる前に帰宅したことが書かれている。この日は天候が不安定だったようである。それに対して別記は「降レ雨」のみである。

つづいて同月十四日条である。

〈本記〉

天晴。御斎会畢如レ恒。但依二御物忌一於二南殿一被レ行者。予不レ参二八省一云々。参二法成寺一。御導師禄無者。於二三条殿一侍所諸司取落而不レ進云々。追遣者。

〈別記〉

内御物忌也。内論議〔義〕事於二南殿一被レ行者。

本記には、御斎会の最終日のこの日、いつも通り行なわれたが、天皇が物忌であったので、大極殿では行なわれずに南殿（紫宸殿）で行なわれたとある。ただし、師通はこれには参加せず、法成寺修正会結願に行ったようである。また、導師にわたすはずの禄を侍所諸司が取り落としてしまったために、追って遣わすということまで書かれている。しかし、別記には天皇の物忌のために内論義が紫宸殿で行なわれたことが書かれているのみである。

これらの別記の記事では、師通が法成寺に参じたことは記していない。道長ゆかりの法成寺の修正会は、次第に朝儀に等しい扱いを受けるようになったが(2)、師通はこれを区別していたのかもしれない。少なくとも別記で詳述する必要はないと判断されたようである。また、先にみた二月十一日条と同様、本記には周辺事情なども記しているのに対し、別記はその日行なわれる主な事柄のみを記す、という姿勢で一貫している。それゆえ、周辺事情の情報が多くても詳しく記すべき行事などがそれほどない場合は、別記の分量が少なくなるのは当然である。

正月十七日条もみてみたい。

〈本記〉

天晴。三位中将（忠実）檳榔毛車乗レ之。着二直衣一参レ院云々。予剣自レ殿被レ召。仍進二上之一。

〈別記〉

晴。予不レ行。

本記では忠実は直衣を着して出仕し、師通は剣を師実から召されて進上したということが書かれているのだが、別記には天気と「予不レ行」とある以外には何もない。これまでの例と同様、忠実のことは別記に記すことではないと判断したのだろう。

ほかにも例えば、二月二十二日条の本記では、師通が法性寺に参籠したことが書かれているが、別記には記されていない。三月七日条の本記では、師実が日吉社行幸の神宝の馬などを内裏で見たことが記されているが、これもやはり別記には記されていない。

「本記」記述の意義の減退

以上のことから、師通は本記には周辺的事項を含めた概略的なことを記し、別記にはその日に記すべき出来事の内容を詳細に記す傾向があったようである。また、これら二つの本文は同時並行的に書かれたわけであるが――ここでいう「同時並行的」というのは、永保三年からの二つの本文のように一方（本文A）が書かれてから数年後にもう一方（本文B）を書く（書き直す）、というような年単位の時差は生じていないという意味である――、それにしても多少の時差はある。その日の概略を本記に記してから別記を記すというのが基本であったとしても、別記の記述は詳細かつ多量であるので、すぐに記すことができる日ばかりではないだろう。数日後に別記だけを記すということもあっただろう。正月一日条などは本記の記述が途中で省略されているが、元旦は記すことが多いゆえ、概略だけでも相当な分量になることが予想されるために途中で本記の記述をやめ、省略後も含めた詳細を別記に委ねたのではないか。

こうしてみると本記を書くことの意義が問われてくる。本記は別記の記述なしには成り立ち得ない部分が多くあるが、別記は本記の記事がなくても、成り立つ。一つの節目が正月二十三日条であろう。これ以降、本記の記述は天候のみの日が多くなっていく。記事がある日も例えば、正月二十八日条は「晴。除目入眼了」とあるのみである。

次に示したのは二月一日から十日までの本記である。

一日。庚寅。晴。
二日。辛卯。陰。
三日。壬辰。陰。
四日。癸巳。陰。上卿可レ被レ尋云々。
五日。甲午。晴。
六日。乙未。天陰。
七日。丙申。朝間雨小散。其後降レ雨。
八日・九日・十日無レ記。

このように二月に入っても同じ調子である。七日の天気の記事以降、八日から十日は「無レ記」、十一日条は先にあげたように記事があり、十二日から二十一日までまた「無㆓御記㆒」とある。以降も断片的に記事があるのみで、万事このような調子である。「無㆑記」や「無㆓御記㆒」というのは後世の書写者の書き入れであろうが、それ以前の記事が日付の後に天候のみの記事も書写していたことを考えれば、この「無㆑記」「無㆓御記㆒」という日の記事は、本当にまったくの空白だったのだろう。以後、六月条まで同様である。

七月以降の本記と別記

さて、古写本第十六巻は本記として七月から十二月条、別記として七月から九月条を収めるが、本記七月条の記事は、一日条に「天晴」、二十三日条に簡略な記事があるのみである。なお、大日本古記録の校訂注にも指摘されているように、一日条と二十三日条の余白に別筆で、別記の一日条、二日条、三日条、五日条、七日条、十四日条が補書されており、さらに勾および「止」の符号によって、これらを抹消すべきことが指示されている。なぜ、別筆で書かれたのか、別記と同様の記事がもともと本記にも書かれていたのか、不明ではあるが、抹消指示があることから考えると、やはり、もともと師通は本記にこれらの記事を書いていなかったと考えるべきなのであろう。

以降、本記は「裏書」の連続で、その内容はまるでメモである。例えば、閏七月二十二日付の消息案のようなものや、長和二年三月の「旧記」[3]の抜書、また、八月六日は臨時除目において大中臣親定を伊勢神宮の祭主としたが、この日の記事には先例である長暦二年（一〇三八）八月二十八日付定文が抄出されている[4]。ほかにも、長和三年（一〇一四）八月二十四日付「行㆓伊勢初斎宮事㆒所」申文など、とても日次といえるものではない。

十月条以降は、また日次の記事がわずかながら残されている。それは十月十六日・十七日・十一月九日・十二月二日・十一日・十二日・十三日・十七日の八日分であるが、これらは別記とは異なる本文を有している。

一例として十二月二日条をみてみたい。

〈本記〉

九霄雲満、雪飛積レ庭。深及二尺寸一、（朱）「万」々人眼驚。寒気無レ極、池水冶〔結カ〕レ氷。衆木如レ花。眺望神妙歟。密雪正下。

〈別記〉

（頭書）「大雪」

俸〔捧カ〕物日也。参二三条殿一。御共参二御堂一。殿下宿装束。被レ仰云、昨《日》竪義之間、（朱）「探題歟」三台永超少僧都也。永観一座問者也。論議〔義〕之間、永観以不レ調者。有二無レ便事一云々。道々所為傍々不便也。殿下御腸〔腹カ〕立給。仍所レ調也。

裏書。

為二永超僧都一而為二鳴呼一。永観不レ答。僧綱達猶不便事也。被レ答云、以二彼是一以レ有レ理云々。仍承二（藤原）為房仰一以勘当由者。永超（僧都）三代者将軍。竪者与二問者一復軍也。被レ候レ座僧共咲レ之。

別記の頭書にもあるように、この日は大雪だった。よって本記は天候と景物に関する詩的表現を書き連ねているわけだが（第Ⅱ部第二章参照）、別記では頭書に大雪であったことがあるほかは、これらについては書かれておらず、法成寺の法華八講の五巻日と前日の竪義についてが主な内容である。別記の裏書は竪義における永観の行動に腹を立てた父師実が、のちにその原因を調査した結果が書かれている。つまり、古記録の常道ともいうべき内容は別記に書かれているのである。

十月以降の記事においても、本記は別記とは異なる日次記事を書く場としてあったことが想像されるが、現段階ではその基準というべきものがどこにあったかは明らかにし得ていない。しかし、別記の残存状況と内容から、別記が日記叙述の中心となっていったことは容易に理解されるだろう。

四、『師通記』における「別記」の用例

さて、正月一日条本記に「別記」への言及があったように、二つの本文が存在する寛治五年においては本記中に別記への言及を数例みることができる。これは本記が別記を前提として書かれていたことを示している。本節では、現存する『師通記』全体から「別記」の用例を抽出し、寛治五年の二つの本文について考える材料としたい。

『師通記』における「別記」の用例は、管見の限り十三例ある。ただし、寛治五年六月十五日条「本記」にみえる用例は首書であり、後人補記の可能性が高い。[5] また、寛治六年八月二十一日条では、伊勢の豊受大神宮が顚倒したことに関連して左大弁大江匡房に諮問し、日記を送ってもらい「在㆑別云々」とある。これは『江記』の別記を指すと考えられるので、『師通記』の別記を指す用例は次にあげた十一例ということになる。

①応徳元年三月二十八日条本文B
②応徳三年十一月二十六日条
③応徳三年十一月二十八日条
④寛治五年正月一日条本記
⑤寛治五年正月二日条本記
⑥寛治五年正月十八日条本記
⑦寛治五年正月二十二日条本記
⑧寛治六年正月十九日条
⑨寛治六年正月二十三日条

⑩寛治六年正月二十七日条
⑪寛治七年二月二十二日条
以下でこれらの用例を確認し、考察をすすめたい。

①応徳元年三月二十八日条本文B

晴。結政事了。上卿・参議等参内。予参内着二右仗下一。民部卿(源)経(信)・治部卿(藤原)伊房・右衛門督(源)俊明・宰相中将(藤原)家忠〔ママ〕・宰相中将(藤原)基忠等被レ候。予問二左大弁(藤原)実政文書一。承二此旨一起レ座。予着二外座一。令三官人置二膝突一如レ常。具在二別記一。吉書三通河内・伊勢・出羽。

この日は官奏があった。簡単な流れと出席者が書かれるだけの簡潔な記事である。「具在二別記一」と書かれているが、これは本文Bである。先述したように、永保三年からの三年間にも二つの本文が存在した。これらの本文を本書では本文A、本文Bとし、本文Bは、先に書かれた本文Aの情報を整理して書き直したものであると結論づけた（第二章参照）。つまり、この応徳元年三月二十八日条には本文Aとそれを清書した本文Bが現存し、そのうえ別記が存在した可能性がある。また、前日二十七日条には、官奏の作法を父師実に尋ねたことが書かれているうえ、二十八日条本文Aには「中次(事)第別紙書」ともある。これらの官奏に関する次第を別にまとめていたことが十分に考えられる。

②応徳三年十一月二十六日条

天晴。卯刻許、宿装束、参二大炊殿一。台南面□御唐車也。奏二御簾一〔巻カ〕、陰陽師道時(賀茂)〔言〕候了。師了簾□〔ーカ〕也。親王(善仁)御也。次関白殿同御坐也。堀河殿寝殿□〔葉室本「北」〕夾小渡殿御了。罷了事有早〔ママ〕。巳刻参内也。

卯時許、涌㆓出泉㆒。吉事也。在㆓別記㆒。

裏書（後略）

この日、白河天皇は息子の善仁親王に譲位した。当該条本文では卯刻（午前六時頃）に宿装束を着て大炊殿に向かい、巳刻（午前十時頃）に参内したことまでが書かれている。別記に言及する記事はその後の割注にある。卯刻に大炊殿に泉が湧いたのを吉事であるとして、別記を指示している。この後には裏書がつづき、関白から摂政となった師実による拝舞、新蔵人の補任、官奏などが書かれる。この裏書はまさにこの日の出来事の詳細であるが、裏書は具注暦に書ききれなかった本文であり、割注のように書かれた記事は、割注というよりも師通により後から本文に補足されたものであろう。

③応徳三年十一月二十八日条

天晴。堀河殿里裏参内。定㆓即位事㆒。着㆑陣。別有㆑記。御㆓直衣装束㆒院参入。大炊殿還給了。奉幣時午時刻。上卿巳刻許可㆓参入㆒也。仰㆓為房（藤原）㆒也。

裏書。自㆑殿礼服事一々可㆑初也。被㆑仰也。大極殿廊御簾事所㆑初也。

里内裏であった堀河殿に参内した師通は即位に関することを定める。「別有㆑記」は、別記のことだろう。ここでも詳細を別記に譲っている。

⑤寛治五年正月二日条本記

④寛治五年正月一日条本記については第三節で述べた。よって、⑤同年正月二日条について考えたい。

今朝間雲気不㆑定。殿下於㆓三条殿㆒臨時客被㆑行㆑之。尊〔者カ〕座左大臣（源俊房）・右大臣（源顕房）、民部卿（源経信）以下先㆑是拝礼如㆑常。次仙（白院河上皇）拝礼云々。有㆓別記㆒。高倉（祐子内親王）於㆓随身㆒腰挿一疋云々。

この日は師実邸で臨時客、院拝礼などが行なわれたが、やはりこの本記では簡単な一日の流れが書かれ、その詳細は別記にあるという。以下、⑥同年正月十八日条本記、⑦同年正月二十二日条本記も同様である。⑥は賭弓、⑦は媞子内親王の立后についての簡単な記述がなされ、詳細を「別記」に譲っている。

⑧寛治六年正月十九日条

天晴。御堂供養午時被㆑始。表白了。講読師下㆑自㆓高座㆒、候㆓御堂西方㆒。賞事被㆓仰下㆒。別当頼尊被㆑仰㆓譲状事㆒。法印済尋、行事二人被㆑仰㆓加階事㆒。以綱（橘）正五位下、為隆（藤原）従五位上、舞人光季（狛）栄爵。次第大略如㆑式。在㆓別記㆒。濫僧供仰㆓伝弁㆒云々。

関白師実が興福寺の北円堂を供養したことが簡略に記され、次第はおおよそ式の流れに従って行なわれたとあるが、やはり「在㆓別記㆒」と、詳細の記述は別記に譲っている。⑨同年正月二十三日条、⑩同年正月二十七日条も、それぞれ、除目、賭弓であるが、同様である。しかし、これらは寛治五年条とは異なり別記が現存しない。

⑪寛治七年二月二十二日条

陰。日脚見。着㆓御烏帽㆒。殿下・余着㆑冠参内。寝殿御装束了。透垣辺曳㆓幔幕㆒云々。未㆑曳以前罷出。延久元年有㆓立后事㆒。用㆓件日記㆒云々。有㆓別記㆒。

裏。（後略）

この日、後三条天皇皇女篤子内親王が立后する。ここで言及されている「延久元年有㆓立后事㆒」というのは、馨子内親王の中宮（後三条天皇）冊立のことである。当該条ではこれまでのように簡単な記述の後に「有㆓別記㆒」とあり、『師通記』唯一の自筆として残っているのが、この日の別記である。

日次の別記、非日次の別記

以上をふまえると、まず、十一例中④⑤⑥⑦⑪の五例は実際に別記が存在していることがわかる。一方で、別記が存在していないその他の用例も、現存していないだけで作成されていたのであろう。⑪寛治七年二月二十二日条に自筆別記が現存していることは幸いであった。この自筆別記は、篤子内親王が堀河天皇に中宮として立后する際の儀式次第や宣命などを別記として詳述し、しかも加筆や抹消などのある、推敲途中の草稿というべきものである。①は官奏に関する作法を、②は瑞祥について、③は譲位・即位に関する一連の儀式、⑧は興福寺北円堂供養、⑨は除目、⑩は賭弓などを別に詳述しておくというのは十分にあり得ることである。こうして儀式などの実例が別記として蓄積されると、部類記が作成され[6]、さらにその先に儀式書などが作成される。実例の積み重ねが先例故実となるのである。

また、寛治五年の用例が正月に集中していることも特徴である。寛治五年条は本記と別記という二つの本文をほぼ同時並行的に記すことによってスタートした。この点、同じく二つの本文をもっていても、当初書かれた本文Aを後から本文Bとして整理した、永保三年から三年間の記事とは決定的に違ってくる。しかし、先に指摘したように、この同時並行的に書かれる二つの本文体制では、本記の意義が早々に問われることとなり、正月以降本記が機能しなくなったため、「有二別記一」などと書く意味がなくなる。そのために、寛治五年の別記の用例が正月に限定されるのである。

『師通記』においては寛治五年に日次の本記と別記という記述システムがとられたということ、他の年紀においては行事ごとの単発的な別記が作成された可能性が高いということが確認できた。

五、別記作成の一般性

他の古記録における別記

これまで『師通記』における「別記」をみてきたが、当然のことながら他の日記においても別記は作成された。例えば、藤原師輔の『九暦』天慶四年（九四一）八月十日条には「今日釈奠也。而大炊寮不□（壬生本「相」右勝。）堂還出。其由在二別記一」（九暦断簡）、天暦十年（九五六）八月十八日条には「於二仁寿殿一有二臨時相撲事一。五番。撲了。内蔵給二饗禄一。各疋絹。但最手信乃布。具由在二別記一」（『西宮記』巻四所引「九記」）とあり、それぞれ釈奠、臨時相撲について別記を作成したことがわかる。そもそも師輔は子孫に残した『九条殿遺誡』において、「次見二暦書一、可レ知二日之吉凶一。年中行事、略注二付件暦一、毎レ日視之次先知二其事一、兼以用意。又昨日公事、若私不レ得レ止事等、為レ備二忽忘一、又聊可レ注二付件暦一。但其中要枢公事、及君父所在事等、別以記レ之可レ備二後鑑一」（日次記のほかに「要枢公事」「君父所在事」などは別記を作成して後鑑に備えよ）と述べていた。

また、藤原宗忠の『中右記』嘉保二年（一〇九五）正月十九日条には「関白殿（師通）於二賀陽院一有二朱器大饗一。子細在二別記一」、同年正月二十三日条には「予申二案内於上卿一。従二陽明門一参二大納言殿（藤原宗俊）一。未時許、大納言殿与二左府（源俊房）一同車参内。予扈従。依二賭弓一也。賭弓了宿仕。賭弓在二別記一」、同年三月八日条には「天陰雨下。殿下御二春日詣一。子細在二別記一」とあり、関白師通が高陽院において行なった大饗、賭弓、そして師通の春日詣について別記を作成していたことがわかる。

木本好信は、九条家本『土右記』延久元年（一〇六九）四月二十八日条に「及二申剋一有下冊二命皇太子一事上。具在二別記一」、『魚魯愚別録』巻三下の「江裏書」に「故源右府（師房）被レ出二別記一」とあることから、『土右記』における別記の作成を指摘しているほか(7)、中御門本『天皇元服記部類』所収『江記』寛治三年正月五日条に「次相引参内。進レ自二陣座一到二南殿一。見二御装束一。装束司季仲《（藤原）》朝臣所二奉仕一也。御装束儀委細也。然而略不二書写一。可レ見二本記一也」、『園太暦』文和五年（延文元、一三五六）正月三日条所引『江記』寛治六年正月十六日条に「民部卿《（源経信）》申云、正明《（源）》卿非参議三位之時、奉二仕参議代一之例云々。委見二本記一」と「本記」の語があること、また、『江家次第』巻十三・千僧御読経事に「大極殿御装束。子細在二別記一。」、巻十九・臨時競馬事にも「後日多覧二後番一。次有二勝負舞一。此次或覧二近衛騎射・帯刀騎射一。覂駕・東遊等有二別記一」とあることから、『江記』も別記が作成されていた可能性が高いことを指摘している(8)。

藤原頼長の『台記』康治元年（一一四二）十一月三十日条には、「大嘗会日記自レ卯至レ午別記也始レ自二去廿一日一、今日書了。執筆山城前吏源実長。不レ交二他人筆一。但未レ読レ之。実長・予等忘二寝食一書レ之。予雖二御筆一不レ執レ筆也。四箇日記合卅六枚」とある。源実長とともに近衛天皇の大嘗会の別記を二十一日から十日間寝食を忘れて作成し、四日間の日記は合わせて三十六枚にもなったという。頼長の日記執筆に対する執念を差し引いても、別記の作成は相当な労力を要するものであったことが想像される。

同時並行的に日次別記を作成する

先にも述べたように、現存する『師通記』別記には、具注暦に記した日記（本記）とは別に個別事項の詳細を記した「単発の別記」と、日記と同時並行的に記した「日次の別記」がある。唯一の自筆本である寛治七年の別記が前者にあたり、寛治五年の別記は後者にあたるが、『師通記』の寛治五年のように、本記と別記を同時並行的に作成するという発想は他の日記にもみることができる。

現存する藤原実資の『小右記』には、日付が重複して記されていることがある。ある日の記事が二種類あり、それが連続して記されているのである。例えば、正暦四年（九九三）正月二十三日条、二十四日条、二月五日条、八日条、五月二十三日条、長保元年（九九九）十一月二十五日条、寛仁三年（一〇一九）正月十七日条、十八日条、十九日条などである。また、正暦四年正月二十三日条などは「同四年正月廿三日。壬子」「正暦四年正月廿三日。壬子」「廿三日。壬子」とはじまる三種の記事があるうえ、うち二種は日付の表記が年号にはじまっている。また、これらの条の一方には日付と干支の後に「在二政部一」（正暦四年正月二十三日条、二月五日条、八日条、五月二十三日条）、「在二大饗部一」（正暦四年正月二十四日条）など、後から補入されたと思しき記事があり、これら以外には「在二節会部一」（正暦元年十一月二十一日条、同四年正月七日条、寛仁二年十一月二十二日条、治安元年（一〇二一）十一月二十一日条など）、「見二賭射部一」（寛仁三年正月十九日条）、「賭射事在二彼部一」（万寿四年（一〇二七）正月二十日条）などがある。要するに、「在二政部一」「在二大饗部一」「在二節会部一」などが『師通記』における「在二別記一」のようなもので、具注暦に書かれた本記ともいうべき記事である。そして、もう一方がまさに「政部」「大饗部」「節会部」に書かれた記事であると考えられる。「政部」「大饗部」「節会部」などは部類記であることが想定され、日付の表記が年号からはじまることも、部類する対象のその年ごとの記事を集めたことの証左であるとみることができよう。

また、先にあげたように三種の記事がある場合や、二種であっても「在二政部一」などの記述のないものもある。これらが部類記に使用されなかったか、もしくは日次で書かれた別記であったのかは不明であるが、いずれにせよ本来別々に記録されたものが、再度日次記事として回収されたのが、現存する『小右記』本文なのであろう[9]。

時代は下るが、鎌倉時代の民部卿藤原（広橋）経光（一二一二～七四）の『民経記』には『師通記』の例に非常に近いものをみることができる。尾上陽介は次のように述べている[10]。

> 日記を書き始めて二年目からは具注暦を日記帳として利用し始めるが、この年も経光の手許にあるのは空白行のないものであった。そのため、記事が少ない日は具注暦の裏面にまちがわないよう必ず日付をそえて書き、場所が足りなくなると表面の暦注の隙間に続きを書いている。記事が多くなりそうな日は初めから反故を裏返

した白紙に長文の記事を書き、その別紙を具注暦を切断して挿入し、ふたたび貼り継ぐ努力を行っている（略）。
　秋ごろまではこのような作業をこまめに行っていたが、（論者注：嘉禄三年（安貞元年、一二二七））十月十四日条からは「委細の記奥にあり、大概ばかり暦に記す」として、具注暦にはごく簡単な記事を表面に書くだけとし、詳しい記事を書いた別紙はいちいち具注暦に貼り継ぎ挿入せず、そのまま別の巻物とするようになる（略）。これは具注暦を切断する箇所があまりにも多いので、その作業を省くことが目的であったと思われるが、ここに日記を二本立てとし、きわめて簡単な記事は具注暦に、詳しい記事は手製のもう一つの日記帳（経光はこれを「別記」と呼んでいる）に書く、というやり方にいたったのである。

経光も師通と同じような方法で日記を記していたことがうかがえる。尾上は、具注暦に書いた「暦記」（本章でいうところの「本記」）と、「日次記」（本章でいうところの「別記」）の書き分けは、前者には出仕しなかった日の記事を、後者には出仕した日の記事を書くということでなされ、自ずから「暦記」に私事を、「日次記」に公事を記すということになったと指摘している。[11]また、本記は具注暦に記すという性格上、分量が限られ、別記のほうが全体の分量としては多くなったが、日によっては本記のほうが分量が多くなることもあったという。このあたりもこれまでみてきた『師通記』にきわめて近いものがある。

　二つの日次記を同時に記すという方法は、ほかに、経光の子である兼仲の『勘仲記』、その子孫の兼顕の『兼顕卿記』、そして近衛基平の『深心院関白記』などに確認される。

六、おわりに

この時代、貴族たちは個々に日記を記していたわけだが、先例が重視された時代にあって、先例に則って行動し、それを記すという営為を繰り返してきた。日記は、情報をいかに整理するかという記主の格闘の結果である。自らの行動の根拠を、これまで積み重ねられてきた先例に求めること、そして政務の場のみならず当時の貴族社会において自らの地位と存在を示すこと、そのための道具と方法が日記であった。

その一端をあらわしているのが『師通記』の寛治五年条である。ここには師通の試行錯誤の跡がはっきり残っている。寛治五年は、概略的な記述をするための具注暦に記された本記と、その日「行なわれた」出来事に関する詳細を記す別記という、日次の二つの本文体制をとってスタートした。その日の大まかな出来事は本記をみればよいし、詳細を知りたい場合は別記をみればよいわけで、合理的な情報整理の方法である。

結果、寛治五年の『師通記』はこれまでにないほど充実した内容となる。実のところ、先ほどから比較される永保三年からの三ヵ年の二つの本文のうち、書き直された本文である本文Bもこの時期に作成された可能性が高い（第二章参照）。二年前に新帝堀河天皇が元服し、この年の十二月には父師実の五十算賀が行なわれている。自らは三十歳にならんとし、前年の金峯山詣に引きつづき、曾祖父道長の例を模範として曲水宴を行なったのもこの年であった（第Ⅱ部第四章参照）。寛治五年は皇室も摂関家も世代交代の途上にあり、師通が摂関家の継承を強く意識していたことは間違いなく、それが日記にもあらわれている。実際に師通が父師実に代わって関白ならびに氏長者となるのは、この三年後の寛治八年（嘉保元）のことである。

ところが、この二つの本文体制も早晩変化をみせる。[12] やりはじめてはみたものの、なかなかうまくいかなかったのである。

ものごとを分類するのはそうたやすいことではない。「公私」の区別にしても、あいまいな部分が多いうえ、出来事であればなおさら、その評価は時間が経たなければ判断できない。そもそも、ものごとは多様な側面をもつものなので、分類する行為は分類する主体の認識に委ねられている。また、分類する行為それ自体が目的化することも多い。ものごとを認識し、分類し、それを二種類の本文に書くというのは、容易ではない。

寛治五年の『師通記』は日記叙述の試行錯誤の連続であったといえるだろう。

注

(1) 大日本古記録は、古写本の存在しない当該条の底本に、転写本をもって補ったと考えられる予楽院本第十四冊を用いている。予楽院本と転写本の関係については第一章を参照。

(2) 三橋正「藤原道長と仏教」(『平安時代の信仰と宗教儀礼』続群書類従完成会、二〇〇〇年、初出一九九八年)参照。

(3) 「旧記」の語は首書による。ただし、抜き書きした記事も簡単な記述である。

(4) ただし、これとほぼ同文が別記の裏書として記されている。また、本記では冒頭部分が再度二行のみ重複して記されている。

(5) 「引₌合別記₋可₌御覧₋」とある。

(6) 部類記については、橋本義彦「部類記について」(『平安貴族社会の研究』吉川弘文館、一九七六年、初出一九七〇年)、山中裕「部類記と別記」(同編『古記録と日記』上巻、思文閣出版、一九九三年)などを参照。

(7) 木本好信「『土右記』と源師房」(『平安朝日記と逸文の研究―日記逸文にあらわれたる平安公卿の世界―』桜楓社、一九八七年、初出一九八六年)。

(8) 木本好信「『江記』と大江匡房」(前掲書、初出一九八三年・一九八五年)。

(9) これらについては、大日本古記録の『小右記』解題のほか、今江廣道「『小右記』古写本成立私考」（岩橋小彌太博士頌寿記念会編『日本史籍論集』上巻、吉川弘文館、一九六九年）、桃裕行「小右記諸本の研究」（『桃裕行著作集 第四巻 古記録の研究 上』思文閣出版、一九八八年）、山中裕前掲論文、三橋正「『小右記』と『左経記』の記載方法と保存形態―古記録文化の確立―」（『古記録文化論』武蔵野書院、二〇一五年、初出二〇一五年）などを参照。

(10) 尾上陽介『中世の日記の世界』（山川出版社、二〇〇三年）十八頁。

(11) 尾上陽介「『民経記』と暦記・日次記」（五味文彦編『日記に中世を読む』吉川弘文館、一九九八年）。

(12) 尾上陽介は『民経記』の二つの本文について、「安貞年間の試行錯誤の時期を経て、寛喜・天福年間には確立したが、寛元年間以降には再び曖昧になってしまっている」（前掲論文）と述べており、ここにも『師通記』との共通性を見出すことができる。

第五章　病と揺らぐテクスト

一、はじめに

『栄花物語』巻三十九「布引の滝」には、師通十六歳のとき（承暦元年、一〇七七）の様子が次のように書かれている。

今年ぞ大将殿十六にならせたまへど、いと大きやかに、うつくしう愛敬づき、めでたくおはします。（中略）いとふくらかに愛敬づき、匂やかなる御有様にておはします。

また、十七歳のときは、

大将殿は、御かたち、有様、匂ひやかに愛敬づき、めでたき御有様なり。

とあり、いずれの記事からも、体格のよい、健康的なさまがうかがえる。このような師通のイメージは、次にあげた『今鏡』ふぢなみの上第四「波の上の坏」においても同様である。

この大臣、御心ばへたけく、姿も御能も優れてなむおはしましける。御即位などにや侍りけむ、匡房の中納言、この殿の御有様を賞め奉りて、あはれこれを唐土の人に見せてばや。一の人とてさし出だし奉りたらむに、いかに賞めきこえむなどぞ、まのあたり申しける。玄上といふ琵琶を弾き給ひければ、大きなる琵琶の、塵ばかりぞ見え侍りける。

「御即位」とあるのは、応徳三年（一〇八六）の堀河天皇即位のことで、このとき師通は二十五歳ということになる。大江匡房が賞めたという話は、『本朝世紀』承徳三年（康和元、一〇九九）六月二十八日条「師通薨伝」にも「体貌閑麗、容儀魁梧。匡房卿偸語レ人云、望二公威容一、殆不レ類二本朝人一。恨不レ令レ見二殊俗之人一」とあり、情報源を同じくするものと思われる。また、琵琶の名器玄上が塵ほどに見えたというのも、『栄花物語』とイメージが一致する。

ところが、師通は承徳三年、関白在任中に三十八歳という若さで亡くなる。その十年前の寛治三年（一〇八九）から『師通記』に病の記事がみられるようになるのだが、本章では、『師通記』後半にあらわれる病の記事を中心として、病と日記叙述との関係を探ってみたい(1)。

二、彦根寺詣

『扶桑略記』承暦二年条に次のような記事がある。

摂津国水田郡石良里、有二沙門徳満者一。上野延末之子也。生年二十歳、両眼忽盲。経二三个年一、参二鞍馬寺一。祈禱無レ験、従レ寺出参二籠長谷寺一。祈請至二第七日一、夢見。自二御帳中一老僧出来云、我力不レ及。汝当下往二近江国犬上西郡彦根山西寺観音霊験之処一致レ誠祈願上。三日之内、各可レ有レ験。夢覚以後、出二長谷寺一、三月九日参二着彦根山西寺一。泣致二祈願一、至二第三日戊剋一、両眼忽開。始見二仏前灯明一。件僧今住二彼寺一。常修二長講一。已上出二西寺験記一。

摂津国の沙門徳満は、二十歳のときに突然両眼が見えなくなってしまった。鞍馬寺に詣でても験はなく、次に長谷寺に詣でた。その際の夢告によって彦根山西寺に詣でたところ、その通り三日目に両眼がたちまち開いたという。

彦根山西寺とは、近江国犬上郡（現在の滋賀県彦根市の彦根山）に所在した寺である。この話は、出典を「西寺験記」なるものとしている。

この十年後、寛治三年の『扶桑略記』には次のような記事がある。

十一月廿八日。甲午。内大臣藤原朝臣師通参㆓詣近江国犬上西郡彦根山西寺㆒。観音霊験、天下無双之地也。内府頃年耳根頗不㆓聡利㆒。然被㆑参㆓件寺㆒以後、其恙忽痊。仍為㆑賽㆓宿禱㆒、十二月十日。丙午。重詣㆓同寺㆒。三个日間参籠。十五日。辛亥。摂政従一位藤原朝臣(師実)幷左大臣源朝臣俊房、同車参㆓詣於彦根寺㆒。廿二日。戊午。太上天(白河)皇引㆓率王公卿相等㆒、参㆓入同寺㆒。凡洛下貴賤、海内緇素、男女老少、皆以参拝。凌㆓寒風㆒而飛㆓於軽車㆒、侵㆓甚雪㆒而策㆓於疋馬㆒。或観音入㆑夢、延㆓天齢於遐年㆒。或菩薩出㆑験、得㆓人望於斯須㆒。

この年の十一月二十八日に師通が彦根寺に参詣したという。その頃師通は耳の病を患っており、[2]「観音霊験、天下無双之地」である彦根寺に詣でたところ、すっかり良くなったので、「宿禱に賽いんが為」に十二月十日にも参詣し、三日間参籠している。十五日には摂政師実と左大臣源俊房が彦根寺に参詣し、さらに二十二日には白河院が公卿たちを率いて参詣したともある。そして「凡そ洛下の貴賤、海内の緇素、男女老少、皆以て参拝す。寒風を凌ぎて軽車を飛ばし、甚雪を侵して疋馬に策つ」というありさまであった。『扶桑略記』を読む限り、この熱狂に火をつけたのは師通であった。

このことは藤原宗忠の『中右記』にも書かれている。十二月十五日条に「摂政殿(師実)令㆑参㆓詣近江国彦根寺㆒給」とあるほか、十二月二十二日条には次のようにある。

太上皇(白河)令㆑参㆓御彦根㆒。前斎宮(媞子内親王)同参御。

(中略)

院御物詣。御共按察大納言(藤原実季)・源大納言(師忠)・治部卿(源俊明)・皇后宮権大夫(藤原公実)・宰相中将(藤原基忠)・二位中将(藤原経実)、殿上人十八人云々。廿一日出㆑京。依㆓欠日㆒夜前出㆓御東三条㆒。廿二日参着。御経供養、導師隆命法師。廿四日未時許入洛。近江国司為家（高階）朝臣有㆓御儲事㆒。両所云々。
凡今年京中上下多以参㆓詣此寺㆒。予具申㆓中納言殿（藤原宗俊）㆒参詣也。観音霊験以㆓今年㆒為㆑徴云々。是世間之説、人々致㆑信也。

白河院が前斎宮媞子内親王とともに彦根寺に参詣した際、つき従ったのは按察大納言藤原実季・源大納言師忠・治部卿源俊明・皇后宮権大夫藤原公実・宰相中将藤原基忠・二位中将藤原経実、そして殿上人十八人であり、二十一日に出京、二十二日に到着、隆命法師を導師として供養をし、二十四日未時（午後二時頃）に帰京、これらの参詣は近江守高階為家が取り仕切ったという(3)。また宗忠は、今年は京中の上から下までの人々の多くがこの寺に参詣したとし、自らも父宗俊とともに参詣したと記している。そして、観音の霊験は今年限りであると世間で噂されていたので、このような現象が起きたのだろうと分析している。

『百練抄』十二月二十一日条にも(4)、

十二月廿一日。太上皇参㆓彦根寺㆒給。近日天下貴賤傾㆑首参詣。利生可㆑限㆓歳内㆒云々。但為㆓天狗所為㆒之由、世人称㆑之。改年之後無㆓参詣之人㆒。去今年炎旱。今年猶勝。

とあり、この状況を世間の人は「天狗所為」であるとしたことが記され、翌年になると参詣者がいなくなったという(5)。この年限りの、それも師通が参詣したのちの、正味一ヵ月余りの熱狂であった(6)。

さて、『師通記』である。ひとまず師通の彦根詣前後の記事、十一月二十六日から十二月十七日条を確認したい。

十一月
廿六日。壬辰。天陰、小風。摂政殿（師実）令㆑渡給。易物忌也。出㆑門北渡。戌剋許雨降。
十二月
一日。丁酉。天晴。辰剋参㆑殿。罷出。今日法成寺御八講不㆑参。

二日。戊戌。天晴。法成寺御八講五巻日也。所レ参也。
三日。己亥。天晴。八卦物忌也。宿衣装束所レ参也。
十二日。戊申。天晴。還来。
十三日。己酉。天晴。就レ京了。
十四日。庚戌。天晴。固物忌也。摂政殿御詣出立給云々。
十七日。癸丑。天晴。申剋殿還来給云々。

傍線部が彦根詣関連記事であると思われるが、『師通記』のみではそれと断定できないので、『師通記』と『中右記』『扶桑略記』の彦根詣関連記事を比較対照することで読み解いてみたい。

彦根詣関連記事対照表

月	日	後二条師通記	中右記	扶桑略記	概要
11	26	出門北渡。戌剋許雨降。			
	27				
	28			十一月廿八日。甲午。内大臣藤原朝臣師通参二詣近江国犬上西郡彦根山西寺一。観音霊験、天下無双之地也。内府頃年耳根頗不二聡利一。然被レ参二件寺一以後、其恙忽痊。	○師通彦根詣Ⅰ。
	29				
	30				

12																		
1	2	3	4	5	6	7	8	9	10	11	12	13	14	15	16	17	18	19
											還来。	就レ京了。	摂政殿御詣出立給云々。			申剋殿還来給云々。		
														摂政殿令レ参二詣近江国彦根寺一給。				
									仍為レ賽二宿禱一、十二月十日。丙午。重詣二同寺一。三个日間参籠。					十五日。辛亥。摂政従一位藤原朝臣并左大臣源朝臣、同車参二詣於彦根寺一。				
									○師通彦根詣Ⅱ。		○師通還来。	○師通就京。	○師実出立。	○師実（源俊房）彦根詣。		○師実還来。		

20	21	22	23	24	25
		太上皇令㆑参㆓御彦根㆒。前斎宮同参御。 （中略） 「院御物詣。御共按察大納言・源大納言・治部卿・皇后宮権大夫・宰相中将・二位中将、殿上人十八人云々。 廿一日出㆑京。依㆓欠日㆒夜前出㆓御東三条㆒。廿二日参着。御経供養、導師隆命法師。廿四日未時許入洛。近江国司為家朝臣有㆓御儲事㆒。両所云々。 『凡今年京中上下多以参㆓詣此寺㆒。予具申㆓中納言殿㆒参詣也。観音霊験以㆓今年㆒為㆑徴云々。是世間之説、人々致㆑信也』」。			
		廿二日。戊午。太上天皇引㆓率王公卿相等㆒、参㆓入同寺㆒。『凡洛下貴賤、海内緇素、男女老少、皆以参拝。凌㆓寒風㆒而飛㆓於軽車㆒、侵㆓甚雪㆒而策㆓於疋馬㆒。或観音入㆑夢、延㆓天齢於遐年㆒。或菩薩出㆑験、得㆓人望於斯須㆒。』			
	○白河上皇出京。	○白河上皇彦根詣。		○白河上皇入洛。	

網掛部は彦根詣の記事の有無に関係なく、もともと記事のない日である。師通は、自らと父師実の彦根詣のみを記している。師通の一回目の彦根詣は『扶桑略記』によれば十一月二十八日、二回目は十二月十日である。師実の彦根詣は『扶桑略記』『中右記』によれば十二月十五日になる。しかし、『師通記』には該当する日の記事はない。『師通記』は、傍線部をみるとわかるように、彦根詣それ自体ではなく、「出立」か「還来」のみを記しているので

ある。師通にとって重要なのは、父師実や自分が都にいるかいないかであって、彦根詣ではない。視点が都から動じることなく、彦根詣については一切書こうとしないのであった。

白河院に関しては、彦根詣はもちろん、院が都にいるかいないかということにも関心がない。白河院が都を出立したとされる十二月二十一日の『師通記』には、冷泉院内の小屋が燃えたことが記され、彦根詣の当日二十二日には、宮中で行なわれた仏名会について、白河院が帰京した二十四日には、軒廊御卜と陣定、そして仏名会が終わったことなどが記されている。仏名会にしても軒廊御卜にしても宮中行事であり、院という、これまでの権力構造（摂関体制。しかし、摂関体制とて、それ以前の権力構造の外側に成立したものなのだ）の外側に成立した権力の動向については、『師通記』は記す必要性を感じていなかった。このあたりは「下り居の帝の門に、車立つやうやはある」（『今鏡』すべらぎの中第二「紅葉の御狩」）と述べたという師通の姿勢と通じるものがある。

一方で、院と摂政の彦根詣について書かざるを得なかった『中右記』はどうか。『中右記』は、師実と院ならびに前斎宮媞子内親王の彦根詣を、その当日に記している。『師通記』が都を出たか、戻ったかということを書いていたのに対して、『中右記』では彦根詣をした当日の記事を書いているわけで、『師通記』と『中右記』とは反転した関係にあるといってもよいだろう。

二十二日条では、「太上皇令レ参ニ御彦根一、前斎宮同参御」という記事の後、仏名会の記事をはさんで再び院の彦根詣に言及する。この首書に「院彦根詣」とあり、「院御物詣。御共…」と本文がつづくのであるが、「廿一日出レ京、依ニ欠日一夜前出ニ御東三条一。廿二日参着、御経供養、導師隆命法師。廿四日未時許入洛。近江国司為家《（高階）》朝臣有ニ御儲事一」とあり、二十一日、二十二日、そして二十四日の彦根詣の日程を書いている。つづけて「凡今年京中上下多以参ニ詣此寺一」とあるように、もはやこれは二十二日条という日次の枠を超えた記事ということになる。首書「院彦根詣」以降の記事は、後から書き加えられたか、あるいは裏書であったものかもしれない。『中右記』の現存本では、日次に配列されているが、第二章でもとりあげた『中右記』寛治五年十二月条巻末の奥書に「此巻年少之間依二注付一、旧暦中甚以狼藉也。仍令二少将《（藤原宗能）》清書一。但寛治三年自清書也。本暦記破却了。皆見合也」とあるように、寛治三年は宗忠自ら清書したことがわかるので、彦根詣関連記事は、このときにまとめられ、現在のかたちになった可能性もある。

彦根詣をめぐって『師通記』と『中右記』はテクストの切り取り方、組み立て方がそれぞれ異なっていた。これらを総合して「歴史事実＝史実」として組み立てることは容易ではある。しかし、もう一度「彦根詣関連記事対照表」をみると、『扶桑略記』十二月十五日条には、摂政師実だけではなく、左大臣源俊房も同車して彦根詣をしたとある。管見の限り、俊房の彦根詣を記しているテクストは『扶桑略記』当該条のみである。『中右記』でも『師通記』でも触れられていない。『扶桑略記』の俊房の彦根詣の情報源は、俊房自身の日記である『水左記』（寛治三年条は現存しない）や、家司などの日記であった可能性が高い。『扶桑略記』は、内大臣師通の参詣をきっかけとして、摂政、左大臣、果てには院までが彦根詣をしたという意味で、左大臣俊房の彦根詣を書いたのだろう。しかし、『中右記』の記主藤原宗忠や、その父宗俊の彦根詣は記してはいない。『中右記』は、師通の彦根詣は記さず、媞子内親王が白河院とともに彦根詣をしたことを記している。この「事実」は、現存するテクストでは『中右記』のみが記している。そのうえ、高階為家についても記している。為家は院近臣であると同時に中宮（媞子内親王）亮、郁芳門院（媞子内親王）別当を歴任していた。『中右記』は院の周辺の動きもしっかりと記している。

テクストが今ここに「ある」ということは、偶然であり、偶然「ある」ものから「史実」を浮かびあがらせることには、限界がある。それならば個々のテクストを慎重に読み解いていく必要があるのではないか。

偶然「ある」ものから「史実」を浮かびあがらせる際に、彦根詣に関して最も「史料」的価値が低いのが『師通記』であろう。しかし、それは彦根詣に注目するからであって、書かれ「ない」彦根詣に対して、書かれて「ある」部分を読み解くと『師通記』の論理が浮かびあがってくる。先述したように『師通記』の記事で重要なのは、父や自分が都にいるかいないかであって、彦根詣をしたということではない。都から動じることないの視点であり、彦根詣については一切書こうとしない、摂関家嫡流の超然主義的姿勢とでもいうべきであろう。

なお、第三章でみたように、師通は寛治二年と寛治四年に二度にわたって金峯山詣をしている。寛治二年の際、師通は家司で実務官人でもあった平時範に記録させる一方、独自の日記叙述を展開していた。彦根詣は記さなかったにもかかわらず金峯山詣は記したのは、この金峯山詣が寛弘四年（一〇〇七）に行なわれた藤原道長の金峯山詣をふまえたものだったからであろう。道長の時代に創始された金峯山詣は、師通にとっては摂関家としての儀礼であった。

三、心神不例
――師通の病――

『扶桑略記』によれば、師通の彦根詣は耳の病によるものだった。当然『師通記』にはこのことは書かれてはいない。これは寛治三年十一月のことだが、この頃より師通の病が顕在化する。次にあげた寛治三年三月二十日条は、現存する『師通記』における病の初見の記事である。このとき、師通は二十八歳である。

天晴。太政大臣(師実)辞表事、不レ参也。依二所労一不レ能レ参也。次第民部卿(源経信)対面之次、可レ問歟。

この日、師実の太政大臣初度上表があったが、師通は所労により不参となってしまった。このときの次第は源経信と対面したときにでも問うべきだろうか、と記す師通であった。

また、五月十七日条裏書には、医博士丹波忠康に、葫蒜を服する際に合食してはいけないものを勘申させている。

そして、十一月に先にみた彦根詣の記事があり、明けて寛治四年正月十日条にはさっそく「所労」とある。次にあげたのは二月一日条からの『師通記』である。


一日。丙申。天晴。

二日。丁酉。天晴。

三日。戊戌。天晴。依二心神不例一、殿下〔師実〕令レ渡給云々。指事不レ侍云々。金峯山進人已了。此間他物詣不レ侍。

四日。己亥。天陰。不レ行。

五日。庚子。天晴。

六日。辛丑。天晴。依二心神不例一、易卜。二文《遺》賛一令レト、仍今日一日物忌也。

七日。壬寅。天晴。

八日。癸卯。天晴。□〔大カ〕原野祭、幣被レ立如レ常。

九日。甲辰。天晴。

十日。乙巳。天晴。

十一日。丙午。天晴。

十二日。丁未。天晴。

十三日。戊申。

十四日。己酉。天晴。法性寺依二神心不例一所レ籠也。五壇修法、中壇法印〔仁源〕幡〔伴〕僧〔脱アルカ〕、次山僧〔都脱カ〕林豪六人、法橋〔眼カ〕長覚六人、阿闍梨八人、義朝〔明カ〕四人、慶源阿闍梨等也四人。

十五日。庚戌。天晴。

十六日。辛亥。天晴。

きわめて簡略な記事である。三日に師通の「心神不例」により師実が師通邸にやってくるも、「指事不レ侍」、つまり、大事ではないと書かれている。四日には「不レ行」、五日は天気のみ、六日にはまた「心神不例」とあり、これを卜っている。以降も回復する様子がなかったようで、十四日には法性寺に参籠し五壇法を修している。結願は三月五日で、その前日には法性寺で詠んだ師通自身の漢詩が書かれている（第三章参照）。結局、この調子で三月中は記事も少なく、体調不良であったことをうかがわせる。四月からは、通常通りの記述に戻っている。

　これ以降も病の記事が散見される。四月二十四日条、二十七日条には「二君」（腫物）の記事、九月以降には服薬に関する記事（九月五日条、十月六日条、十月二十九日条など）、十一月二十四日条、二十五日条には「所労」、十一月十八日条、十二月二十一日条には「屈」とあり[7]、寛治五年[8]に入ると二月までは落ち着いているが、三月八日条の「二君」以降、閏七月まで「不例」（三月三十日条、四月六日条）、「所労」（五月二十二日条）、「服薬」（三月二十九日条、四月二十三日条、五月四日条、七月七日条、閏七月十三日条）、「屈」（八月七日条）などの記事が散見される。その後一時落ち着いて、年末の十二月十二日条、十三日条に「所労」の記事がある。

　つづいて寛治六年五月二十一日条には「風病」により蒜を辰の方角を向いて服したとあり、二十四日条には「所労」とあり、再び服薬に関する記事（二十四日条、二十七日条、六月一日条）がみられる。特に六月一日条には医師丹波重康を召して服薬の際の食べ合わせなどを尋ねており、寛治六年五月から六月にかけては病に関する記事がまとまって存している。

　以上のように、寛治三年以降、病の記事が散見されるようになるが、それは寛治三年四月、十一月、寛治五年三月から閏七月、十二月、寛治六年五月と断続的であった。だが、寛治六年九月以降、病の記事は格段に増え、翌七年春まで半年以上つづく。

　まず、十月六日条には「自二九月廿日一咳気、初以休〔沐〕浴」とあり、九月二十日から咳に悩まされていたことがわかる。十月十一日条には「心神不例」とあり、以降、二十一日条、二十三日条から二十六日条、二十八日条、三十日条と「不例」の記事が連続し、十一月一日条以降、七日条、十六日条、二十六日条、二十九日条、十二月三日条と主に「風病」と記されている。これ以外にも、十一月十一日条「日来依二所労一」、二十二日条「所労」、十二月一日条「不例」、十日条「所労」、十五日条「所労」などに加え、後述する服薬、治療などの記事もあわせると病関連記事は相当な量になる。

十一月二十九日には丹波重康を召して風病について尋ねているが、眼の調子も悪かったようである（十二月十四日条に「申時眩也」、翌十五日条にも「自二昨日申時一依二眩候一、如二只今不一レ定也」とある）。

十二月十七日には藤原惟信を使として師実から「風気小宜。明日吉日也。可レ参之由」とあったために、翌日、師実を訪ねている。この前後は小康状態であったのだろう。十九日には白河院の使として藤原顕季が訪ねてくるが、用件を承った後「依二所労候一、久不二出仕一」と記している。二十八日条には中宮媞子内親王の仏名を「聊依二所労一不レ能二参仕一」とあるほか、明けて寛治七年正月八日条に「風気」、二十一日条、二十二日条に「屈」、二月二日条、十五日条に「風気」、三月二十五日条、四月十三日条には「屈」と記されている。

四、病と夢想

ここで少々気になるのが、不例の記事と夢想の記事との関係である(9)。不例の記事が目立つようになった頃から、夢想の記事も散見されるようになっていたが、不例と夢想とが連動している記事がある。まず、長期にわたる病の記述がはじまった寛治六年十月十一日条をみてみたい。

晴。申剋陰。去夕丑剋夢想。覚後心神不例也。召二○《陰》陽師（安倍）泰長一令レ占云々。無レ咎云々。

夢想が覚めてから心神不例となったため、陰陽師の安倍泰長に占わせたところ、特に問題はなかったようである。また、二十一日条には「心神不例」を陰陽寮の賀茂道言と安倍泰長に占わせたところ、祈禱すべきと述べたとある。二十七日条頭書には二十一日の夢想の易占文を西山僧懐尊が奉ったことが書かれている。二十一日は不例であり夢想もあった。つまり、夢想と心神不例の両方を占なわせていたということである。

二十三日条裏書には次のようにある。

昨夜或人申云、不例之由夢想見レ之。二条之中女房開二障子戸一。寝殿未申角間也。内外者、人見二件所一畳有二一枚一、其上気高女御二坐覚〔畳〕上一。殿心神不例之由示二件女一。答曰、雖二不例一指別事無レ之。小〔子〕守明神也。所二加護一也。件所者大般若経読経所也。奉二為金山〔峯脱カ〕一所レ奉二転読一。尊二重心中一所レ被（致）二神（信歟）心一也。

ある人が師通の不例のことを夢でみたという。内容を尋ねると、「夢の中で女が一人畳の上に坐っているので、師通の心神不例のことを述べたら、不例であってもたいしたことはないと述べた」という。そしてこれは「金峯山の子守明神の加護するところである」という。師通は、その女が坐していたのは『大般若経』の読経所としていた部屋であり、これも自らの信心のゆえであると喜んでいる(10)。翌二十四日には心神不例により法印仁源に不動法、安倍泰長に泰山府君祭と代厄祭を修めさせている。二十五日には心神不例を泰長に占わせ、二十六日にも不例と夢想を占わせている。

二十九日から十一月十五日には不例によって『大般若経』を転読させている。二十九日条裏書には「入道殿（道長）依レ奉レ転二読大般若経訓一、有二霊験一云々。見二権大納言（藤原行成）記一云々」とあり、道長の先例をふまえたものであることを記している。三十日には『大般若経』の供料について右大臣源顕房の使者の藤原隆宗と相談したことが記され、裏書には丹波忠康からおくられた生姜の煎じ薬をこの日より酒を少し入れて服したことが書かれている。

十一月一日には、顕房より『大般若経』の供料の米が一一〇石もおくられ、師通は「喜悦無レ極」と喜んではいるが、「夜部夢想。束帯人々被レ坐之由、所二見侍一也。頃之予束帯出二高門一。参二入堂中一。面当レ風如レ氷。仍即帰宅、現在風病発動」と風病が夢想によるものかのごとく書かれている。五日条にも夢想があり、安倍泰長に占わせ、泰長は「有二喜悦一歟」と述べている。九日条には「寅剋払暁夢想云、不明不覚云々」とあり『世説新語』『神農書』を引用している（第Ⅱ部附章参照）。十三日には「夢想不レ見。眼休睡歟」とも書いており、これは夢想が恒常化していたことを示すものであり、なかなか快復しない病とも関連して神経過敏になっているようである。

彦根詣の際にみたように、病を日記に記さない方針であった師通が、病の記事、夢想、そしてその対策を次第に記すようになっている。

五、嘉保三年、改め永長元年

さて、寛治六年九月から翌七年春までつづいた長い病は、一旦終息したようであるが、六月には「痢病」（十三日条、十四日条）、九月には蒜を服したと記されている（一日条、七日条）。十月十日には比叡山ならびに興福寺の大衆の蜂起により父関白師実が上表し、藤原知綱を召して清書させたのであるが、「目暗之上、所労無レ術之由所レ申也。強以所レ書也」とあり、目の調子が悪かったことがうかがえる。十七日には額に「二君」ができたようである。

寛治七年ののち、寛治八年（嘉保元年、一〇九四）、嘉保二年と二年間日記が現存しないため、嘉保三年条を読むとタイムスリップしたような感覚にとらわれる。この二年間で師通自身をはじめ、主要人物の官位官職が大きく変化しているからである。寛治八年三月九日、父師実に代わって師通が関白となり、その二日後には藤原氏長者にもなっている。息子忠実も三月二十八日には左大将を兼ね、摂関家内部の世代交代がすすめられた。この年正月十六日に陽明門院禎子内親王が崩じ、皇室にとっても一時代が終わったといえるだろう。大江匡房の権中納言昇進や、民部卿源経信の大宰権帥遷任、左右大臣を占めた村上源氏の一角、顕房の薨去もこの年の出来事だった。

さて、嘉保三年である。正月三十日条に『寿命経』供養、五月十三日条に七仏薬師供養の記事がみられ、健康に対する不安はあったようだが、体調は比較的安定していたようである。七月に入ると、一日条、十五日条に服薬の記事があり、八月二十三日条には咳病、二十六日条には咳病に加え、千手修法・延命法を修したと記されている。

六月から八月にかけては世間を騒がせた大田楽騒動があったが、師通は、大田楽騒動を日記に記す必要性は感じていなかったようである（第Ⅲ部第二章参照）。これは寛治三年の彦根詣の熱狂に対する態度に通じるものがある。田楽騒動は白河院鍾愛の郁芳門院の不予と崩御によって終息を迎えるが、『師通記』は行事が延引されたことや、非常赦が行なわれるさまを淡々と記している。ちなみに、郁芳門院の崩御は八月七日で、その二日後に白河院が出家している。

その後の師通であるが、九月には八日、九日、十一日に薬師法、十一日には十誡を受けている。十四日には興福寺での千僧読経で、釈迦仏像ほか『寿命経』千巻を奉っている。十六日には法性寺座主仁源らをして『法華経』寿量品を読経させ、「霊験罔レ極、所労宜侍。戌剋気許也。雖二末法一数年懸レ馮有レ験」（末法であるといっても仏の霊験があり、自らの病もだいぶ良い）という感慨を記している。ところがそれも一時であった。次にあげたのは九月二十六日条である。

陰。昼間雨降。早旦左大弁（藤原季仲）来申云、去夜亥剋許興福寺中室火出来。講堂焼亡程参申云、早参レ殿可レ申也。乍レ驚可二馳参一。数日咳病重、八九日宜侍。依二無力侍一、不レ能二参入一。遺恨難レ悉。永承元年十二月比、興福寺焼亡皆悉。自二件永承一至二嘉保四（三）年一五十一年也。火事不レ可二申尽一。今日初沐浴。

早朝に左大弁藤原季仲が来ていうことには、昨夜亥刻（午後十時頃）興福寺の中室より出火し講堂まで燃えた、という。師通は、この数日咳病が重くて「無力」ゆえ参入することがかなわない、というのである。「遺恨難レ悉」

と書いたあたりに師通の無念さ、自らの体が思うようにならないことへの悔しさが滲み出ている。

それから三日後の二十九日条には「日来世間穢気」と書かれている。郁芳門院の死、白河院の出家の後の八月十三日には怪星があらわれ、中原師遠や安倍親宗にそれを尋ねていたが、その翌日には師実が「世間不レ静。穢気京中朝野満レ之」と述べたことが記されている。十月五日条にも「世間穢気」とある。十一日には夢に南山明神[11]があらわれ、師通は興福寺に対する悲嘆のゆえだろうと書いている。十七日には夢想により不動尊百体をつくり、二十八日には次のように書いている。

世間淫乱、◦《万人》心横。我心《身》似レ慵、夢想云、南山明神可二勤仕一由云々。

世間は乱れ、人々の心も荒んで、自分自身も調子がすぐれない、南山明神に勤仕しろ、と夢想にあった、というのである。世の中の状況と連動して自らの体調もすぐれない様子がうかがえる。

十一月四日には「天変世間不静」によって二十二社に臨時に奉幣を立て、二十四日には大地震が「六箇度」も起きて、翌日には春日社が鳴動し、余震は十二月に入っても収まらず、十二月九日には「今年世間淫乱。去廿四日大地震、可レ有二改元一」ということで、十七日に「永長」と改元されるのであった。

六、承徳三年、改め康和元年

永長は一年経たずして承徳と改元、その承徳年間は元年、二年と日記は現存しない。よって、いよいよ師通と『師通記』にとって最期の年、承徳三年に入るのであるが、さっそくその正月七日条に「風」、二月二十四日、二十九日の各条に「風気」とみえる。三月一日には師実より摂関家累代の渡物である東三条院が譲渡されている。寛治八年の関白就任から約五年、師通は関白として安定してきた頃なのだろう。師実は五十八歳になっていた（道長は六十二歳、頼通は八十三歳で薨去）。二年前（承徳元年）には孫忠通も生まれている。しかし、運命の日は着実に迫ってきていた。三月二十一日条は風邪のための服薬、翌二十二日条は不例が夢想ののちに良くなったと記している。二十三日条の裏書にはこのときの夢想について、仁和寺阿闍梨永基に尋ねていることが書かれている[12]。四月一日条には服薤とあり、五日条裏書には「為レ参二飛羽一、薤従二今日一停止。明日帰来之後可レ服レ之」（鳥羽に参るために今日から薤を服するのを停止する）とある。「従二今日一」ということは、これまで薤を毎日服していたということである。確かに一日条は「雖レ服レ薤、奉幣等立如レ常」とあった。師通はこの頃には薬を常用するようになっていたのである。二十二日条も五日条と同じような記事であり、二十四日条でも薤を服している。五月九日条には「所労」とみえる。

そして最期の記事、つまり絶筆となる六月十七日条である。

晴。未時許夕立降レ雨。底面滂沲、諸国物所レ進二所々一。興福寺講堂作料所レ送也。

この数日後に亡くなるとは思えない、通常の記事である。この記事の最後にある興福寺講堂の作料であるが、先にあげた三年前の嘉保三年九月二十五日に起きた火災の再建に関するものである。四月十六日条にも作事を促したことが書かれており、師通の思いとは裏腹に、興福寺の再建はうまくすすまなかったようである。再建されるのは結局、師通の死の四年後の康和五年（一一〇三）のことであった。火災から実に七年が経過していた[13]。

この年の記事には「世間不静」の四文字が目立った（十一例）。世の中が騒がしいなか、この記事の八日後の六月二十五日、師通は病によって上表し、二十八日に薨去したのであった[14]。享年三十八、日記は亡くなる直前まで書いていたということになる[15]。

地震と疫病により、承徳三年が康和元年と改められるのは師通の死後、八月二十八日のことであった。

『師通記』における病・治療・夢

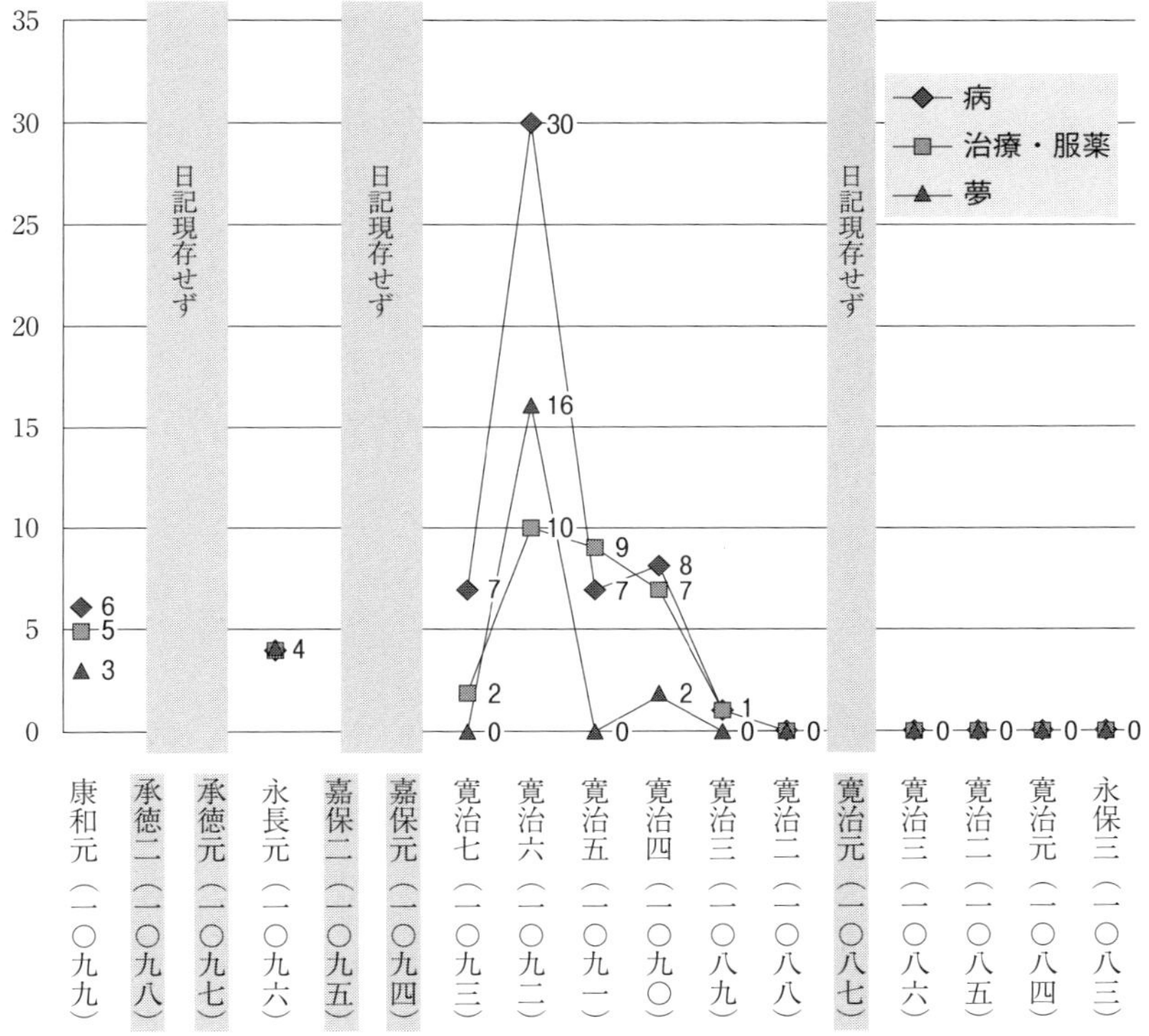

七、おわりに

病と日記叙述

「京中上下多以参㆓詣此寺㆒」（『中右記』）、「洛下貴賤、海内緇素、男女老少、皆以参拝」（『扶桑略記』）、「天下貴賤傾㆑首参詣」（『百練抄』）と書かれた彦根詣は、「〈権力者―被支配者〉という両極端の者たちが混在する」[16]、「非日常的反秩序の時空であ」[17]った。それゆえにそこには転倒の可能性が常につきまとう。院やその近臣といった新興勢力たちと異なり、摂関家嫡流たる師通からすれば、こうした空間は忌避すべきものであり、日記に書くことなど思いもよらないことだったのではないか。

　病についても同様のことがいえる[18]。権力者の病は、「転倒」の可能性を秘めたものとして、隠される傾向にある。摂関家嫡流

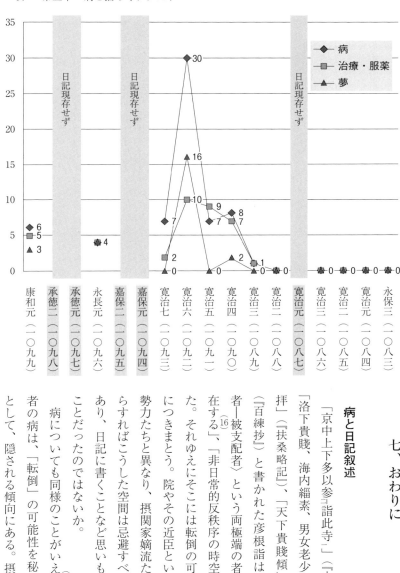

の身体が病に侵されていることは、とりもなおさず摂関家の将来にゆらぎをもたらす要素に違いない。ゆえに師通は病を書こうとはしなかった。

ところが、病がちになるにつれて、病についての記述にゆらぎがみられるようになる。記さざるを得ない状況となり、しまいには病の種類、治療法、服薬、そして祈禱、占いなどについて多く記すようになる。注目すべきは、前頁の図に示したように、病の記事と連動するように夢の記事が書かれることである。当初『師通記』において師通は、徹底して原理主義を貫き、その価値体系にゆらぎはみられなかったが、病がちになるにつれて、それがみられるようになる。そして、はじめての病の記事から十年後の承徳三年、関白師通は三十八歳の若さで亡くなってしまう。(19) 結果として、その死は摂関家を弱体化させることとなり、現実的に権力の転倒が起きてしまったのであった。

師通の急死と『師通記』

次にあげたのは、『中右記』保延四年（一一三八）二月二十六日と二十九日条である。

廿六日。出家。有㆓小所労㆒上、依㆓年来本意㆒也。生年十七初任㆓侍従㆒勤㆓公事㆒。後至㆓七十七㆒出家。六十年奉公、至㆓従一位右大臣㆒。

妙高院僧都被㆑来坐也。

両殿下（藤原忠実・忠通）令㆑渡給也。

廿九日。請㆓入道聖人㆒受戒。

世事従㆑今心長断。不㆓日記㆒也。

師通と同じ年（康平五、一〇六二）に生まれた記主宗忠は、寛治元年に日記を書きはじめたが、その折々で日記を整理し部類してきた（第二章参照）。右にあげた記事は、宗忠の絶筆となる記事である。このとき七十七歳、二月二十六日に、年来の本意によって出家した、とあり、十七歳のときにはじめて侍従に任じられ、従一位右大臣に至るまで、六十年もの間奉公した、という感慨が記されている。そしてこの三日後の二十九日に受戒し、「世事従レ今心長断。不二日記一也」と記し、断筆をしている。宗忠は人生も日記も整理をつけてこの世を去ったようである。

それに対して師通の絶筆は前節でもみたように承徳三年六月十七日、関白在任中三十八歳で薨去するわずか十一日前の記事であった。その内容は死を予感していた者の記事とは思えない。道半ばで亡くなったという印象が強い。

人生にも日記にも整理をつけてこの世を去った宗忠と、道半ばで急死した師通の日記を比べてみると、『師通記』の思わぬ副産物をみることができる。

これまでみてきたように、『師通記』の記事は質量ともにまちまちであった。これは日記が基本として日次で書かれるということからくる、つまり、はじめから終わりまで、ある構想のもとで書かれたものではないことからくるものであるが、『師通記』の場合はそれだけではあるまい。

第二章にもあげた『中右記』寛治五年十二月条巻末の奥書に「本暦記破却了」とあった。このとき宗忠は息子宗能を使ってこれまでの記事を清書させ、もととなった「本暦記」は破却してしまっていた。つまり、これは『師通記』の永保三年から三年間の二つの本文（本文A・B）との関係でいえば、清書した本文が本文Bで、破却された「本暦記」が本文Aであったといえるわけで、師通が宗忠のように日記の整理をした場合、本文Aはやはり破却され、現在に伝わらなかった可能性がある。宗忠は人生の折々で日記の整理をしていた。日記とは目的ではなく、手段なのであるから、その折々の状況に応じて整理されるのは当然のことである。大江匡房のように自らの手で燃やして破棄してしまう場合もある。[20] そういう意味で『師通記』は、師通が三十八歳という若さで急死したからこそ、その人生の節目節目でされるはずの何度かの整理を経験することなく、日記のある段階の状態で残されたものであるといえよう。結果として現在の我々は、師通の日記叙述に対する試行錯誤の跡をみることができる。古記録のテクスト生成過程を知ることのできる好個の資料となっているのが『師通記』なのではないだろうか。

注

（1）本章全体にわたって、服部敏良『平安時代医学史の研究』（吉川弘文館、一九九四年、初出一九五五年）、同『王朝貴族の病状診断』（吉川弘文館、一九七五年）を参照した。二冊とも現代医学の観点から資料を読み解き、当時の医学・医療について論じたものとして大変重要である。ただし、当時の資料的制約からか、『師通記』に関する言及はない。なお、『師通記』も含めたテクストにみえる薬については、飯島康志「平安時代に於ける蒜・韮・薤について—公家日記を参考に—」（『日本文学研究誌』第七輯、大東文化大学大学院文学研究科日本文学専攻、二〇〇九年三月）、同「平安期薬学研究—訶梨勒という仙薬—」（『日本文学研究』第五十号、大東文化大学日本文学会、二〇一一年二月）、同「平安期薬学研究—薤—」（『日本文学論集』第三十五号、大東文化大学大学院日本文学専攻院生会、二〇一一年三月）、同「平安期の貴薬「紅雪」について—中国の影響とその享受—」（『日本文学研究』第五十一号、大東文化大学日本文学会、二〇一二年二月）、師通と医師丹波忠康・重康との関係については、増渕徹「平安中後期における貴族と医師」（京都橘大学女性歴史文化研究所編『医療の社会史—生・老・病・死』思文閣出版、二〇一三年）を参照。

（2）寛治二年（一〇八八）、一回目の金峯山詣も耳の病が関係していたようである（金峯山詣については第三章参照）。現存する埋納経（紺紙金泥妙法蓮華経巻第八）の奥書に「六根之中耳根清浄」と記している。

（3）この年の熱狂的な彦根詣のなんたるかは考えねばならない問題であるが、『中右記』にもみられるように、白河院の彦根詣は近江守であった高階為家が万事取り仕切っていたようである。高階為家（一〇三八〜一一〇六）は、大宰大弐成章男で、白河院近臣の一人として知られている。周防・美作・播磨・伊予・近江・越前・丹後・備中等の国司や摂関家家司、中宮（媞子内親王）亮、郁芳門院（媞子内親王）別当、宮内卿などを歴任し、その財力から造寺による奉仕をしていた。男の為章も白河院寵遇の人として評され、熱狂的な彦根詣の裏には為家のような演出家がいた可能性も否定できない。

（4）神宮文庫所蔵旧宮崎文庫本は二十二日とする。

（5）この後の彦根寺は、『梁塵秘抄』巻二・三一三に「観音験を見する寺　清水石山長谷の御山　粉河近江なる彦根山　間近く見ゆるは六角堂」とみえ、四二八にも「験仏の尊きは　東の立山美濃なる谷汲の彦根寺　志賀長谷石山清水　都に間近き六角堂」とあげられているように、少なくとも後白河院政期までは信仰をあつめつづけていたことがわかる。ちなみに、井伊氏の居城であった彦根城はこの場所に建てられている。

（6）なお、『元亨釈書』巻二十六には、「十有一月、藤僕射師通詣二近州彦根山一。十有二月、太上皇幸二彦根山一。（中略）十一月、僕射藤師通頃年耳不レ聡。聞二彦根山観自在霊感一入レ山祈レ之。自レ此殆聞二闘蟻一。十二月、上皇聞二僕射之霊応一幸レ山。又得二感応一」とあり、師通が「闘蟻」まで聞こえるようになったとするほか、白河院の参詣が師通の話を聞いてのものであったことが書かれている。

（7）「屈」については、小山登久「「屈」と「窮屈」」（『平安時代公家日記の国語学的研究』おうふう、一九九六年、初出一九八三年）参照。

（8）寛治五年の病関連記事は、管見の限り、すべて別記に書かれている。

（9）日本古代の夢については、西郷信綱の先駆的研究『古代人と夢』（平凡社ライブラリー、一九九三年、初出一九七二年）があり、古記録との関連では、倉本一宏『平安貴族の夢分析』（吉川弘文館、二〇〇八年）があるが、『師通記』への言及はない。また、近年、河東仁『日本の夢信仰―宗教学から見た日本精神史―』（玉川大学出版部、二〇〇二年）、上野勝之『夢とモノノケの精神史―平安貴族の信仰世界』（京都大学学術出版会、二〇一三年）、荒木浩編『夢見る日本文化のパラダイム』（法藏館、二〇一五年）、同編『夢と表象―眠りとこころの比較文化史―』（勉誠出版、二〇一七年）、酒井紀美『夢の日本史』（勉誠出版、二〇一七年）などの研究が陸続と世に出され、活況を呈しているが、本章では、こうした成果を十分に反映することができなかった。今後の課題としたい。

（10）上野勝之は、夢告にあらわれる神仏が人間の姿をとることが多いとし、その一例として当該条をあげている（前掲書二十二頁）。

(11) 南山は金峯山のこと。先にみた、寛治六年十月二十三日条裏書に金峯山の子守明神についてあり、当該条十七日後の二十八日条、承徳三年三月二十二日条にも不例と関連して「南山」に関する夢想を記している。寛治二年七月に金峯山に参詣した際の師通自筆願文にも「今趁二南山霊崛之神秀一、奉レ礼　金剛蔵王之聖跡一」とある。師通の金峯山詣については第三章参照。

(12) 上野勝之は、祈願などの機会をもたずして夢告が得られる例として、当該条をあげている（前掲書二十四頁）。

(13) 永承元年（一〇四六）の大火の際は、二年後に再建、康平三年（一〇六〇）の火災では、七年後の治暦三年に再建となっている（『扶桑略記』『百練抄』など）。

(14) 師通薨去に至る時期の「世間不静」関連記事をあげると次のようになる。この時期は師通のみならず世の中が病んでいた。

・三月二十七日　疾疫・旱災により軽囚を免ず。（『本朝世紀』『師通記』『中右記目録』）
・四月　六日　季御読経上卿源師忠、所労により交代。（『師通記』）
・四月二十七日　中宮篤子内親王不例。（『時範記』）
・四月二十八日　この日より五月六日まで平時範、断続的に所悩。（『時範記』）
・四月　三十日　仁明天皇深草山陵鳴動。（『本朝世紀』『師通記』）
・五月　三日　左大臣源俊房所労。（『師通記』）
・五月　六日　疾疫により二十二社奉幣。（『本朝世紀』『師通記』『時範記』）
・五月　九日　疾疫により紫宸殿において百座仁王会。また京畿の諸社寺に祈禱を行なわせる。（『本朝世紀』『師通記』）
　　　　　　関白師通、聊か所労。（『師通記』）
・五月　十二日　疾疫により紫宸殿において僧六十口に『大般若経』を転読させる。（『本朝世紀』『師通記』『時範記』）
　　　　　　多武峯の霊樹顛倒する。（『師通記』）

・五月　十五日　世間不静により相撲使を停む。（『師通記』『長秋記目録』）
・五月　十九日　師実不例。（『師通記』）
・五月二十二日　弾正台、巡検を行なう。（『本朝世紀』）
・五月二十五日　関白師通、夢想により『仁王経』を供養。（『師通記』）
・五月二十七日　疾疫により東大寺において、千僧御読経を行なう。（『本朝世紀』）
・五月二十九日　仁和寺覚行法親王、法皇御祈として六字御修法を行なう。（『修法要抄』『仁和寺御伝』『御室相承記』）
・六月　　九日　疾疫により内侍所において、御拝。（『師通記』『長秋記目録』）
・六月　十　日　中宮篤子内親王、この一両日御風気あり。（『時範記』）
・六月　十一日　神今食、参議皆所労と称し不参。（『本朝世紀』『師通記』『時範記』）この夜より、法皇霍乱。（『師通記』『時範記』）
・六月　十四日　法皇、改元を関白師通に諮る。（『師通記』）
・六月　十六日　斎院令子内親王の御悩によって、京極殿仁王講を延引。（『師通記』）地震。（『師通記』）
・六月　十七日　『師通記』最期の記事。
斎院令子内親王、四月の祭夜より不例。（『時範記』）
・六月　十八日　関白師通不例（二禁）。（『時範記』）
・六月　十九日　斎院令子内親王の御悩により軒廊卜を行なう。（『中右記目録』『時範記』）
平時範この日より、所労により不参入（二十六日、師通の容体悪化によって相扶け参入）。（『時範記』）
・六月二十　日　斎院令子内親王退下。（『本朝世紀』『中右記目録』『時範記』）
・六月二十一日　関白師通の二禁に加針。（『時範記』）

・六月二十二日　関白師通二禁。（『長秋記目録』）
・六月二十三日　紫宸殿において『大般若経』御読経。（『本朝世紀』『中右記目録』『長秋記目録』）
法皇、法勝寺において覚行法親王に普賢延命法を修させる。（『本朝世紀』『中右記目録』『覚禅抄』）
関白師通、種々の祈禱。（『時範記』）
・六月二十五日　関白師通上表。（『本朝世紀』『中右記目録』『長秋記目録』『時範記』）
・六月二十八日　師通出家ののち薨去。（『公卿補任』『本朝世紀』『中右記目録』『長秋記目録』『時範記』『今鏡』『愚管抄』『平家物語』（延慶本・長門本）『源平盛衰記』『山王霊験絵巻』『日吉山王利生記』）

(15) この師通の死については、その後さまざまな説話として語られている。例えば曾孫にあたる慈円の『愚管抄』巻四には、

サテホリカハノ院ノ御時、山ノ大衆ウタヘシテ日吉ノ御コシヲフリクダシタリケル。返〳〵キクハイナリトテ、後二条殿サタシテ射チラシテ神輿ニヤタチナドシテアリケリ。友実トイフ禰宜キズヲカフムリナンドシタリケレバ、ソノタヽリニテ後二条殿ハトクウセラレニケリ。

とあり、延慶本『平家物語』「後二条関白殿滅給事」では、

六月廿一日、又後二条関白殿、山王ノ御トガメトテ、御グシノキハニアシキ御瘡出来サセ給テ、打臥サセ給シガ、同二十七日、御年三十八ニテ、ツキニ隠レサセ給ヘリ。

とあり、山王の祟りによって亡くなったとされているが、急死のイメージは拭えないにしても、これまでみてきたように、師通は実際は寛治四年あたりから病がちになっていたのであった。

(16) 伊藤禎子「祝祭物語論」（『『うつほ物語』と転倒させる快楽』森話社、二〇一一年）一六九頁。
(17) 室城秀之「祝祭空間」（藤井貞和編「王朝物語術語・話型事典」『別冊国文学　王朝物語必携』學燈社、一九八七年九月）。
(18) 山口昌男は、病を祝祭空間としてとらえ、「権力によって組織され管理された行事が祝祭であり得るはずはない。

（中略）病いは身体との惰性化したつき合い方を再検討し、別の生を生きなおすきっかけをわれわれに与える。祝祭とはそうした空間を集団的に演じる場である」と述べている（「病いの宇宙誌」『知の遠近法』岩波現代文庫、二〇〇四年、初出一九七八年）。

(19) 師通の死はその後、山の大衆の強訴に対して神輿があるのもかまわず矢を射させたことによる日吉山王の祟りであると意味づけられることになるが（『愚管抄』、延慶本『平家物語』など）、このように物語られる師通の態度は、『師通記』の姿勢と重なるものがある。

(20) 『中右記』天永二年（一一一一）十一月五日条、匡房薨去の記事に「或人云、申時許出家。次焼二老後之間日記一了、入レ夜薨云々」とある。

第六章　受容と現存

一、はじめに

第一章でみた伝本の特徴を改めて確認したい。

①古写本、永保三年・応徳元年・同二年の三ヵ年の重複記事（本文Aと本文B）
②古写本、寛治五年の重複記事（本記と別記）
③古写本と転写本の相互補完関係
④古写本＋転写本＝予楽院本
⑤現存しない時期の記事

①に関しては第二章で、本文Aの記事に加筆修正したものが本文Bであったことを確認した。②に関しては第四章で、同じ重複記事でも①とは別の論理（概略と周辺的事項を記した本記に対して、その日の中心的出来事を詳細に記した別記、それぞれが日次で書かれている）であるということが明らかになった。

①と②は、師通が日記を記すなかでの試行錯誤の結果であり、古記録というテクストの生成過程を考えるのに有益な用例であった。一方でこれらは、記主師通自身の手によって生成されたテクスト群であったわけだが、本章では主に記主師通死後の『師通記』を対象とし、特に③のような現存状況となった理由を中心に考察していき

たい。

二、日記を秘蔵する

転写本は、大日本古記録の解題でも指摘されているように、摂関家で保管されていた『師通記』が、ある時期に一部の記事（応徳三年秋冬・寛治二年秋冬・寛治五年春・寛治六年春・寛治七年春・同年夏）が、外部に貸し出されるなどして流出し、それを写した本文であると考えられる。一方で、陽明文庫に伝わる本文以外で、外に伝わっているのが、これらの年紀の記事だけに限られるというのは、それ以外の本文は長い間厳重に保管されてきたことを示している。

また、予楽院本は江戸期に作成された本文であるが、古写本にも転写本にもない年紀（寛治元年（一〇八七）、嘉保元年（一〇九四）、同二年、承徳元年（一〇九七）、同二年）の記事が予楽院本にもないということは、予楽院本が作成された段階ですでに現状と同じであったことを示すものである。

ここでは先行研究に導かれながら、『師通記』の流出が（転写本の作成）が、一部にとどまったことの論理を確認したい(1)。

a『中右記』天永二年（一一一一）六月二十四日条裏書

依㆓吉日㆒大宮右大臣（藤原俊家）殿御記一巻、以㆓消息㆒所㆑見㆓奉新大納言（藤原宗通）㆒也。件記相伝在㆓此家㆒。彼人年来可㆑見之由雖㆑被㆑示、未㆑令㆑見也。而倩思㆓此事㆒、一家之中、此人已昇㆓大納言㆒、定知㆑叶㆓大任㆒歟。可㆑継㆓一家之相門㆒之人也。不㆑見㆓此記㆒者、為㆓我家㆒誠無㆑心事也。仍今令㆑見了。

b『中右記』保安元年（一一二〇）六月十七日条

今日私暦記部類了。従㆓寛治元年㆒至㆓此五月㆒、卅日（ママ）四年間暦記也。合十五帙百六十巻也。従㆓去々年㆒至㆓今日㆒、分㆓侍男共㆒、且令㆓書写㆒、且令㆓切続㆒、終㆓其功㆒也。是只四位少将宗（宗能）、若遂㆓奉公之志㆒者、為㆑令㆑勤㆓公事㆒所㆓抄出㆒也。為㆓他人㆒定表㆓鳴呼㆒歟。為㆓我家㆒何不㆑備㆓忽忘㆒哉。仍強尽㆓老骨㆒所㆓部類㆒也。全不㆑可㆓披露㆒、凡不㆑可㆓外見㆒。努（力脱カ）々々。若諸子之中、居㆓朝官㆒時、可㆑借㆓見少将㆒也。

c『山槐記』永暦元年（一一六〇）九月十日条

自㆓大納言殿（藤原忠雅）㆒賜㆓故殿（藤原忠宗）御記㆒書取。年来有㆓御秘蔵気㆒。而近曾参入之次、不㆓披露㆒幷不㆑伝㆓女子㆒、早可㆓書取㆒之由被㆑仰。仍乍㆑悦令㆓申請㆒忽書取了。已如㆑奉㆑謁㆓青眼㆒。感涙難㆑禁。春日大明神御恵也。

aは、記主藤原宗忠の叔父宗通が大納言に昇進したので、祖父俊家の日記「大宮右大臣殿御記」（＝『大右記』）を見せることにした。この日記は嫡流相伝のものであり、以前より宗通が見たいと所望してきたが閲覧を許さなかったものの、このたび大納言に昇進し、今後も一門を背負っていく一人として、一門のために見せたのだ、という。

bは、宗忠が自らの日記を部類したというもので、寛治元年からこの五月に至る三十四年間にわたるものであったため、十五帙百六十巻になり、一昨年より、侍男どもに書写させたり切り継ぎさせたりしてこの日完成した、という。また「嫡男宗能のためと我が家のために老骨に鞭打って部類した」ことと、「他見を強く禁じ、一門の人間でも宗能より借りて見よ」と書かれている。

cは、記主藤原忠親が、兄である大納言忠雅から「故殿御記」（父忠宗の日記）を借りて写したことが書かれているのだが、兄忠雅は以前より「秘蔵気」があったのだという。他人に見せないこと、女子には伝えないこと、早く書き取るべきことを条件に写すことができたわけである。忠親は「感涙難㆑禁。春日大明神御恵也」とまで書いている。

これらの例からは、日記は一門の宝であり、主に嫡流によって秘蔵されるものと認識されていたことが確認できるだろう。このような現象について、松薗斉は「日記の家」と「家記」の形成と構造の観点から、[2]神田龍身は情報の公開と秘匿の観点から論じているが、[3]ここでは、そういった発想があったということを確認しておきたい。

一方で、秘蔵されずに公開されてしまう日記もあった。初期の『宇多天皇御記』『醍醐天皇御記』『村上天皇御記』『吏部王記』『清慎公記』などの日記には、儀式書編纂の材料として供されてしまうなど、別の論理が存在するわけだが（第Ⅲ部第一章参照）、家の日記としての意識が強まるなかで、秘蔵されずに世に出てしまった日記があった。これらの日記は「家」が衰退し、「家記」として維持できなくなったり、また当時の権力者の要請に応じて「献上」したりした結果、世に出回ってしまったのである。[4]

現存の『師通記』は摂関家内で秘蔵されていたと考えられるが、一方で、一部の年紀の記事が、古写本にも転写本にも残っていないうえ、自筆本はなくなってしまっているという事実がある。摂関家の日記でいえば、道長以降、頼通はまとまった日記を記していたのかも疑わしいが、その後の師実の『京極関白記』、師通の孫にあたる忠通の『法性寺関白記』も断片的に伝わるのみである。摂関家の文倉に決定的な出来事があったことが想像される。

次に師通死後、『師通記』はどうなったのか、その足跡を年代順に追ってみたい。なお、本章ではひとまず西暦一一二〇年頃までの日記を対象とする。

三、その後の『師通記』
――その受容――

①『殿暦』康和三年（一一〇一）八月十一日条

今日不㆓出行㆒。後斎。

裏書。今日初故二条殿の見㆓御暦日記㆒。宴実神妙也。委レ事実以神妙也。

屋台骨を次々に失ったこの時期、摂関家は未曾有の危機にあったといえよう。この記事は師通の死後、師実のもとにあった『師通記』が師実の死によって忠実のもとにわたったことを示しており、「神妙」を繰り返していることからも、二十四歳の忠実の身に「摂関家」の重責がのしかかったことがうかがわれる。

『殿暦』は師通の子の忠実の日記である。承徳三年（康和元年）に父師通を亡くし、康和三年二月には祖父師実までも亡くしている。このとき忠実は二十四歳、右大臣であった。次にあげたのは、その年の八月十一日の記事である。

②『殿暦』長治二年（一一〇五）正月二十五日条

巳剋許、着㆓直衣㆒参内。しのひて参也。用㆓北陣㆒。（中略）酉剋許、着㆓束帯㆒参㆓御前㆒。桜下襲。紺地平緒。故大殿（師実）康平四年二月始令レ候㆓除目執筆㆒給。而着㆓御桜下襲㆒。見㆓二条殿寛治八年御記㆒。

県召除目に際して、忠実は桜下襲を着したが、これは康平四年（一〇六一）二月の「故大殿」（師実）の例によったものであり、その根拠が「二条殿寛治八年御記」となっている。

③『殿暦』天永二年（一一一一）十二月一日条

天晴。今朝頭弁実行（藤原）従レ院（白河法皇）為二御使一来云、御書始之間御装束・御読書文机等事也。余云、此三物従レ院被レ献候ハむ能レ候歟。余今夜宿侍。
故殿（師実）御記云、寛治元年十二月廿四日御書始也。主上（堀河天皇）着二御直衣一。織物御直衣。内蔵寮勤仕者。又故二条殿御記云、織物直衣・小口御袴者。此由奏レ院。内蔵寮勤由仰下了。今日依二余物忌固一、不レ参二御堂一。

読書始の装束について白河法皇の諮問に答える際、「故殿御記」つまり師実の『京極関白記』寛治元年十二月二十四日の例を参照した後、「故二条殿御記」を引いている。忠実は実の父である師通を「二条殿」とよび、祖父師実を「故殿」とよんでいる。⑸

④『殿暦』天永三年十一月一日条裏書

入レ自二宣仁門一着二奥座一。自二北第二間北柱下一東面。不レ叶二内裏儀一。是○依レ為二里亭一也。着間儀如レ常。座暖之程起レ座。経二本路一出二敷政門一下レ尻。弁以下有二床子座一。余過間弁以下々二床子座一深揖。但先例不レ着二此座一歟。其由見二二条殿御記一。

この日、忠実は従一位になってはじめての着陣であった。引用箇所は当時里内裏であった大炊御門殿での場面である。ここで問題となっているのは、忠実が通り過ぎる際に、弁以下は床子に着し深く揖していたわけだが、先例では床子には着さないのではないかということで、その根拠として『師通記』を引いている。

⑤『法性寺関白記』天治二年（一一二五）九月十四日条

今日主上（崇徳天皇）召二舎人一之声、仰二中臣之詞一、具雖レ見二故大殿御記一、帝王御作法偏難レ依二凡人日記一。加レ之未レ知二口伝一。仍今朝以二頭弁雅兼（源）朝臣一令レ奏二法王（白河法皇）一云、此日主上御作法何様可レ申レ行哉。具奉二聖訓一、将レ備二叡聞一者。頭弁還来。被レ仰之旨甚有二子細一、不レ能二委記一、抄二出後三条院延久三年群行御記一被レ下給レ之。拝見之処、文筆甚妙。儀式分明而已。

法性寺関白は忠実の子、忠通である。日記は断片的にしか伝わらないが、当該条は九条家に伝わる忠通唯一の自筆である。[6] 忠通はこのとき従一位摂政である。この日、崇徳天皇の即位にともなう斎宮守子女王の伊勢群行があった。[7] 忠通は天皇の作法について「故大殿御記」を参照するが、臣下の日記には帝王の作法は載っていないし、加えてこれに関する口伝も知らないと記す。よって、頭弁源雅兼を使として、白河法皇に尋ねたところ、抄出した「後三条院延久三年群行御記」[8]を下されたというのである。「文筆甚妙」と感動を記している。

この「故大殿御記」こそが、その関係から考えて『師通記』であろうと考えられるのである。[9] なお、『師通記』執筆時期の群行は、善子内親王の寛治三年九月十五日である。

⑥『中右記』保延三年（一一三七）九月一日条

依レ服レ薙不レ勤二御燈祓一。是先例也。

中宮《藤原聖子》御不例間、被レ止二御燈一事、殿下《藤原忠通》御消息。

嘉保二年九月、公家《堀河天皇》御咳病。無二御湯殿一。仍被レ停二御燈一。依二院御時例一也者。見二二条殿并為房卿日記一也。依二此例一、明日中宮御燈可二停止侍一也。御悩未二尋常一。無二御湯殿一之故也。加レ之御起居不レ穏御坐也。不具謹言。

右大臣殿《宗忠》

中宮が不例の場合に御燈が中止されることについて、宗忠が忠通に尋ねた際の返信である。嘉保二年九月に堀河天皇が「咳病」となったため御燈が中止になり、そのときのことが『師通記』や藤原為房の『為房卿記』にあるのだという。

ここで注意したいのは、これが記されているのは『中右記』であるが、実際に『師通記』や『為房卿記』を引いているのは、手紙の筆者たる忠通であり、宗忠が『師通記』を所持しているのではないということである。また、ここで『師通記』とともに『為房卿記』が引かれているのは、師通の家司たる為房の日記が、『師通記』を補完する関係にあったからである（第三章参照）。

⑦『台記』永治二年（康治元、一一四二）正月七日条

先年禅閤(忠実)仰云、若位記莒緒忘却不レ解付レ内哉。召二内豎一令レ解レ之。因レ之今日内豎令レ解也。外弁着座後、余問二左大将(源雅定)一。答云、以二職事一令レ解之様覚也。内豎解申不二分明一者。帰レ亭後引二見西北両抄幷行成(藤原)抄一。更無二此事一。匡房(大江匡房)内弁細記云、内弁召二女蔵人一令レ解云々。則重尋二申宇治殿(忠実)一。仰云、内豎解事西北二抄全不レ見也。故二条殿寛治比内弁時、令二内豎解一レ之。匡房依二何文一書置哉。不審。二条殿御記件事被二書付一之由不レ覚。然而依二口実(古イ)一此侍也。已上宇治殿御返事。今案、此一門専以二内豎一可レ令レ解也。後日見二承平六年正月七日外記一、内弁大納言恒佐(藤原)卿、位記莒依レ例当二内弁前一置二台盤上一。而内弁召二内豎一、令レ取二下莒一置二庭南一。大失也云々。今案レ之、以レ令二取下一為レ失。以レ召二内豎一不レ為レ失。仍二条殿令二内豎解一給歟。

『台記』の記主は、忠通の弟にあたる頼長である。この日は七日節会である。位記の筥の緒を解くことについて、忠実の述べたことに従って内豎に解かせたが、このことを左大将源雅定に問うと、蔵人に解かせると記憶しているという。帰宅後、『西宮記』『北山抄』『行成大納言年中行事』[10]を見たが、そのことに関する記述はない。大江匡房の『内弁細記』には女蔵人に、とあった[11]。再び父忠実にこれを問うと、師通が寛治年間に内弁を行なったときは、内豎に解かせていたので、匡房は何を根拠に女蔵人としたのか不審である、しかし、師通の例も、『師通記』のどこにあるか覚えていない、という。その後頼長は、師通は承平七年の『外記日記』などを根拠にして、内豎に解かしたのだろうと推測している。

位記の筥の緒を解くことをめぐる説であるが、頼長はまずは忠実の言う通り内豎にと考えるが、根拠を文献に求めようとする。しかし、まだ自身のもとには多くの文書があるわけではない。ここで頼長が引いている『西宮記』『北山抄』『行成大納言年中行事』などは一般にも流通していたものである。いわゆる摂関家の作法を知るためには摂関家の記録類をみる必要があったので、所有者である父忠実に尋ねることにしたわけだが、忠実は『内弁細記』が女蔵人とする根拠への不審を述べる一方、師通の寛治の例も、根拠となる日記にまでは到達しないのであった。それでも頼長が『外記日記』にまでその根拠を求めようとする厳密さには彼の執念がうかがえる。(12)

⑧『台記』久安三年（一一四七）二月六日条

依㆑例講㆓左伝㆒。講師俊通《（源）》、問者頼業《（清原）》・成佐《（藤原）》。自㆓今度㆒止㆓注記㆒。依㆓左相府《（源有仁）》出家㆒無㆑詩。聞㆓尼御前《（源師子）》疾㆒。即馳参。頃之出。

今日開㆓前二条関白及京極大殿御記㆒、見㆓一上礼法及殿上別当、橘氏是定事㆒。二条記、殿上別当事無㆓所見㆒。

この日は、『春秋左氏伝』の講読会があったが、源有仁が三日前に出家したことを受けて詩会はなかった。このち尼御前（父忠実の正室源師子）が病であると聞いた頼長はすぐに馳せ参じ、そこで父忠実より、一上の礼法、および殿上別当、橘氏是定について『師通記』『京極関白記』にあると聞いた。頼長はそれぞれを確認したが『師通記』には殿上別当のことは書いてなかったというのである。

『春秋左氏伝』の講読会、源師子の病、そしてそこで聞いたことの内容、これらは別々の事象であるようだが、実はそれぞれが有機的に繋がっている。正月三十日に風流人として名高かった花園左大臣有仁が左大臣の職を辞した（のち出家）。右大臣の職は保延四年に藤原宗忠が辞して以降誰も就いていなかったので、この段階で左右大臣は不在、内大臣であった頼長が一上となる。源師子の病によって忠実邸を訪れた頼長は、忠実から、一上として、そして摂政である兄忠通に代わって摂関家を継ぐ者として、『京極関白記』『師通記』を見て学ぶよう言われたのであった。

五日後の二月十一日条には次のような記事がある。『師通記』には言及していないが、摂関家での日記の伝領を知る重要な記事である。

始二湯治一毎日二度。禦レ風。戌刻初見二周礼疏一。首付、又勾二要文一為二裏書一及論義之文一。自筆抄二論義一。本経合レ疏見レ之、不レ漏二一文一。但不二高読一。禅閤（忠実）被レ賜二御堂御記・京極殿御記一之由、喜悦尤甚。貞信公・九条殿御記、先年了。始レ自二今日一、命二当講証禅一、毎日令レ満二文殊真言五万反一。祈二論義智慧開発及早終レ功。

禅閤忠実より『御堂関白記』『京極関白記』を贈られることを知らされて「喜悦尤甚」と述べ、『貞信公記』『九暦』は先年すでに受け取ったと記している。摂関家累代の宝物である日記群が贈られる意味は大きい。そしてこの二日後の十三日、源有仁は亡くなり、三月二十二日、頼長は一上宣旨を蒙ったのであった。

⑨『台記別記』久安四年七月十一日条

今日、乞二入内日記於人々一。敦任〔経〕奉レ書。

尋二召日記一人々。

皇太后宮大夫宗能、入道右府宗忠。敦経為二御使一行向。

権中納言公能、季仲卿。左宰相中将忠基、経信卿・忠教卿。敦経行向。

資信朝臣、小野宮・資平卿・資房卿。

俊雅朝臣、経頼卿。

師能朝臣、土御門右府・堀川左府。

維順朝臣、匡房卿。

親隆朝臣、為輔・隆方・為郷〔為房卿カ〕・顕郷〔顕隆卿カ〕・為隆卿・顕頼卿・重隆。

憲方、隆方・為□〔房カ〕卿・為隆卿。

光頼、為□〔房カ〕卿。

範家、行親・定家・時範。

時信、知信。

師安、二代御記・寛平御記。

九月廿七日。申二一院〔鳥羽法皇〕一。

一院、後朱雀院御記・後小野宮・経信卿・一条院・後三条院・小野宮・保光・相尹・為輔・師時・雅兼。

宇治殿〔忠実〕、御堂・御暦・京極右〔ママ〕・大治御記。

摂政殿〔忠通〕、相午〔尹〕卿・行成卿自筆・二条殿・大治御記。

自レ本在二此殿一御記等、
　貞信公・九条殿・一条殿・文殿・

李部王・小一条・二東〔小〕・川右・

　大右・

　　後冷泉院御記。


　これは、頼長が養女多子が近衛天皇に入内するにあたり、先例を調べるために集めた日記の数々を記したものである。二重傍線部が日記を所持している人物で、その下の傍線部が所持している日記である。松薗斉はここに当時の家記の構造をみることができることを指摘しているが(13)、摂関家においては、忠実が『御堂関白記』や『京極関白記』など、家記の中心となるものを手放していないことがわかるし、忠通は『師通記』を所持していることがわかる。

⑩『台記』久安六年十二月二十四日条

後聞。今日右大臣（源雅定）補二美福門院別当一。故三条左大臣（源）俊房、為二白川院別当一之例云々。後日勘レ例。故後二条殿、内大臣後、為二院別当一之由、見二彼御記一。今朝禅閤（忠実）請二余内覧等於法皇（鳥羽）一。々々手詔曰、明春内覧宣旨事者。自レ此仰下。更不レ可レ有二其煩一之由、存恐給也。上卿自レ此召儲テ、召二職事一仰下。誰人可二妨侍一乎。

この年の九月、忠実は強引に頼長を氏長者とし、忠通との関係は悪化の一途をたどっていた。当該条は、後で聞いた話として、この日、美福門院別当に右大臣源雅定が補されたと記している。雅定の大伯父にあたる三条左大臣俊房が白河院別当に補された先例によるものだそうだが、頼長は自らも『師通記』を引いて先例を確認している。また、忠実が頼長に内覧の宣旨を給わるよう院に請願することも同時に書かれており、美福門院・忠通との対立のなかで人事をめぐる駆け引きを垣間見ることができる。

⑪『台記』久安七年（仁平元、一一五一）正月三日条

今日余及兼長（藤原）卿、螺鈿剣、有文帯。師長（藤原）・朝長（藤原）、蒔絵剣、丸鞆帯。京極殿、後二条殿等御記正文、禅閤（忠実）、先年附二属関白（忠通）一已了。今日使二前肥後権守頼賢（源）付也乞レ之。即付二頼賢一返二奉之一。前筑前権守清高（藤原）蔵人五位承二関白仰一、大哭、開二書倉一、取下納二御記一之櫃上、授二頼賢一云々。

先年すでに関白忠通に渡していた『京極関白記』『師通記』の「正文」（自筆本）を、前肥後権守源頼賢を使って

奪い返したとある。ここにおいて『師通記』自筆本は氏長者頼長の所蔵となる。

⑫『台記（宇槐記抄）』仁平三年五月二十五日条

依㆓窮屈㆒不㆓参上㆒、書㆘請㆑補㆓別当㆒御堂(道長)・後二条殿等例㆖也。是長徳元年五月卅日文殿記、寛弘八年六月十三日行成記、同年十一月八日同記、嘉保元年三月十九日自筆御記。手詔曰、何事之有乎。但近代無㆓此事㆒。定有㆓傍(謗カ)難之輩㆒歟。往昔大臣皆補向(而カ)。左大臣俊房(源)白川院別(当カ)記之後、不㆑聞㆓其例㆒。二条関白被㆑補之由、未㆓承及㆒。如何。

鳥羽院別当に補されるように道長や師通の例を引いて懇願しているが、院の反応は薄い。

⑬『台記（宇槐記抄）』仁平三年五月二十七日条

自㆓廿一日夜㆒至㆓于今暁㆒甚雨。卯時始見㆓日脚㆒。今朝可㆑補㆓別当㆒之由、復奏㆑院(鳥羽)。御報曰、為㆑院為㆓面目㆒。為㆓大臣㆒無㆑益歟。納言時不㆑被㆑補、摂録後被㆑補。人定為㆑奇歟。太政大臣(藤原実行)、右大臣之時還㆓補院司㆒、任㆓太政大臣㆒之後、依㆑無㆓先例㆒去㆑之。後奏曰、頼長、保延二年十一月十三日補㆓別当㆒。于㆑時大納言、被㆑仰㆓納言時不㆑補之由㆒、是為㆑奇。太政大臣去㆓別当㆒於㆑理可㆑然。太政大臣不㆑兼㆓大将・皇太子傅・蔵人所別当㆒。准知院司亦不㆑可㆑兼。後二条関白、被㆑下㆓関白詔㆒之後、辞㆓申院司㆒。見㆓嘉保元年三月十九日彼記㆒。案㆑之、太政大臣・摂政・関白之外、無㆑妨㆑兼㆑之。長徳元年五月廿八日、入道(道長)大臣補㆓冷泉院別当㆒。後日、勘㆓文殿記㆒、五月卅日也。思㆓誤奏㆓廿八日㆒。明日自得㆓吉日㆒。有㆑便被㆑補歟。但若当㆓御衰日㆒如何。御報曰、納言時被㆑補㆓院司㆒。今已忘却。愚昧之至也。入道、寛治春日御幸時補㆓院司㆒、(脱字アルカ)衣取㆑幣。朕参㆓春日㆒時雖㆑欲㆑追㆓彼例㆒、其時入道不㆑被㆓申出㆒。中心遺恨者也。従㆓二条関白例㆒、已以分明。可㆓仰下㆒歟。明日衰日。至㆓于月日㆒者、何必守㆓先例㆒乎。復奏曰、今日九欠、明日御衰日、廿九日遠忌、卅日凶会。六月一日無㆑障。但授職拝官、不㆓必択㆒日。可㆑在㆓勅定㆒。御報曰、来月一日無㆑障。彼日補㆑之可㆑宜矣。

入レ夜参二御所一。頃之退下。是夜復雨。

頼長は、鳥羽院別当に補せられるよう再度請願する。しかし院は、頼長が納言のときに補せられることなく、摂録となった後に補せられるのは世間が奇となすであろうこと、また、藤原実行が右大臣のときにまた院司に補せられたが、太政大臣に任じられてのち、先例がないために院司を辞したことをあげ、頼長の補任に難色を示す。これに対して頼長は、「自分は保延二年、大納言のときに別当に補せられているからそれは事実誤認である」と反駁した。そして、「確かに太政大臣が院司を辞することは理にかなっている」と述べたうえで、『師通記』嘉保元年三月十九日条を根拠に、師通が関白の詔を下されて後に院司を辞したことをあげ、太政大臣、摂政、関白のほかは院司（別当）を兼ねることに妨げはないと主張した。また、長徳元年（九九五）五月の「文殿記」[14]を根拠に、道長（このとき権大納言）が冷泉院別当に補せられたこともあわせて述べている。結果、院は師通の例に従い頼長を別当に補すことを約束する。日記を駆使した頼長の粘り勝ちであった。

⑭『玉葉』嘉応三年（承安元、一一七一）正月三日条

外弁不レ問二諸司一事。

代々例無二所見一。而天永内大臣雅実（源）被レ問レ之。中右記云、先例不レ被レ問歟。可レ尋云々。

又寛治二条殿御記云、不レ問二諸司一。上卿六条右府（源顕房）也。

又天永知足院殿御次第云、外弁上卿不レ問二諸司一云々。就二此等記一不レ問レ之也。

『玉葉』は師通の曾孫にあたる兼実の日記である。高倉天皇の元服における「外弁不レ問二諸司一事」について、『中右記』・「天永知足院殿御次第」（『殿暦』か）と並んで『師通記』が引かれている。『師通記』の例というのは、寛治三年正月五日の堀河天皇、「天永知足院殿御次第」の「天永」は、天永四年（永久元、一一一三）正月一日の鳥羽天皇の例である。以降、高倉までの間に崇徳・近衛両天皇が在位中に元服しているが、「外弁不レ問二諸司一事」についてては「代々例無二所見一」とあるように、崇徳・近衛のときの先例がみつからなかったために、寛治の堀河の例をもちだしてきたのであろう。

⑮**『玉蘂』建暦元年（一二一一）十月五日条**

未刻詣二菩提院禅閤（松殿基房）御許一。網代車。於二門外一下レ車候二公卿座一。寝殿南廂二間。当レ南敷二帖一枚一、次間二行敷二帖二枚一。以レ人入二見参一。小時禅閤出二居東障子内一。自巻二上御簾一対面。予退二居座端一。依レ命著レ座。是礼之甚。暫而言談。奉レ問二大嘗会間事一。

（中略）

辰・巳日外弁諸司事。

不レ問二諸司一之条甚無レ謂。諸節必皆問レ之。至二大嘗会一不レ問哉。尤可レ被レ問也。但何諸司ニ可レ問レ之哉事不二案得一云々。

予申云、寛治巳日有二沙汰一。只被レ問二諸司一。上卿内大臣。後二条殿也。可レ然乎。

仰云、誰人記哉。即二条殿御記歟。常節会ニも只問二諸司一之人有レ之。不二甘心一事也。然而此安何諸司ト不二案得一。然而付二略説一被レ問二諸司一。何事有乎。予申云、江記ニ見及也。御記未二見及一候。大舎人刀禰列立。問レ之如何。

仰云、何事有哉。さモ有ナム。後二条殿記早可二披見一云々。良久退出了。此外雖レ有二申旨一具不レ記レ之。

『玉蘂』は兼実の孫、九条道家の日記である。この日道家は菩提院に大伯父にあたる松殿基房（忠通次男）を訪ねる。このとき、基房の弟で、道家の祖父である兼実、父良経はすでにこの世になかった。基房は政治的に失脚して長いとはいえ、摂関家における最長老であり、摂関家の故実を語るにふさわしい人物であった。[15]「大嘗会」の辰・巳日の節会の寛治の例について道家が問うと、基房は「それは『師通記』にあったのか」と問い返す。道家が「『江記』は見たが、『師通記』はまだ見ていない」と答えると、基房は「早く『師通記』を見るべきである」と述べるのであった。ちなみに寛治の例とは、堀河天皇の即位にともなう寛治元年の大嘗会のことである。

⑯『玉蘂』建暦元年十一月七日条

次詣二菩提院一。者(先カ)以二宣房(藤原)朝臣一入二見参一候二公卿座一。此次示下可レ謁二一位中納言一之由上。帰来云、入道殿只今御念誦之間之(也カ)、一位中納言殿依二所悩一加二療治一。而未二復例一。不レ著二下袴一之条尤有レ恐歟。予云、凡一切不レ可レ有二其憚一、早可二見参一者。即被二出逢一。暫言談之後被二帰入一了。未レ復レ例即禅門出逢給。巻レ簾。不審事等粗問答了。

（中略）

一外弁諸司。寛治例後二条御記。何様所二見候一哉。仰云、雖二引勘一無二所見一、省二略記一。凡召二諸司一事未二見及一候。恒(但カ)問中古其(有カ)クや(之カ)。長和記二ハ見候歟。平治二ハ幼少二テ無二沙汰一。付二近例一不レ問候き。可レ問之条、無二異儀一。其詞未二案得一候也。

⑮の記事から約一ヵ月後、道家は再び基房を訪ね、先の大嘗会辰・巳日の節会の「外弁諸司」について、寛治の『師通記』にどのように書かれていたかを尋ねている。それに対し基房は、記述が簡略でみつけることができなかったのだが、「長和記」[16]には関連の記述があり、平治の例[17]では天皇が幼少であったために関連事項が行なわれなかったと答えている。この記事をみると『師通記』を見たのは基房であって、⑮の「早可二披見一」という言葉も基房が自分自身に言ったようである。

⑰ **『玉蘂』嘉禎四年（暦仁元、一二三八）正月二十四日条**

天晴。下名日次事、尋二遣摂政《兼経》許一。返事云、未二申上一也。廿六日歟。明日必可二参内一云々。任大将召仰日、如二元永例一者二月二日也。今度又支干相叶。而為二大将衰日一之間、可レ為二今月荒□一之由用意也。粗検二先例一之処、元永記ニ召仰日非レ受二官日一。不レ可レ延二日次一。雖二帰忌日一被レ用レ之、此外衰日吉事例多存。仍猶可レ為二二月二日一歟之由被レ擬。又予可レ著二樺桜下襲一。可レ為二浮文一歟。可レ為二固文一歟。老屈之身固文可レ宜歟。又随身著二染狩袴一之由、見二嘉保御記一。是非二行幸一染分歟。番長二藍、近衛萌黄可レ宜歟。以二此等条々一申二合前博陸《家実》一。返事也〔云カ〕、任大将日御二下襲一。樺桜尤可レ然候。嘉保浮文之由見二中御門右府《宗忠》記一、一向不レ可レ違二彼例一候哉。召仰日事、誠雖レ非二任官日一、尤可レ被レ延二御衰日一候歟。如レ此事近代之風候歟。御随身装束、至二近衛一著二狩袴一候者。定非二行幸一染分候哉。番長二藍、近衛萌黄、誠可レ宜候。法性寺殿《忠通》御時、度々如レ此候。官人襖袴候者也。大将饗、於二入道相国《公経》今出川新亭一可レ行之由有レ命。而定高卿於二四辻女院御所馬場頭一滅。其間大略如二咫尺一。隔二小路一也。惣門見通頗似レ可二思慮一。然者於二一条室町亭一可レ行歟。摂政此間可レ被レ帰二近衛一云々。仍以二有長朝臣一問二遣之一。又以二此趣一粗示達了。

道家の四男一条実経の任左近衛大将に関する記事である。問題となっているのはその日取りと装束、大饗の場であるが、ここで嘉保・元永の例（寛治八年（嘉保元）三月二十八日の忠実の任左大将、元永二年（一一一九）二月六日の忠通の任左大将）が先例としてあげられている。「嘉保御記」が『師通記』であるが、任大将の際の随身の装束に関して引勘されている。

四、受容状況と伝本状況の関係

ここからは、これまでみてきた伝本と受容の関係について考えていきたい。伝本の関係は第一章にあげた「『師通記』伝本関係図」に示した通りである。

師通→師実→忠実

承徳三年、師通は三十八歳という若さで亡くなる。その二年後の康和三年には、師通の父であり、忠実の実質的な後見人であった師実が亡くなる。①の『殿暦』の記事はそれから半年後の記事であるが、摂関家の重責とともに、一旦師実のもとに保管されていた『師通記』が忠実のもとにわたったことを示すものである。以下④まで『殿暦』のみの引用がつづく。

忠実→忠通、そして強引に頼長へ

保安元年（一一二〇）、忠実は白河院の勅勘を蒙り、宇治での謹慎を余儀なくされる。結果、翌年になってその子の忠通に関白宣下があり、藤氏長者となったが、⑤の『法性寺関白記』の記事は『師通記』が孫の忠通にわたっていたことを示すものである。⑥の『中右記』にも『師通記』が引用されるが、忠通の手紙に書かれていることであり、『師通記』を見たのは忠通ということになる。

大治四年（一一二九）、白河院が崩御した。忠実は再び鳥羽院のもとで内覧となり、政界復帰を果たすが、関白であった息子忠通との関係は次第に悪化してゆく。また、後継者に恵まれない忠通に代わって、忠実の宇治謹慎中に生まれた頼長が、今後の摂関家を担ってゆくことへの期待を高めていた。⑦の記事で『師通記』を見ているのは忠実である。藤氏長者は忠通であったが、その父である忠実も摂関歴代の日記を見ることが可能であったと思われる。このとき頼長は世に流布していた日記のみを引勘していることに注意したい。彼はまだ摂関家に伝わる日記の閲覧を許されていないのである。

康治二年（一一四三）、忠通に息子基実が誕生する。十数年前に男児が早世して以降、後継の男子に恵まれなかった忠通は、すでに頼長を養子として迎えていたが、この基実の誕生が、父忠実と弟頼長との対立を深めるきっかけとなる。一方で頼長を後継にしようという忠実の計画は着実にすすめられてゆくことになる。⑧の『台記』もまさにその様子を伝えている。花園左大臣こと源有仁が病を理由に左大臣を辞したとき、右大臣は空席であったため、内大臣であった頼長が一上となったが、その礼法を『京極関白記』『師通記』を見て学べというのである。また、『台記』久安三年二月十一日条には、その段階ですでに『貞信公記』『九暦』が頼長にわたっていたが、さらに『御堂関白記』『京極関白記』がわたったことが記されている。このときの『御堂関白記』『京極関白記』は、次の⑨の記事から、自筆本ではなく、それを写した複本であったことがわかるが、摂関家のエッセンスである代々の日記が頼長にわたっていく様子をみることができる。

久安四年、頼長は養女多子を近衛天皇に入内させようとする。⑨の『台記』の記事はまさにそのとき、各家の入内に関する日記を集めていることを示す。摂関家が「摂関」として存立する前提は、娘を天皇の后とし、その間に生まれた皇子が天皇となることにあるのであって、頼長のこうした行為はまさに自らが摂関となろうとすることを示したものである。頼長はここで集めた日記をもとに「入内旧記部類」を十一月七日に完成させている。しかしながら、その娘多子にしても藤原公能の娘なのであったし、日記の収集も道長・頼通などの摂関家全盛期ではあり得なかったことである。偽装の親子関係であるとともに、入内の根拠すらも日記を中心とした文書に頼らざるを得ない、まさに空理空論が展開されているのであった――『師通記』の現存する唯一の自筆本が、立后記録であるというのもこういった問題と関係するかもしれない――。こののち、久安六年三月、多子は皇后に冊立、その三ヵ月後には忠通の、やはりこれも養女である呈子が中宮に冊立された。忠実・頼長と忠通との対立は決定的となる。

そして、九月二十六日、忠通が頼長への摂政譲渡を拒むにおよんで、激怒した忠実は宇治より上洛、源為義らの武士を使って東三条邸を接収、氏長者の象徴である朱器・台盤なども奪取、頼長を氏長者にするという強硬手段に出た。⑪の記事もこの延長線上にある。武力によって摂関家累代の宝物を得るという、保元の乱を予告する象徴的な出来事であった。⑪の記事の一週間後の正月十日、頼長に内覧の宣旨が下される。

こうして『師通記』自筆本は頼長の蔵するところとなった。この後の頼長は『師通記』を根拠に人事を主張することとなる（⑫⑬）。また『師通記』自筆本を手に入れた頼長は家司たちに命じてさっそく副本をつくらせている。それが現存する古写本である。古写本二十七巻末奥書の「仁平四年四月九日」という日付がそれを示している。

頼長→忠通→基実→基房→基通→近衛家へ

保元の乱における頼長の敗死後、『師通記』は忠通のもとに戻ったと考えられる。その後、『師通記』は⑭にあげた『玉葉』に引用されるが、松薗斉は『玉葉』に道長の日記の引勘がないこと、「余依レ不レ伝二家記一、不レ知二此事一」（建久二年（一一九一）十二月八日条）などとあること、のちの九条家の家記の内容などから、兼実は摂政・氏長者に就任した後も、摂関家の家記をほとんど相伝できなかったと推定している[18]。確かに、膨大な『玉葉』の記事に比して、『師通記』の引用が⑭のみであるというのはいささか不自然であり、⑭で引かれている『師通記』も借りたものか、部分的に所持していたものであるとみたほうが妥当と思われる。

摂関家の家記は忠通没後、所領の相続同様[19]、嫡男基実、一時的にその弟基房、そして基実の子基通へとわたり、近衛家の所蔵となり、九条家には伝領されなかったのだろう[20]。⑮⑯の『玉蘂』の記事においても『師通記』を見ているのは「禅閤」松殿基房であり、道家ではない。

失われた年紀の記事の引用

本章では、現存状況と、師通死後の『師通記』の、西暦一一二〇年前後までの受容を確認した。ここまでで明らかになったのは、自筆本のゆくえと古写本の流れであった。ある時期に自筆本が失われ、古写本のみとなり、そして、その古写本も、ある年紀の記事が貸し出され——もしくは持ち去られ——、あるものは転写され、またあるものは失われてしまったということはいえるだろう。失われてしまった年紀、寛治元年・嘉保元年・同二年・承徳元年・同二年の記事は古写本作成後の⑫⑬⑮⑯⑰で引用されていることから、自筆本、古写本ともに存在していたが、自筆本がまとまって失われた後にこれらの記事も失われるに至ったと考えられる。

見逃せないのは、①～⑰までの記事において引勘された『師通記』で、年紀が判明していても現存しない記事が多いということである。

◆寛治元年＝③⑮⑯
　同　三年＝⑤⑭
　寛治年間＝⑦
◆嘉保元年＝②⑫⑬⑰
◆同　二年＝⑥
　※◆印は現存しない年紀

失われた年紀が、嘉保元年以降のものに集中している。これは、その年の三月に師通が関白、氏長者となっているからであろう。

また、『玉蘂』の記事や、⑮⑯⑰で引勘された部分がすべて失われた年紀であるということも『師通記』の現存を考えるヒントとなりそうである。⑮⑯では道家は直接『師通記』を見ていなかった。しかし、直接見ていた基房にしても政治の中枢にいたわけではない。このときの関白は近衛家実であった。治承・寿永の乱などの混乱を経て、『師通記』も一部（特に失われた年紀の記事）が、基房など近衛家以外に拡散していた可能性がある。したがって、⑰の場合は道家が引勘できたとも考えられるのだが、道家は前年まで四条天皇の摂政であったために、自筆本を直接見ることができたとも考えられるので、断定は避けたい。

五、おわりに

今我々の目の前に現前する『師通記』のテクストは、当然師通の時代のテクストそのものではない。テクストは、記主存命中においては記主自身の手によって生成されるが、没後、記主の手を離れたときから、受容という第二の人生を歩み、その途上で我々の目の前にあらわれるのである。受容はテクストの第二の生成期といってもよい。一方、受容する側のテクスト、例えば『玉蘂』に関していえば、一条兼良の『桃華蘂葉』には、『玉葉』の八合に対して七合あったというから、現存はその一部分にすぎないわけで、その現存状況も考慮に入れる必要があるだろう。『師通記』も、そしてそれを受容する側のテクストも歴史の荒波のなかで奇跡的に残ったものなのである。

本章ではこの、『師通記』の第二の人生、第二の生成期について考察をすすめてきた。結果、未だ不分明なことも多いが、西暦一一二〇年くらいまでの『師通記』のありかたはみえてきたかと思う。

注

（1）松薗斉『日記の家―中世国家の記録組織―』（吉川弘文館、一九九七年）、同『王朝日記論』（法政大学出版局、二〇〇六年）、高橋秀樹『日本中世の家と親族』（吉川弘文館、一九九六年）、神田龍身「漢文日記／口伝書／説話集―

『江談抄』『中外抄』『富家語』の位相―」(『偽装の言説―平安朝のエクリチュール―』森話社、一九九九年、初出一九九七年)などを参照。
(2) 松薗斉前掲書『日記の家―中世国家の記録組織―』参照。
(3) 神田龍身前掲論文参照。
(4) 第三章でみた『時範記』『為房卿記』などは後者にあたる。
(5) 『中右記』康和四年十一月二十五日条には、忠実の辞左大将に関して、忠実自身が「故殿御記」をもちだして語る場面がある。大島幸雄編『平安朝漢文日記索引 典籍文書名篇』(国書刊行会、一九九二年)は、この「故殿御記」を『師通記』としているが、確かに忠実の発言であっても、記主は宗忠であるからこれが『師通記』である可能性は排除できないが、忠実にとっての「故殿」は「師実」であるから、大日本古記録がこれを師実の『京極関白記』としているのに従いたい。また、記主宗忠は『京極関白記』を目にしているわけではなく、あくまでもその所持者である忠実の語りのなかで引用しているという点には注意したい。
(6) 九条家旧蔵、現宮内庁書陵部蔵。複製が一九八九年に宮内庁書陵部および八木書店より、翻刻が宮内庁書陵部編『図書寮叢刊 九条家歴世記録一』(明治書院、一九八九年)に収められている。原本画像は、宮内庁書陵部所蔵資料目録・画像公開システムとしてインターネット上で公開されている。木本好信・米本裕美・辻亜由美・田中杏奈「自筆本『法性寺殿御記』注釈(稿)」(『甲子園短期大学文化情報学科研究報告』第五号、二〇一〇年三月)、および吉田早苗「宗忠と忠通―「中右記部類」に見える「法性寺関白記」―」(『日本歴史』第七五九号、二〇一一年八月)も参照。
(7) このときの群行については、所京子「『中右記部類』斎宮守子の群行発遣記録」(『斎王の歴史と文学』国書刊行会、二〇〇〇年、初出一九九九年)も参照。
(8) このときの斎宮は俊子内親王。
(9) 大島幸雄編前掲書も『師通記』とする。「故」とあるので、存命中の忠実は考えられないのはもちろんだが、師実の可能性も捨てきれない。木本好信ほか前掲注釈(稿)は師実とする。師実の場合であれば、斎宮の伊勢群行は俊子内親王の延久三年（一〇七一）九月二十三日、淳子女王の承保二年（一〇七五）九月二十日、媞子内親王の承暦四年（一〇八〇）九月十五日、善子内親王の寛治三年（一〇八九）九月十五日となる。『法性寺関白記』における呼称については、同日記が散逸してしまっているため比較検討が難しい。

（10）当該条の「行成抄」は、藤原行成による年中行事書である『新撰年中行事』の別冊と考えられる『行成大納言年中行事』であるという西本昌弘の見解に従いたい。西本昌弘「東山御文庫所蔵の二冊本『年中行事』について―伝存していた藤原行成の『新撰年中行事』―」（『日本古代の年中行事書と新史料』吉川弘文館、二〇一二年、初出一九九八年）、同編『新撰年中行事』（八木書店、二〇一〇年）参照。

（11）『内弁細記』については、木本好信「『江記』と大江匡房」（『平安朝日記と逸文の研究―日記逸文にあらわれたる平安公卿の世界―』桜楓社、一九八七年、初出一九八三年・一九八五年）参照。

（12）久安三年六月十七日、内大臣頼長は、一上宣下にともなって蔵人所別当に補されたが、この日『外記日記』記載の励行を外記および蔵人に命じている（『台記』）。『本朝世紀』仁平元年十月二十日条には、大外記を召して久安三年から仁平元年十月までの日記を注進するように命じたことが書かれている。

（13）松薗斉「貴族社会と家記―「日記の家」間接史料の検討―」（前掲書『日記の家―中世国家の記録組織―』初出一九八五年）二十七～三十三頁。

（14）「文殿記」は道長の文殿衆が記した日記と考えられている。『殿暦』長治元年（一一〇四）十二月十六日条、『台記』久寿二年（一一五五）五月三日条、⑫『台記（宇槐記抄）』仁平三年五月二十五日条（当該条はこれにつづくものである）にも典拠としてあげられている。また、⑨『台記別記』久安四年七月十一日条からは、頼長がこれをこのときすでに保持していることがわかる。『中外抄』下九は同年八月二十四日、二十五日の中原師元と頼長とのやりとりを記すが、道長の童随身の話の流れで「御堂ニ文殿御記トテイミシキモノアリ。其レニハ件事不レ見也」という頼長の発言が筆録されている。

（15）建暦二年九月十三日条で道家は基房について、「自ニ故殿御時一後、御辺事難レ遠之上、已公事先達、又先師也」と記している。細谷勘資「摂関家の儀式作法と松殿基房」（細谷勘資氏遺稿集刊行会編『中世宮廷儀式書成立史の研究』

勉誠出版、二〇〇七年、初出一九九四年）も参照。

(16)「長和記」の詳細不明。ただし、長和の大嘗会は三条天皇即位にともなうものであり、皇位継承に関する儀礼を扱う『北山抄』巻五は、この大嘗会に際して作られたものであるので、これと関係するか。以上は所功『平安朝儀式書成立史の研究』（国書刊行会、一九八五年）、同「皇位の継承儀礼―『北山抄』を中心に―」（山中裕・鈴木一雄編『平安時代の文学と生活　平安時代の儀礼と歳事』至文堂、一九九四年、初出一九九一年）を参照。

(17) 平治の例は、二条天皇。天皇は即位時十六歳。

(18) 松薗斉「摂関家」（前掲書『日記の家―中世国家の記録組織―』初出一九九三年）二一〇～二一一頁。

(19) 摂関家の所領の相続については、義江彰夫「摂関家領相続の研究序説」（『史学雑誌』第七十六編第四号、一九六七年四月）を参照。

(20)『殿暦』自筆本について、大日本古記録同記解題は「忠通以後近衛家以外の摂家に伝へられ、（論者注：古写本の作成された）文永四年（論者注：一二六七年）以後失はれた」とするが、『師通記』の自筆本と古写本との関係ともあわせ考えるべき課題である。また、松薗斉は、「道長以来の摂関家嫡流の家記の主要部分は、鎌倉期以後は近衛流に属していたようであ」るとし（「天皇家」前掲書『日記の家―中世国家の記録組織―』初出一九九二年、一七二頁注六十五）、細谷勘資は、「それ故、九条家は先祖が著わしたものを中心に、その書物を書写することに力をいれた」とする（「松殿基房の著書と「前関白文書」」前掲書、初出一九九九年、二二五頁）。

第Ⅱ部　東アジア古典世界のなかの『後二条師通記』

第一章　師通の学習記録

一、はじめに

――『本朝世紀』師通薨伝――

藤原師通は道長、頼通、師実につづく摂関家の嫡流でありながら、学問をよくしたことが知られている。[1] それは次にあげた『本朝世紀』承徳三年（康和元、一〇九九）六月二十八日条「師通薨伝」からもうかがい知ることができる。

公受性豁達、好レ賢愛レ士、以レ仁施レ人、以レ徳加レ物。多進二文学之士一、漸退二世利之人一。嘉保・永長間、天下粛然。機務余暇、好レ学不レ倦。就二権中納言大江匡房卿一、受二経史説一。以二儒宗一也。又召二大学頭惟宗孝言朝臣一令二侍且読一。凡厥百家莫レ不二通覧一。又巧二篆隷一、能長二糸竹一。就二大宰帥（源）経信卿一、学二琵琶一。論二其骨法一有二藍青一。又体貌閑麗、容儀魁梧。匡房卿偸語レ人云、望二公威容一。殆不レ類二本朝人一。恨不レ令レ見二殊俗之人一。薨時春秋卅八。天与二其才一不レ与レ寿。嗟乎惜哉。

師通の執政について、文学の士を採用したことで嘉保・永長の間（一〇九四〜九七）は天下が粛然と治まったという。学問については、経史の説を大江匡房に学び[2]、惟宗孝言[3]を侍読としたこと[4]、そして「百家莫レ不二通覧一」とまで書かれている。ここからは師通の学問とそれを反映した執政の様子を読み取ることができるだろう。[5]

『師通記』と学問・漢籍については、古くは春名好重による網羅的な指摘があり[6]、松本昭彦は『台記』『中右記』

を分析の中心としながらも『師通記』の漢詩文表現について対読者意識を指摘している[7]。川﨑（柳原）恵津子は日本語学の視点から、漢学が文体形成に与えた影響を指摘し[8]、中島和歌子は、見立て表現、なかでも雪の表現に焦点をあてて、他のテクストとの関係を分析している[9]。また、小野泰央は漢籍からの表現受容を、時令思想という観点から分析している[10]。

　これらをふまえ、第Ⅱ部では師通の学問・漢籍と『師通記』との関係について考えてみたい。『師通記』に限らず、古記録が、日本的ではあっても漢文で書かれていることは、そもそも書くこと自体の不自由――書くことは、対象とするものをそのまま表現することはできないため、すでにある表現を引用するか、限られた記号から取捨選択して行なわざるを得ない――に加えて、「外語」たる漢文を「外人」[11]たる日本人が書くという、二重の不自由を抱え込むことを意味する。こうした問題は多くの文化圏に共通するリンガ・フランカと現地語、あるいはそれらの混成語であるクレオールなどの言語文化論的問題を包含している。日本の場合は特に東アジア漢文文化圏のなかで考える必要があるだろう。リンガ・フランカとしての漢文の読書・学習といったことは、その叙述の大きな基盤となるはずである。本章ではまず『師通記』にみえる学習記録から考えていきたい。

二、永保三年～応徳二年

――『春秋左氏伝』『礼記』『文選』『論語』――

『師通記』における学習記録[12]の初見は、応徳二年（一〇八五）三月一日条本文Aである。

　天晴。出二河原一如レ常。陪膳為仲《（橘）》朝臣、陰陽時随《（師脱カ）》者也。前駆八人。家帰後大炊殿参。後斎宮《（媞子内親王）》参。六条敦家《（藤原）》朝臣家也。別事不レ侍。家二条家帰。退出了。

（頭書）「裏書、左伝読始了。」

傍線部「左伝」は『春秋左氏伝』のことであり、この日、それを読みはじめたということである。「頭書」に「裏書」としてあるのは、古写本作成の段階でこの部分を写し損じたため、頭書として記したものと考えられる。

さらに応徳二年の記事三例をみてみたい。

〈四月二十五日条本文A〉

天晴。何事不レ侍。左大弁匡房《大江》朝臣牛給。匡房罷出程、牛給随身給也。殿下《師実》東三条殿文書給者。礼記始也。衣以孝言《惟宗》給也。目録不レ給。後給侍也。為房《藤原》申退出。

〈十一月二十五日条本文A〉

天晴。文選了。孝言卅巻了。

〈十一月二十七日条本文A〉

天晴。論語一巻初読也。

四月二十五日条では『礼記』を読みはじめたこと、十一月二十五日条では『文選』全三十巻を読み終えたことが書かれている[13]。『礼記』も『文選』も惟宗孝言に師事したようである。『文選』読了の二日後にあたる十一月二十七日条では、『論語』一巻を「初読」とあるから、先の学習から間をおかずに学習をはじめていることがわかる。

この段階での『師通記』は、いわゆる「和習」が著しいのみならず、内容も不安定であるため、学習記録もすべて記されているとは限らない。そのうえ、書かれた学習記録は、すべてが本文Aに記されており、本文Bには記されていない。つまり、これらは本文B作成時には消されてしまった記事なのである（本文A・Bについては、第Ⅰ部第二章参照）。

三、応徳三年～寛治四年
――『漢書』『後漢書』――

応徳二年十一月二十七日条を最後に、学習記録は十ヵ月ほど途絶える。これも日記叙述の不安定さからくるものであろう。つづく学習記事は、次にあげた応徳三年九月二十日条である。

天晴。除目尻付㆓臨時㆒。申刻十列〔葉室本「競」〕乗尻事問候。所陰陽師道言(賀茂)・随国〔国随〕(安倍)召。賀陽〔院脱カ〕触穢事御卜候。触穢候。満㆑穢也。日吉御詣候也。師名(中原)霍光巻読了。

『漢書』霍光伝を読み終えたとある。霍光は武帝の寵臣であり、その後も、昭帝、宣帝と二代にわたって皇帝を輔弼したことが知られ、日本の「関白」の語の由来となった人物である。師通はこの霍光を意識していたようで、寛治五年（一〇九一）に行なわれた曲水宴からもそれがうかがえる（第四章参照）。また、寛治六年十月一日条にも抜書がある（附章参照。『師通記』における漢籍引用・抜書については附章に示してあるので、以下特に言及しない）。霍光伝は『漢書』の第六十八巻にあたる。その後の『後漢書』学習が体系的になされていたことや、前回の学習記事から十ヵ月も間があいたことを考えると、霍光伝のみを読んだというよりは、以前から学習は行なわれていたのであろう。ここに至って日記に書かれたということは、師通の霍光への関心の強さと、学んだことへの感慨の深さを示すものであろう。

翌寛治元年は『師通記』自体が現存しないため、学習の様子がみられないが、テクストが現存する同二、三年にも学習記事が一切みられない。今までのことから考えると、学習が行なわれなかったというよりは、行なわれても記されなかったということであろう。

次の学習記事は、寛治四年四月二十八日条、二十九日条である。

〈寛治四年四月二十八日条〉

天晴。左大弁《(大江匡房)》到来。漢書受レ説云々。殿下《(師実)》令レ渡二六条殿一給歟。

〈四月二十九日条〉

天晴。金峯詣事々内々大略被レ定。進二案文殿下一、令レ申二案内一。是御覧畢。可レ召レ人量而可二進上一。人々可レ仰也。左大弁到来。受二漢書説一畢。叙伝下巻読畢。有二不審事一、借二江家本一書可二読合一也。

二日つづけて『漢書』学習記事が記されている。師は大江匡房である。二十九日条では、不審点があったので大江家の本を借りて読み合わせるべきとのことである。「叙伝下巻」は、『漢書』の最終巻（第百巻）にあたり、この日に『漢書』が読み終わったのだろう。

この約五ヵ月後の十月十一日条には『後漢書』隗囂伝の抜書がある。次にあげたのは十二月九日条である。

天晴。直衣了参レ殿。今日院御行也。他行不レ可レ候云々。不レ能レ参二於内裏一々《云々》。蔵人所於二障子上一、於民部卿《(源経信)》対面。言語之次、参。役議レ一遣《巻歟》如何。示二美好由一。又云、弁記一巻被レ候。件書被レ示二踈由一歟。猶西宮本書十五巻為レ善云々。先日詔書事如何。被レ直之由承レ之云々。暦記事大切事也。秉燭之後左大弁対面焉。後漢書伝読云々。

ここでは『後漢書』の列伝を匡房に学んでいる。おそらくこの年の四月に『漢書』の学習を終え、つづいて『後漢書』の学習をはじめたのであろう。

四、寛治五年・寛治六年
――『毛詩』『後漢書』――

寛治五年になると、師通は「本記」と「別記」二種類の日次の日記を記している。永保三年（一〇八三）からの三年間の日記を書き直したのもこの時期と考えられ、きわめて意識的に日記を記した年であるといってよいだろう（第Ⅰ部第四章参照）。川﨑（柳原）は、寛治五年から六年頃にみられる語彙の変化を指摘し、「平安古記録に広く行われている語彙・語法への準拠の段階」と位置づけている。(14) 第Ⅰ部第三章でみた金峯山詣と同様に、偉大な曾祖父道長を先例とした、師通の一大文化事業である曲水宴もこの年に行なわれた（第四章参照）。

七月十四日条別記には道長筆『時務策』三巻と(15)『抱朴子』七巻、『詞林』十巻を師実から借りたとあり、八月七日条別記には大地震があり『漢書』恵帝紀を見たことが記されている。十月二十五日条別記には伯父である修理大夫橘俊綱から砂糖を贈られ、その使が「唐菓物也」というので、師通は『本草』下帙を披いて調べ、「十七巻見レ之」と記している。これらの記事からは、何事も書物で確認する師通の姿が確認できる。

次にあげたのは十一月四日条別記である。

晴。春日使陪従下襲、且以可レ用二意一也。掃部頭孝言（惟宗）朝臣来。予受二毛詩第十六巻一。件人召二詩題一、即進上。池水漸成氷寒字。講了。講師永実（藤原）季秀才也。

惟宗孝言より『毛詩』第十六巻を学んだことが記されている。三日後の十一月七日条別記裏書には、「妃字皇帝妻名也。見二後漢書帝記（紀）第十巻一。又可レ撿（検）二東宮切韻一也」（「妃」の字は皇帝の妻の名であり『後漢書』帝紀第十巻に見える、『東宮切韻』を調べるべし）とある。前月十月二十五日に篤子内親王は堀河天皇に入内していたが、この日に天皇はじめて篤子内親王のもとに渡御し、篤子内親王に対して女御の宣旨と加階が行なわれた。この記事は女御の宣旨に関する記事の行間に書かれたもので、「裏書」とあるので、書写の過程で現状のようになったのであろう。

翌年二月十二日には匡房より借りた『陳書』を書写したとあり、翌日には『論語』の引用がある。

以降、日記にあるものに限っていえば、学習の対象は『後漢書』が中心となる。師は大江匡房であるが、その来訪についてはほぼすべてに「来臨」という語が使用され、敬意が示されている。

〈三月二十九日条〉
晴。左大弁来。読二後漢書一之。殿下賀陽殿違レ方尓令レ渡二一条一云々。殿下不二渡御一云々。

〈八月二十七日条〉
晴。左大弁来臨。受二読後漢書四秩〔帙〕一。年預事各辞申也。能遠朝臣〔高階〕、有俊朝臣〔藤原〕。各所レ申之旨奇怪無レ極。不レ可レ被レ仰也。以二他人一可レ補レ之者。

〈十月二十日条〉
晴。左大弁来臨。読二受《後》漢書伝一。遣二重《書》於孝言〔惟宗〕朝臣許一。去夕従二伊勢国一帰。入二直廬一。早旦聴二耳根一耳〔了カ〕。関城之東、連山路陰《険》。策駿馬蹄、旦暮行々。不審之至、莫レ過二於斯一。何況年及二八旬一。動《勁》風当レ身、寒気無レ極哉。毎レ事不レ尽如レ件。

三月二十九日条につづいて八月二十七日条には「受二読後漢書四秩〔帙〕一」とあるが、『後漢書』の「四秩〔帙〕」というのは、後藤昭雄も指摘しているように(16)、『二中歴』第十一によると列伝第三十一から第四十にあたる。

この前後、漢籍に関する記述が多いので以下に列挙する。

・十　月　一日条　『漢書』霍光伝抜書。
・十　月　十日条　『文選』「江賦」抜書。
・十一月　三日条　『文選』「雪賦」抜書。
　　　　　（一昨日）孝言より『金楼子』十巻、『大唐六典』三十巻を召す。
・十一月　九日条　藤原友実から『世説新語』第三を召し、披見の後に返却。『世説新語』と『神農書』抜書。
・十一月　十三日条　『後漢書』郭鎮伝抜書。
・十一月二十二日条　『千載佳句』引用抜書。

・十一月二十四日条　『文選』「雪賦」引用。

・十二月　二日条　直講孝貞に『儀礼』十四巻に点をつけさせる。

特に「江賦」が「注文選第十二」、その約一ヵ月後に書かれた「雪賦」が「注文選十三巻」であるので、小野の指摘するように「少なくとも師通は匡房からの『後漢書』講読と同様に、『文選』の賦部を体系的に学習していたと考えられる」(17)。

つづいて十二月七日条、二十日条である。両日とも匡房に『後漢書』を学んだことが書かれている。

〈十二月七日条〉

晴。左大弁来臨。語次申云、所《昨》定日治部卿《(源俊明)》遅参。申云、被レ定旨如何。右大弁《(藤原通俊)》申云、可レ被二同心一。人々含咲。毎レ事不レ便也。至二于実否一不レ知云々。奇怪無レ極。後漢書伝第卅七読畢。件巻班超伝也。武勇之人也。見レ伝。裏書。佐保殿司申旨、昨日陳状云、左右違例也。馬二疋已以取畢。漏落無レ極。以二此陳状一、令レ遣二問知綱《(藤原)》朝臣許一之処、件馬事更不レ承之由、所レ令二言上一也。毎レ事奇怪也。能々可レ被二沙汰一。自レ今以後為二将来一所レ言者也。来十日可レ候二吉書一之。官奏事、遣二左大弁許一之処、以二後日一可レ被レ行歟。

〈十二月二十日条〉

晴。去夜除目被レ行之由、伝所レ聞也。民部卿消息見レ之、左大弁来臨。読二後漢書伝一云々。経範小《〔少〕》僧都来。申二慶由一。

特に七日条では列伝第三十七（班超伝）を学んだことが書かれており、班超について「武勇之人」と感想も記している。八月二十七日条の記事とあわせて考えると、八月二十七日には第四帙すべてを読み終わったのではなく、第四帙まで内容がすすんだと考えたほうがよいのだろう。

この後、十二月二十九日条には内裏との書物のやりとりが記されている。ここであげられているのは、『系蒙』二帖、『琵琶譜』十巻、『儀礼注』、『時務策』二巻である。『時務策』については前年七月十四日にも師実とのやりとりがあった。翌寛治七年二月十八日条には、民部卿源経信のもとより、『後漢書』第五帙十一巻（藤原明衡点）を送ってもらっている。『二中歴』によれば「第五帙」は列伝第四十一から第五十までにあたり、第五十は上下二巻あるので十一巻ということになる。これまでの学習記録をみると、前年十二月七日条では列伝第三十七まで読み終わっていたので、後藤昭雄が推測しているように、明衡点はこれからの『後漢書』学習のテキストとして送ってもらったものであろう。ちなみに二月二十七日条では、『後漢書』帝紀十二巻が師通より経信のもとに送られている。経信次男基綱に教授するためであるという。

五、寛治七年以降
――『後漢書』『史記』『白氏文集』――

次にあげたものもすべて『後漢書』学習記事である。

〈寛治七年三月七日条〉

晴。黄昏左大弁（大江匡房）来臨。受二後漢書一読了。於二高陽院一伊勢太神宮事令二沙汰一給了。治部卿（源俊明）・左大弁・右大弁（藤原通俊）・民部卿（源経信）不レ参レ之。余不レ参云々。

〈三月二十九日条〉

払暁雨降。終日微雨。伊勢奉幣立之。上卿民部卿也。左大弁来云、祭主親定朝臣（大中臣）被レ免二未レ得之由一所云也。前宮司国房（大中臣）可レ被レ勘〔葉室本「名」〕各〔同「之」〕罪了〔罪名カ〕由、仰二法家一了。被レ啓二其由一奉幣也。殿〔葉室本「固」〕下因御物忌也。擬階奏取二判於次第一。

後漢書伝第卅三受㆓左大弁㆒了。帝紀第四可㆓引見㆒云々。依㆓鬱憤㆒尋㆓申於民部卿許㆒之処、子細見㆓宣命㆒云々。

〈四月五日条〉

晴。左大弁来臨。読㆓受後漢書伝㆒云々。大宮（藤原寛子）被㆑造㆓作三条殿㆒云々。僧文賛・定俊（清原）真人也大外記也。金神七殺方北方当否相論事、不㆑付㆓両説㆒、被㆑付㆓左大弁説㆒造作候之由所㆑聞也者。今年者北方吉也。其故陰陽魁罡報応簾云（葉室本「夫」）、央天罡・河魁是大殺神。能制㆓一切凶神㆒。如㆑式造作、凶方不㆑避。大禁将軍官符飛簾。一切悪神并宅長年命歳月等神是凶方。若天罡・河魁克臨者、当年月方位臨㆑卦即㆑吉。転㆑禍為㆑祥必至。進時物入人口（葉室本「州」）如　（葉室本「懸歟」）般公館等位。此修造亦加官進禄至、五月・十一月必入人口時物如㆑小之使同亦去。見㆓於百忌暦㆒。

この翌日の四月六日条には「握㆓翫後漢書紀第四㆒」とあり、その裏書に『礼記』曲礼篇の一節が注も含めて抜書されている。引きつづきみていきたい。

〈六月九日条〉

雨降。午剋雨止。参㆓高（葉室本「陽」）院㆒。頃之帰宅。申時左大弁来臨。後漢書伝第卅六受読了。大臣入㆑自㆓花徳門㆒歟。次大臣被㆑退之時用㆓花徳門㆒。参入之時入㆑自㆓敷政門㆒歟。

〈九月十七日条〉

天晴、雨降。左大弁来臨。後漢書伝第五十一、々日之内読了。陸奥守基家（藤原）卒去了。顕仲（藤原）逗留罷登之条、如㆓只今㆒者、無㆔為術㆒由、自㆓母許㆒所㆑申也。殿下申㆓下御教書㆒。相㆓副舎人二人㆒可㆑遣者也、必可㆑不㆑択㆓日次㆒之由、左大弁所㆑令㆑申也。来廿三日可㆑遣者也。

〈十一月二十七日条〉

天晴。左大弁来。読㆓後漢書伝第六十五㆒云々。

以上のように三月七日条、三月二十九日条（伝第四十三）、四月五日条、六月九日条（伝第四十六）、九月十七日条

（伝第五十一）、十一月二十七日条（伝第六十五）と『後漢書』学習記事をみることができ、九月十七日条などは「一日之内読了」と書かれており、学習がすすんでいる様子がうかがえる。

そして、次にあげたのは十二月二十八日条である。

陰。雪霏々積レ庭。荷前所レ被レ行也。　後漢書帝紀十二巻、読二受孝言《(惟宗)》一畢。自二一帙一至二于八帙一《九十巻》、受二読左大弁一了。今日八十巻、今朝読受了。送二馬一疋於左府許一。戌剋大雪。中納言中将為二荷前使一。法印《(仁源)》任二法成《(性カ)》寺座主一云々。阿闍梨解文被レ下云々。

これは『後漢書』の学習が完了したという記事である。これによると「後漢書帝紀十二巻」（『後漢書』本紀第一上「光武帝紀」から本紀第十下「皇后紀」までの十二巻）は惟宗孝言に、「自二一帙一至二于八帙一《九十巻》」（列伝第一「劉玄伝」から列伝第八十「鮮卑伝」までの九十巻）は大江匡房にそれぞれ学び、この日に列伝の第八十を読み終えている。寛治四年以来の『後漢書』学習がすべて終わったという、師通にとって記念すべき日であった(18)。

後藤昭雄が指摘しているように、師通の『後漢書』学習は非常に系統立ったものであった。また、このことからこれまであげた『後漢書』学習記事が一部分でしかないことは明らかである。多くの、書かれなかった学習記事が存在していたのである。

寛治七年以降、現存する『師通記』本文は、嘉保三年（永長元、一〇九六）と承徳三年のみであり、しかも承徳三年の六月には師通が亡くなるので、実質一年半分である。

嘉保三年正月三日条には『三国志』魏志「武帝紀」の抜書があり、二月二十一日条には『春秋左氏伝』巻六を読んだ記録が、五月二十九日条には『後漢書』劉寛伝の抜書がある。七月十一日条では『毛詩』の藤原伊周点について言及、そして「書籍披閲、案頭不レ絶、心中悦レ意、事々無レ彊矣」と、書物に対する思いを吐露している。師通の好学をうかがい知ることのできる一文である。

次にあげたのは十一月二十三日条である。

天晴。臨時祭延引。左大弁申云、興福寺庄近江守隆宗《(藤原)》朝臣新立之由所レ申也。御寺天平之比第三目録一巻覧レ之。五十町、国司四町八段也。相違也。伊賀守孝言《(惟宗)》朝臣本記《史記》第七先年一部読受已了。仍所二覆勘一也。裏書。伊賀在庁官人可二返遣一也。至二于今一遅々。仰二庁使一所レ令二追却一也。

先年のこととして、惟宗孝言に『史記』の本紀第七の一部を読受したことが書かれており、この日にその習った部分を読み直していることが書かれている。「先年」がいつのことかわからないが、いずれにせよ、この記事によって師通の『史記』学習も明らかになった。

そして、次にあげた十二月五日条では、

天晴。為二地震一奉幣使被レ立。廿二社也。上卿中宮大夫《(源師忠)》也。江中納言《(大江匡房)》来臨、受二文集説一。一・二・六・七帙許所レ読也。自余所二披閲一也。

と、大江匡房によって『白氏文集』の説を受けたと記されている（これについては、第三章も参照）。また、十二月十四日条には『史記』を源俊房から借りたということが書かれている。

六、おわりに

師通がいつ本格的学習を開始したのかは知る由もないが(19)、「学習」と「日記叙述」の関係を考える際、寛治二年と同三年の日記にまったく学習の記事がないことがヒントとなる。応徳二年が学習記録の初見であるが、寛治二年、同三年には学習をしておらず、同四年に再度学習をはじめたと考えるよりは、師通の学習は少なくとも応徳二年以降つづいており、寛治二年、同三年の期間はそれが書かれなかったと考えるほうが自然であろう。先述したように、応徳二年の学習記録が本文Aにのみなされていることからもそれは裏づけられる[20]。本文B作成の段階で、学習記録は必要のないものとされ、削除されてしまったのだろう。寛治二年、同三年に学習記事がみられないのも本文Bの作成時点での問題意識と同様の理由であろう。日記の叙述は取捨選択された結果であると同時に、試行錯誤の連続であることも事実で、寛治四年以降は学習記事を多くみつけることができる。学習記事をテクスト全体を通してみたことによって、書かれなかった記事の存在が明らかになるのである。

先にみたように『後漢書』学習は寛治七年をもって終了する。寛治八年（嘉保元、一〇九四）、嘉保二年の記事が現存しないのが惜しまれるが、それはこの寛治八年の三月に師通が関白・氏長者となったため、後世の考勘の対象となったからであろう。翌年に関白に就任することになっていたからこそ、寛治七年のうちに『後漢書』学習を急いで終了させたのであって、その後はその学習成果をいよいよ政治に反映させる段階になったのだとも考えられる。

ここで日本の学制について簡単に確認しておきたい[21]。

日本の学制における教科書は、学令に定められた『周易』『尚書』『周礼』『儀礼』『礼記』『毛詩』『春秋左氏伝』『孝経』『論語』の九種の経典であり、のちに明経道とよばれる学科が中心としてあった。その後、紀伝道と明法道が生じてくるわけだが、紀伝道において教科書として採用されたのが、大宝令では副次的に採用された『文選』『爾雅』であり、さらに三史『史記』『漢書』『後漢書』も採用されるに至った。『延喜式』巻二十「大学寮」では『文選』・三史が紀伝道の教科書としてあげられている。この紀伝道が本来の学科であった明経道の地位を奪い、中心として発達することとなった。

記誦の学としての経学が衰退し、作文が学問の中心としてあった師通の時代、和島芳男が指摘するように「何ら体系化さるべくもない断片的知識が世にもてはやされ、それらを集積することが学問の道であるように思われたのは、学問の真の意義がすでに見失われ、特殊の身分の人々の特殊技能と目せられるようになった時代を反映するものであ」る。そのうえ、摂政・関白には学問が必要でないとまでいわれたこの時代[23]に、摂関家の嫡男たる師通が学問に励んだのは異例の事態といえる。

『師通記』からは、学問を実際に生かそうとしていた姿が十分に想像されるし、『今鏡』すべらぎの中第二「紅葉の御狩」にある「下り居の帝の門に、車立つやうやはある」と述べた有名な逸話や、比叡山の大衆が奉じた神輿にはばかることなく矢を射させたという逸話にみえる毅然とした態度は、学問の成果といってよいかもしれない。佐藤道生は、文章経国の思想が摂関政治によって後退したことで、『文選』よりも『白氏文集』が流行したが、院政期に学者文人が院近臣となるにおよんで、匡房のような儒者の能力が政治に必要とされ、『文選』がまた重視、活用されるようになったと指摘している[24]。こういった動きも師通の学問に大きく関係しているだろう。

師通の学習過程をみると、当初『春秋左氏伝』『礼記』『論語』『毛詩』といった経学からはじめ、のちに『史記』『漢書』『後漢書』などの史学を学んでいたことがわかる。一方、先に述べたように、書かれなかった学習記事も想定される。例えば、先にみた『史記』の学習は、学習した段階では記事にされることなく、先年学んだ、と嘉保三年十一月二十三日条に書かれることで、判明した。

師通は経史の学をバランスよく学んでいたが[25]、『後漢書』学習の記事をみてみると、どちらかというと史学を重視していたようである。また、はじめは惟宗孝言に学び、のちに大江匡房に学んでいたこともおおまかに読み取れる。

それにしても、師通はなぜ学習記録をその日記に残したのか。しかもその記述は『後漢書』学習記事から明らかなように、同じ年の日記であっても書いたり書かなかったりとばらつきがあり統一されていなかった。そもそも学習は手段であって目的ではない。学習の結果をどのように活用していくかというところに力点がおかれるのが本来の学問のありかたであるはずである。その年に読んだ書籍名を日記の最後に記していた孫の頼長の日記『台記』の自己顕示欲の塊のような表現のほうが、学問から逸脱しているととらえるべきなのだろう。よって、学習の前半部分の記事が、本文の整理とともに消される運命にあったことは、本来的には必然のことであった。

それでもなお日記に記した理由は何だったのだろうか。特に当初、『後漢書』学習に入る前はその記録が一定しない。応徳三年は、九月二十日条の『漢書』霍光伝の記録だけで、その次の学習記録は約四年後の寛治四年四月二十八日条であった。しかもこのときも『漢書』で、翌二十九日条には『漢書』学習が終わったと考えられる。『漢書』の学習は数年におよんだと考えられるが、書かれたのはこの三日分のみである。応徳三年に霍光伝を学んだという記事が独立してあるのは、のちに霍光伝の抜書や故事をふまえた漢詩が書かれ、師通が霍光に自らを投影させていたことと関わるだろう。

また、他の学習記録においては、その進捗状況の記録以外に、師となった儒者、学者たちとの交流、人事を記していたという側面も無視できない。特に『後漢書』学習における院政期最大の学者大江匡房と摂関家の嫡流である師通の交流は特筆すべきであろう。[26] それは師通が匡房に「来臨」の語を使っていることからも読み取ることができる。学習記録は、敬愛する師である匡房との交流の記録でもあったのである。

注

（1）『中外抄』下二、下三十では、摂政・関白の漢学不要論が語られるが、これは『中外抄』というテクストの特性も含めて検討すべき問題で、必ずしも当時一般の観念とはいえないが、一方で、摂政・関白にとっては漢学が不要であるという考え方があったのも事実ととらえて差し支えないであろう。

（2）大江匡房と師通との関係については、川口久雄『人物叢書　大江匡房』（吉川弘文館、一九六八年）、木本好信「藤原師通と大江匡房—関白と学儒との交わり—」、同「江記」（以上、『平安朝官人と記録の研究—日記逸文にあらわれたる平安公卿の世界―』おうふう、二〇〇〇年、前者初出一九八五年、後者初出一九九五年）を参照。

（3）惟宗孝言（一〇一五～？）は、文章生から大学頭、掃部頭、伊勢守、伊賀守などを歴任し、師実・師通父子の家司、侍読でもあった。大江匡房の『暮年記』には大江佐国とともに「後進之領袖」と評されている人物である。

（4）『二中歴』第二には師通の侍読として、惟宗孝言、大江匡房、藤原有俊があげられている。

（5）もちろん、『本朝世紀』というテクストの性格を考慮して以上の記事は読まれるべきである。『本朝世紀』は未定稿に終わってはいるが、鳥羽上皇の命により藤原通憲によって編纂され、その編纂開始は久安六年（一一五〇）のことである。この年は師通の孫で、これもまたきわめて異例なかたちで学問に励んだ頼長が本格的に執政をはじめる年でもあり、そういった状況を考えると、匡房→（藤原実兼）→通憲という江談による学問の系譜と、師通→（忠実）→頼長という摂関家の系譜が、その関係性においてまさに一致してくるのであって、通憲はもちろん、頼長の考え方が反映された文章であることは否定できない。逆に考えれば、そういった通憲や頼長の時代からみても、学問に重きをおいた師通の事績はみるべきものがあったともいえるのである。

（6）『墨美』第一〇七号「藤原師通」（一九六一年五月）。

（7）松本昭彦「貴族日記の中の自画像―台記・中右記を中心に―」（『国語国文』第六十二巻第十号、一九九三年十月）。

（8）川﨑（柳原）恵津子「『後二条師通記』に見られる文体の形成過程」（『国語と国文学』第七十九巻第九号、二〇〇二年九月）。

（9）第七十八回和漢比較文学会東部例会（二〇〇三年一月、於中央大学）で、「『後二条師通記』の雪月花」と題して発表しているが、論者は発表資料を手に入れたのみである。以下、中島の指摘はこの発表資料による。なお、『和漢比較文学』第三十一号（二〇〇三年八月）に要旨が載るが、そこでは（師通にとって）「日記は自らの実感を表現できる場、換言すると、自由に詩的表現を用いてみることができる習作の場であったこと、また「風月」と「経国」に生きた「詩人」としての彼の自画像が窺えた」としている。

（10）小野泰央「『後二条師通記』の漢詩文表現―古記録の記述と時令思想―」（『中央大学国文』第五十二号、二〇〇九

年三月）。またその後、「『後二条師通記』に見られる漢籍依拠―院政期官人の生活と中国思想―」（『東洋文化』復刊第一〇七号、二〇一一年十月）を発表している。以上、二論文は、のち『中世漢文学の形象』（勉誠出版、二〇一一年）所収。なお、漢籍引用をテーマに他の古記録を論じたものに、松本昭彦前掲論文のほか、藤原克己「公卿日記と漢文学―『権記』を中心に―」（『菅原道真と平安朝漢文学』東京大学出版会、二〇〇一年、初出一九九三年）、藤川功和「『明月記』の漢籍引用記事―『史記』引用を中心に―」（『古代中世国文学』第十五号、広島平安文学研究会、二〇〇〇年七月）などの論文があり、曾祖父道長の『御堂関白記』や、時代が下るが『明月記』などは多くの研究が積み重ねられつつある。

(11)「外語」「外人」は、一般には「外国語」「外国人」とするのであろうが、国の枠組みに縛られず言語、民族をとらえようとして使用した。

(12)一口に「学習記録」といってもその範囲を限定するのは難しい。本章においては、基本は師について学んだ旨が書かれているものを学習記録としたが、その場合は基本的に「読」「受読」「読受」などの語が使われており、例えば「見」とある場合は、「披見」の意ととり、学習記録としなかった。

(13)『師通記』も含めた平安朝の古記録にみえる『文選』については、拙稿「漢文日記に見える『文選』―東アジア漢文文化圏における書物交流の一痕跡―」（『史聚』第五十号記念号、史聚会、二〇一七年四月）参照。

(14)川﨑（柳原）恵津子前掲論文。

(15)『時務策』については、東野治之「大宰府出土木簡に見える「魏徴時務策」考」（『正倉院文書と木簡の研究』塙書房、一九七七年）、葛継勇「古代日本における魏徴『時務策』の受容と変容―「魏徴時務策」木簡を手がかりにして」（『日本漢文学研究』第十二号、二松学舎大学東アジア学術総合研究所日本漢文教育研究推進室、二〇一七年三月）参照。

(16)後藤昭雄「《書評》平安朝人は『後漢書』をいかに読んだか―吉川忠夫訓注『後漢書』第一冊を読んで―」（『文学』第三巻第一号〈二〇〇二年一・二月号〉、岩波書店）。

(17)小野泰央前掲論文「『後二条師通記』の漢詩文表現―古記録の記述と時令思想―」。

(18) 後藤昭雄前掲論文も指摘しているように、師通の学習においては、「志」三十巻は除外されている。これは、東晋の司馬彪撰『続漢書』の「志」を南朝梁の劉昭が補ったものであり、范曄の『後漢書』ではないからである。

(19) 師通の書始については、『江家次第』巻二十「摂政関白家子書始」に「二条関白殿大夫、延久四四廿七、十一歳、華山院、五帝本紀、博士予、左府自取レ禄給レ之」とある。

(20) 応徳二年の学習記録は四例で、すべて本文Aにある。ただし、本文Bは応徳二年八月三日条で最後であるので、厳密には二例であるが、その後の記事にしても本文Aに学習記事があることは注目しておいてよいと思われる。

(21) 学制については、桃裕行『桃裕行著作集　第一巻　上代学制の研究〔修訂版〕』（思文閣出版、一九九四年）、『桃裕行著作集　第二巻　上代学制論攷』（思文閣出版、一九九三年）を参照。

(22) 和島芳男『日本宋学史の研究　増補版』（吉川弘文館、一九八八年）二十五頁。

(23) 『中外抄』下二、下三十など。

(24) 「大江匡房の『文選』受容」（『平安後期日本漢文学の研究』笠間書院、二〇〇三年、初出一九九五年）。

(25) 類聚本系『江談抄』巻二・二十「助教広人、兼二学諸道一、習二諸舞一、長二工巧一事」には、「紀伝・明経者共以可二広学一也」という匡房の語りがある。

(26) 川口久雄前掲書、ならびに木本好信前掲論文参照。

第二章　日記叙述と漢籍
――謝恵連「雪賦」をめぐる諸相――

一、はじめに

『師通記』が書かれた時代は、白河院による院政がはじまった時期であり、摂関家は昔日の面影はなく、師通の早世によってさらにその衰退が加速した、まさに転換期であった。

摂関家嫡流の日記、という点からいうと、曾祖父にあたる道長の『御堂関白記』は、自筆本も含めて多くが残っているが、祖父の頼通はほとんど日記を記さなかったようである（第Ⅲ部第三章参照）。父師実の日記も断片的にしか伝わらない。つまり、摂関家嫡流の日記で、道長の『御堂関白記』以降、まとまって残っているのは『師通記』のみである。この二つは摂関家嫡流の日記として共通するものがある一方、根源的ともいえる相違がある。(2)

第Ⅰ部第二章で、『師通記』の書きはじめの永保三年（一〇八三）から応徳二年（一〇八五）に至る三年間の二つの本文のうち、本文Aは具注暦に日次に書き継いだテクストであり、本文Bは本文Aの漢文を「正格」表記に直し、情報を整理したものであると結論づけた。本文Aの和語の語順のままの表記に関しては、川﨑（柳原）恵津子が指摘しているように、(3)日記の書きはじめにあたって「和習の著しい段階」であったために、のちにそれを修正したのが本文Bであり、日記の本文も師通の学問の進展にともなって次第に措辞・語法が整ってくるという認識であった。

しかし、その認識ははたして妥当であろうか。「和習（和臭）漢文」「変体漢文」「純漢文」「正格漢文」といった、一方が「正」で、一方が「誤」（あるいは一方が「純」で、もう一方が「不純」）といった概念にとらわれすぎてはいないだろうか。そもそも、例えば「大炊殿参」（応徳二年三月一日条本文A）のような、きわめて初歩的な「述語＋目的語」間の転倒（破格）を師通が理解していなかったとは考えにくい。別の論理を考えるべきではないか。

確かに本文Aを書き直したのが本文Bなのだが、それを、「和習」「変体」である文体の措辞・語法を「正格」漢文に直した、というレベルの問題で片づけてしまってよいのだろうか。本章ではその点について考察していきたい。

二、摂関家の日記

そこでヒントとなりそうなのが、「摂関家の日記」という視点である。同じ古記録といっても、記主のおかれた立場や環境によって傾向が出てくることはいうまでもない。『師通記』を考えるには「摂関家の日記」という視点が必要なのではないか(4)。

次にあげたのは、『御堂関白記』長保二年（一〇〇〇）四月八日条である。

宮（藤原彰子）女官絹給、供奉被物給。

訓読は「宮の女官に絹を給ひ、供奉に被物を給ふ」となる。つづく長保六年（寛弘元、一〇〇四）正月二十六日条も、

為理（菅原）牛四頭献。右大弁（藤原行成）・勘解由長官（藤原有国）・大夫史奉親（小槻）・律師慶命各一頭志。随身胡籙等奉。

「為理牛四頭を献る。右大弁・勘解由長官・大夫史奉親・律師慶命に各一頭を志す。随身の胡籙等を奉る」と訓むことができる(5)。両者ともに、上から和語の語順に従ってそのまま読むことができる。小山登久は、これらの文体は『御堂関白記』『師通記』、そして師通の息子の忠実の『殿暦』、つまり摂関家嫡流の日記群に共通してあると指摘し

ている。(6) 参考までに『殿暦』の例も次にあげておく（傍線部が該当箇所）。

〈康和二年（一一〇〇）正月五日条〉

宿所ニ還テ参ニ殿下一。申ニ事趣一。其中検非違使四人冠給条、頗多叙之由所レ被レ仰也。

〈永久四年（一一一六）正月二十三日条〉

内府和琴一張予尓被レ志康平例也。

それぞれ「宿所に還りて殿下に参る。事の趣を申す。其の中の検非違使四人に冠を給ふの条、頗る多く叙するの由仰せらるる所なり」、「内府、和琴一張を予に志さる」と訓むことができる。また、小山は「破格の類型の使用が記主の文章（漢文）作成能力の低さに起因するとは考えられないことなどを総合して考えると、平安時代の公家日記の文章においては、破格の類型は表記上の一つの形式として定着していたと推察される」とも述べている。(7) ならば、先にあげた『師通記』本文Aのような和語の語順で書かれたものは、「摂関家の文体」(8) として評価できるのではないだろうか。

『中外抄』をみてみたい。『中外抄』は師通の息子忠実の言談を、大外記中原師元が筆録したもので、時期は忠実六十歳から七十七歳までにあたる。ここでは老いた忠実によってさまざまなことが語られている。まずは上二十九である。

六年七月四日。候ニ御前一。仰云、吾ハ若かりし時ニ文事依ニ大切一テ参ニ法輪寺一申云、寿を小召テ、文の事を可ニ援給一之由、申請之。此事ヲ後日外舅大納言宗俊并民部卿名不レ被レ仰。（源）経信歟語ニ示之処、答云、凡不レ可レ候事也。御堂（道長）も宇治殿（頼通）も大殿（師実）も才学ハ勝人てやハ御坐せし。されとも無レ止人にてこそをハしませ。是（早カ）可下令ニ申直一給上也。仍参入して申直了。又以ニ阿闍梨名忘了一申直了。仍学問志ハ雖レ切依レ思ニ此事一テ強ニも不ニ沙汰一き。於レ寿者父并祖父ニハ勝申了。

若いときに学問を大切に思った忠実が、寿命を縮めてでも学問を、と願い、外舅である藤原宗俊や源経信に語ったところ、大反対されて、傍線部のように言われたのだ、とある。傍線部には、道長も頼通も祖父師実も、学問においては人より勝っていたわけではないが、やんごとなき人であった、という。ここで師通について言及されないのは、師通が学問に励んだからであるが、これについては後述するとして、ここでは、摂関にとっては学問以上に重要なことがあると認識されていることを確認しておきたい。

つづいては下二である。

故□〔二条カ〕殿、我カ前ニ居テ、これ□〔カカ〕一文不通□〔ナルカ〕、無レ術ワサカナト被レ仰しかは、関白・摂政ハ詩作テ無益也。公事大切也。学文せさせ給へき様ハ、紙三十枚ヲ続テ、通国(大江)様の物ヲ御傍ニ居テ、只今馳参ナト可二令レ書給一。又今日天晴。依レ召参内ナト可二令レ書給一。君不二知食一文字候は、可二令レ問レ彼給一。件文二巻、タ、令レ書給ナハ、うるせき学生也。四、五巻ニ及なハ、不レ能二左右一事也。仍かやうニせし程ニ、日記無レ程見てき。

この直前に院政期の大学者大江匡房について語られている。そして「故□殿」は、新日本古典文学大系（岩波書店）の注にもあるように「故二条殿」（師通）のことであると考えられるが、忠実が勉強しないことを匡房に嘆くと、匡房は、摂関には詩作は無益であり、公事が大切なのだ、と説いている。そして大江通国のような学者をそばにおいて「只今馳参」「今日天晴」「依レ召参内」などと書かせ、わからない文字があれば、通国に聞けばよく、これを二巻もつづければもう立派な学者であるし、四、五巻にもなればもう文句のつけようがないのだ、と匡房が言ったという。

次にあげた下三十も内容が重なる。

我参詣之時ニ故殿(師実)仰云、此男学問ヲせぬこそ遺恨なれと被レ仰しかハ、匡房卿申云、摂政・関白必しも漢才不レ候ねとも、やまとたましひたにかしこくおはしまさは、天下ハまつりこたせ給なん。紙を四、五巻続テ只今可下令二馳参一給上、今日天晴なと令レ書可レ給。十、廿巻たにかゝせ給、なそ学生にハならせ給なんと申き。

ここでも繰り返されるのは、摂関に必要なのは「漢才」よりも「やまとだましひ」なのだ、ということである。『中外抄』は、老いた忠実が語ったことを中原師元が筆記したという点で、そのテクストの論理とレトリックに留意して読み取る必要があるが[9]、どうやら摂関にとっては学問、漢才よりも公事が大切であるという認識があったと考えてよいだろう。忠実の父である師通が学問をしたことが暗に示されていることも注意しておきたい。

また、上八十三には、日記は多くなくてよい、簡潔に書きなさい、といった日記観もみられ、摂関家においては漢学に基づいた文体よりも、簡潔な内容と公事への利便性のほうが重視されていたということができるだろう。こうした認識は、先の『師通記』や『御堂関白記』『殿暦』の文体と重なるものがある。

つまり、ここには中国の漢文を「正格」とし、日本の古記録の文体を「変体」あるいは「和習（和臭）」とするような、ある意味ネガティブな概念だけではとらえられない問題があるのではないだろうか。（ピジンやクレオールのように）日本的に変容、あるいは進化した新しい漢文体の一つとしての摂関家の文体、というとらえ方が必要なのではないか。それにはまず、古記録の文体を「変体漢文」「和習（和臭）漢文」と表現するのではなく、積極的に「日本漢文」として議論していくことが必要なのではないだろうか[10]。

三、本文Bの詩的表現

さて、前節で述べたように永保三年から三ヵ年の二つの本文のうち、「本文Bは本文Aを「正しい」漢文に直して情報を整理した本文である」とする見解では解決できない本文がある。永保三年二月十日条をみてみたい。

〈本文A〉

天晴。未時許六条院参。後申剋雨降。即晴了。日入程退出了。

〈本文B〉

天晴。未剋参二六条院一。申時微雨。漢天雲収、日脚曜輝。日山漸入《落》隠。予帰宅。

傍線部には、天気についての記述がされているが、比較してみると、本文Bが本文Aの情報を整理したものだとは到底考えられない。むしろ本文Aのほうが情報として簡潔であるのに対して、書きかえられた本文Bは、詩的な表現となっている。

つづいて応徳二年正月十三日条をみてみたい。

〈本文A〉

法勝寺参。天晴雪下。別事不レ候者也。

〈本文B〉

晴。参二法勝寺一。雪飛繽紛。

本文Aでは簡潔な天候表現で「雪下」(11)とあるところを、本文Bでは「雪飛繽紛」と「繽紛」という語を用いて表現している（この語については後述）。

こうしたテクストは、「正格」漢文に直す、情報の整理をする、といったことのみでは説明できないものである。また、単に文学表現であるとか詩的表現という段階で思考を停止させるのではなく、古記録を叙述することにおいて、こうした表現がされていることの意味を問いたい。これは前章でみたような師通の学問とその基底にある思想が関係しているのではないか。

四、謝恵連「雪賦」（『文選』）引用

『師通記』には学習記録のほか、多くの漢籍引用、漢籍由来の表現をみることができるが、なかでも『文選』巻十三所収の謝恵連の「雪賦」を典拠としたと考えられる表現が目立つ。(12) 次にあげたのは「雪賦」本文である（傍線部のアルファベットは以降にあげる『師通記』の「雪賦」引用箇所と対応する）。

歳将レ暮、時既昏。A寒風積、愁雲繁。梁王不レ悦、游二於兎園一。迺置二旨酒一、命二賓友一。召二鄒生一、延二枚叟一。相如末至、居二客之右一。B俄而微霰零、密雪下。王迺歌二北風於衛詩一、詠二南山於周雅一。授二簡於司馬大夫一、曰、抽二子秘思一、騁二子妍辞一。侔レ色揣レ称、為二寡人一賦レ之。相如於レ是避レ席而起、逡巡而揖。曰、臣聞、雪宮建二於東国一、雪山峙二於西域一。岐昌発二詠於来思一、姫満申二歌於黄竹一。C曹風以二麻衣一比レ色、楚謡以二幽蘭一儷レ曲。D盈レ尺則呈二瑞於豊年一、袤レ丈則表二沴於陰徳一。雪之時義遠矣哉。請言二其始一。若二迺玄律窮、厳気升一。焦渓涸、湯谷凝。火井滅、温泉氷。沸潭無レ湧、炎風不レ興。北戸墐レ扉、裸壌垂レ繒。於レ是河海生レ雲、朔漠飛レ沙。連レ氛累レ靄、揜レ日韜レ霞。霰淅瀝而先集、雪紛糅而遂多。其為レ状也、散漫交錯、氛氳蕭索。藹藹浮浮、瀌瀌奕奕。E聯翩飛灑、徘徊委積。始縁レ甍而冒レ棟、終開レ簾而入レ隙。初便二娟於墀廡一、末縈二盈於帷席一。既因レ方而為レ珪、亦遇レ円而成レ璧。眄レ隰則万頃同レ縞、F瞻レ山則千巌俱白。於レ是台如二重璧一、逵似二連璐一。庭列二瑶階一、林挺二瓊樹一。皓鶴奪レ鮮、白鷳失レ素。紈袖慙レ冶、玉顔掩レ姱。若二迺積素未レ虧、白日朝鮮一、爛兮若三燭龍銜レ燿照二崑山一。爾其流レ滴垂レ氷、縁レ霤承レ隅、粲兮若三馮夷剖レ蚌列二明珠一。G至二夫繽紛繁鶩之貌、皓旰皦絜之儀、廻散縈積之勢、飛聚凝曜之奇一、固展転而無レ窮、嗟難二得而備知一。若下迺申二娯翫之無一レ已、夜幽静而多上レ懐、風触レ楹而転レ響、月承レ幌而通レ暉。酌二湘呉之醇酎一、御二狐狢之兼衣一。対二庭鵾之双舞一、瞻二雲鴈之孤飛一。践二霜雪之交積一、憐二枝葉之相違一。

H馳二遥思於千里一、願二接レ手而同帰一。（後略）

つづいて寛治五年（一〇九一）十二月二日条本記をみてみたい。

九霄雲満、雪飛積レ庭。深及二尺寸一、々〔朱〕「万」人眼驚。寒気無レ極、池水冶〔結カ〕レ氷。衆木如レ花。眺望神妙歟。B密雪正下。

本文冒頭から「九霄に雲満ち、雪飛び庭に積もる。深さ尺寸に及び、万人の眼驚く。寒気極まり無く、池水氷を結び、衆木花の如し。眺望神妙なるか」と詩的表現がなされ、傍線部B「密雪正下（密雪正に下る）」とある。ここは「雪賦」の「俄而微霰零、密雪下」による一文であろう。雪が降る風景を荘厳に表現しているが、この日は、前月三十日より行なわれていた法成寺法華八講のクライマックスにあたる五巻の日であった。なお、結願の日である四日条別記も、「九霄雲満」の表現がみられる。(13)

次は寛治五年十二月十四日条別記である。こちらはすでに大日本古記録で、「此ノ文、文選所収謝恵連雪賦ニ倣ヘル跡アリ、而シテ満ノ字、文選ニハ積ニ作ル」と指摘されているように、先ほどよりも明らかに「雪賦」の表現を多用している。

朝間雲満。雪飛似レ花。庭中無レ積、暫之天晴。為二高階能遠朝臣使一也。御消息云、正月二日行二幸六条院一。而移馬事被レ仰也。予跪以謹承畢。相二待殿下御馬一、以可二左右一歟。厩馬瘦無レ極耳。（中略）
A寒風夜積、碧落雲繁。人遊二蓮府一、B俄密雪下。園中焼酒、心中漸〔脱アルカ〕。C奴婢以二麻衣一、堪二於寒気一。遥望二三千界一、E聯翩飛灑、俳佪〔徘徊〕委満。

冒頭には「朝の間雲満つ。雪飛ぶこと花に似る。庭中積もること無く、暫くして天晴る」とあり、それから翌年正月の朝覲行幸の準備についての記事がつづき、最後に傍線部A「寒風」以下の記事がある。傍線部はすべて「雪賦」によった表現である。順にみていきたい。

傍線部A「寒風夜積、碧落雲繁（寒風夜積もり、碧落の雲繁し）」は、「雪賦」の「寒風積、愁雲繁」によっている。

『師通記』では「夜」がつけ加えられ、「愁雲」が「碧落雲」となっている。この改変は、許渾の「青山有レ雪諳二松性一、碧落無レ雲称二鶴心一」（『千載佳句』「眺望」八八二・『和漢朗詠集』「松」四二二）という一句を読むことで理解される。この許渾の句では、青（あるいは緑）と白の対比を詠んでいるのが、師通の場合は、今は「夜」だから「青」ではなく「黒」い「碧落」に「白」い「雲」がどんよりと浮かんでいるという、白と黒の対比を描いたわけである。ここは「冷たい風が夜に吹き募り、天空には雲がどんよりと浮かんでいる」となるだろう。

つづく「人遊二蓮府一、俄密雪下（人蓮府に遊び、俄かに密雪下る）」だが、「蓮府」は、晋の大臣であった王倹が蓮を愛して自邸に植えたという故事（『南史』庾杲之伝）によるもので、大臣の邸宅をいう。寛治五年は左大臣が源俊房、右大臣が源顕房、内大臣が師通であったが、この場合は師通の邸宅であろう。[14] 傍線部B「俄密雪下」は、「雪賦」の「俄而微霰零、密雪下」によるものであることは、先にみた十二月二日条本記からも明らかである。「人々が大臣の邸に赴き遊宴をしていると、俄に雪がしっとりと降ってくる」となるだろう。

つづいて、「園中焼酒、心中漸」であるが、「焼酒」は蒸留酒の一種で、白居易の詩にも出てくる。[15] 後半の「心中漸」の部分は大日本古記録の校訂注にもあるように、脱字が想定される。前後の関係から類推すると、暖かいという意味の「暖」や「温」などが入るのではないだろうか。つまり、「邸内で燗酒を飲み、心中は漸く（暖まってくる）」というようになるだろう。

次は傍線部C「奴婢以二麻衣一、堪二於寒気一（奴婢麻衣を以て寒気を堪へ）」だが、「雪賦」の「曹風以二麻衣一比レ色」をふまえている。「雪賦」は、蜻蛉の地中から出てきたときの白さと、麻布の雪のような白さが対比されている、[16]『毛詩』曹風「蜉蝣」の「蜉蝣掘閲、麻衣如レ雪」をふまえている。『師通記』では「奴婢は粗末な麻の衣を着てこの寒さを耐えている」となると同時に、その麻衣の白さが雪の白さと重なってくるのである。

最後に、「遥望二三千界一、聯翩飛灑、俳徊〔徘徊〕委満（遥かに三千界を臨めば、聯翩として飛び灑ぎ、徘徊して委もり満つ）」

である。「三千界」というのは仏教語で「あらゆる世界」という意味になるが、ここでは「広大な天地」と解釈しておく。その次が傍線部Eである。ここは「雪賦」の「聯翩飛灑、徘徊委積」と対応するが、『師通記』では最後の「積」が「満」にかえられただけである。解釈としては「広大な天地を望むと、雪は絶え間なく飛び回り、留まっては降り積もる」となるだろう。

実際には、この日は雪は降ったが積もらなかったとあるので、実景を詠んだわけではなさそうである。この前後は雪の記事を多くみることができる。「雪賦」によりながらも、自らが「雪」をテーマとして世界を表現したのであろう。

次は翌年の寛治六年十一月三日条である。

晴。萍《本》物忌也。若狭守行綱《藤原》朝臣令レ申二罷下之由一。聞二耳根一畢、一昨日従二孝言《惟宗》許一、金楼子十巻・大唐六興《典》（三十巻）等所レ得。

D注文選十三巻、雪賦云、豊年必積雪、見レ注云々。又見二毛詩一云々。

裏書。去月廿一日殿下《師実》旧暦四巻也。依レ事為二四巻一云々。寛治《仁》之比、守道《賀茂》作二四巻一者。

不例之後、食二香水一云々。

傍線部以前には、師通の学問の師でもある惟宗孝言より、梁・元帝の著した思想書『金楼子』、唐・玄宗編で李林甫などが勅を受けて注した法制書である『大唐六典』を召したことが書かれていて、裏書では「旧暦」について書かれている。この「旧暦」は師実の日記を指すのだろう。ちなみに、『御堂関白記』の寛仁年間（一〇一七～二一）の具注暦の暦の最後の部分（暦跋）には、作成者として賀茂守道の名がみえる。こうした記事の中に傍線部Dがあることは注意しておくべきであろう。

ここには「注文選十三巻、雪賦に云ふ、豊年には必ず積雪あること、注に見ゆ云々。又毛詩に見ゆ云々」とある

が、これは「雪賦」の傍線部D「盈レ尺則呈二瑞於豊年一、袤レ丈則表二沴於陰徳一」による。ここの李善注には、

左氏伝曰、凡平地尺為二大雪一。毛萇詩伝曰、豊年之冬、必有二積雪一。金匱曰、武王伐レ紂。都洛邑。未レ成。雨雪十余日。深丈余。漢書曰、気相傷謂之沴。沴。臨莅不和意也。春秋潜潭巴曰、大雪甚厚。後必有二女主一。天雪連月、陰作レ威。宋均曰、雪為レ陰。臣道也。

とあり、傍線部のように『毛詩』が引かれている。そこで、『毛詩』本文にあたると、小雅「信南山」の「上天同レ雲、雨レ雪雰雰」に「豊年之冬、必有二積雪一」と毛萇が注を付している。つまり、この『師通記』の記事は、『文選』「雪賦」から、李善注へ、そして『毛詩』へと典拠をたどっているのである。「雪賦」から知の広がり、表現および思想の重層性をみることができる(17)。

以上の記事からは、「雪賦」引用が、単なる風流韻事ではなく、雪の降り方で豊作を占う、民の生活やまつりごととかかわる実際的な問題と認識されていたということがわかる。『金楼子』『大唐六典』や「旧暦」などとともに書かれているのも、無関係な書物の羅列であったわけではなさそうである。この当時、詩作の多くが、詞を飾ることを目的とした文飾としての機能に堕ちていたのだが、師通のこうしたありかたは、それとは少々異なるもののようである。

次にあげた寛治七年正月八日条も、大雪の降った年は豊作であるという思想をふまえたものである。

払暁雪下。積二庭上一三寸許也。依二風気一而御斎会不レ能二参仕一。巳剋D大雪委積。豊年瑞也。

次は寛治六年十一月二十三日条をみてみたい。

早旦開レ戸大雪。委積六七許（寸歟）也。F瞻二山峰一則千巌倶白。台如二重壁一、達（逵路也。）如二連路（珞）一。眺望無レ疆。心経万巻分別被二供養一。五千巻自二右府（源顕房）許一、五千巻於二予許一設レ之云々。

この日は『般若心経』の一万巻供養が行なわれたのだが、朝、戸を開けると大雪であった。その状況を「雪賦」

の傍線部Ｆ「瞻レ山則千巌倶白。於レ是台如二重璧一、逵似二連璐一」をほぼそのまま借りて表現している。先にみた記事と同様、信仰に対する感情が雪景色をこのように表現させたのであろう（信仰の場において表出される詩的表現は、第Ⅰ部第三章でも言及した）。

つづいては寛治七年正月十三日条である。

晴。午剋B飛雪蜜〔葉室本「密」〕下。不レ積二庭中一。有レ夜召二外記一。雅（三善）仲参。七日会馬助清宗所二遅参一也。仰下可レ令二怠状一之由上。外記承了。殿〔脱アルカ〕下法勝寺給之由、伝所レ承也。裏。雪頻降事、随レ時変改。見二文選第一一。但二月以後有二禁忌一歟。左大弁返事云、有二感難《歎歟》事一云々。南殿御障子賢聖図目録卅二人。

傍線部Ｂ「飛雪蜜下」も、先にもみた「雪賦」の「俄而微霰零、密雪下」によるものであろう。そして裏書には「雪頻に降る事、時に随ひて変改す」とあり、それは「文選第一」にみえるとある。

『文選』の序には、ものごとの起源に絡めて文字、そして文学の起源が書かれている。素朴な車が玉で飾り立てた美しい車へと進化し、水が冷たい氷に変化するように、文章も「随レ時変改」（時に随って変化してゆくもの）であるという。師通は、日々の天気を記していくなかで、雪が降ったり積もったり溶けたりするように、人事物事も常に変化してゆくのだ、ということをみているのではないだろうか。

また、「但し二月以後禁忌有るか」とあるが、これは、先ほど降雪と豊年の関係を述べた傍線部Ｄ「盈レ尺則呈二瑞於豊年一、袤レ丈則表二沴於陰徳一」の李善注に「天雪連月、陰作レ威」とあることをふまえているようである。同じ李善注には「雪為レ陰。臣道也」ともある。雪が降れば陰の場所は必ずできるわけで、陽の部分が君主の道ならば、陰の部分は臣下の道であるというのである。積雪が一尺におよべば豊年の兆しであるが、丈にまでおよぶのは陰の気が強くなりすぎてしまってよくない。このバランス関係を君臣の関係に例えている。つまり、両者の気のバランスが天気にあらわれているとみたのである。

なお、「雪飛積レ庭一寸、指〔ママ〕三寸許」（寛治五年十月二十七日条別記）、「雪飛積レ庭。深及二尺寸一」（寛治五年十二月二日条本記）のように、雪の積もり具合の具体的数字を記しているのも、「雪賦」傍線部Dを意識したものだろう。

これをふまえると、次にあげた寛治七年二月十三日条も理解できる。

陰、尽日雪降。変改逢〔葉室本「違」〕レ気不決〔快〕云々。大略見二文選一。庭上不レ積。

本文の「逢気」は、葉室本に「違気」、「決」は、大日本古記録の校訂注に「快」とあるのに従うのが妥当であろう。「終日、雪が降り、変改の気と違うので不快である。おおよそは『文選』に見える。庭には積もらなかった」というわけである。自然の摂理は「随レ時変改」であるのに、先月同様今月も雪が降り、「不変」であるから「不快」だと書いているのである。先月条に「二月以後禁忌有るか」とあったのはこの記事とも対応している。雪が二月もつづくのは「禁忌」なのである。

以上のように、雪が積もるか積もらないかということは、単なる自然現象ではなくて、作物の出来や君臣の関係にまで関係してくるような問題としてとらえられている。

これをふまえて、師通も使用している「委積」という語について考えてみたい(18)。まず「委積」の語は、「雪賦」の傍線部Eにみることができる。九条家本『文選』では「ツモリツモレリ」と訓んでいる。また、次にあげたように『周礼』地官「遺人」にみられる語でもある。

掌二邦之委積一、以待二施恵一。郷里之委積、以恤二民之艱阨一。門関之委積、以養二老孤一。郊里之委積、以待二賓客一。野鄙之委積、以待二羈旅一。県都之委積、以待二凶荒一。

ここでは、国の委積は施し恵みのため、郷里の委積は民の悩みや苦労を救うため、門や関所の委積は子供のいない老人のため、郊外の村落の委積は賓客のため、野鄙の委積は旅人のため、県都の委積は凶荒に備えるため、であることが書かれている。ここでいわれている「委積」は集めて蓄えること、貯蓄、緊急時の備えなどの意味となる。
また、『後漢書』馮衍伝には次のようにある。

夫伐氷之家、不レ利二鶏豚之息一。委積之臣、不レ操二市井之利一。

「伐氷之家」（葬儀の際に貴重な氷を賜わることのできる卿大夫以上の家）においては、家畜の息にまで利益を求めず、「委積之臣」（蓄えのある臣）は庶民の利益にまで触手を伸ばさないというのである。

『師通記』における「委積」の用例は、次にあげた五例である。

〈寛治六年十一月二十三日条〉（前掲）

〈寛治六年十二月二十一日条〉

陰。白雪紛飛。委二積砂庭一。

〈寛治六年十二月二十四日条〉

去夜玉粉委積。已及二六五《レ》寸一。朝開二南戸一、雪埋二道路一。興味無レ彊。池氷如レ鏡。○《纔》有二水鳥繞く一。

〈寛治七年正月八日条〉（前掲）

〈寛治七年十二月二十九日条〉

今朝開レ戸。白雪天降。委二積庭上一。雪深五寸。

すべての用例が寛治六年以降であり、うち二例は「雪賦」を意識して書かれた記事にみられる。『後漢書』馮衍伝の収められている列伝第十八下は、少なくとも寛治六年八月二十七日条以前に学習が終わっているので、(19)「委積」の語を、師通は単なる「つもりつもる」の意だけではなくて、『周礼』や『後漢書』などの用例も心得て使っていたのであろう。特に寛治七年正月八日条のように、「大雪委積」であることは「豊年瑞也」であるという『文選』の文言のみならず、「豊年」であれば「委積」（緊急に備えた蓄え）もしっかりする、という意味も重ねられていると考えてよいのではないか。

次にあげたのは承徳三年（康和元、一〇九九）正月十六日条の一部である。

今夜月光庭如二積雪一。心遊二千里一矣。

この日の夜、師通は庭に雪が積もったかのような月の光を見て、千里の彼方に思いを致したようである。これは「雪賦」本文傍線H「馳二遥思於千里一」、および謝荘「月賦」（『文選』巻十三）「隔二千里一兮共二明月一」、白居易「雪中即事寄微之」（『白氏文集』巻五十三・二三二二）「銀河沙漲三千里」[20]に通じる表現であるし、小野泰央が指摘するように[21]、次にあげた『和漢朗詠集』「雪」三七四・謝観の句もふまえているだろう。

暁入梁王之苑　雪満群山　　暁梁王の苑に入れば　雪群山に満てり

夜登庾公之楼　月明千里　　夜庾公の楼に登れば　月千里に明らかなり

それぞれ「梁王」と「庾公」の故事をふまえながら、雪と月の白さを印象的に詠んだ句である。「梁王之苑」は漢の梁孝王がつくった兎園のことで、「雪賦」はこの兎園を舞台にして詠まれた賦である。「雪満群山」は鮑照「舞鶴賦」（『文選』巻十四）にみえる句「氷塞二長河一、雪満二群山一」のことである。「庾公之楼」は晋の庾亮が南楼で月を愛でたという『晋書』庾亮伝をふまえた故事であり、「月明千里」は先にあげた謝荘「月賦」の句をふまえている。

さて、当該条の表現は、出典が必ずしも「雪賦」のみとは限らず、「雪」をめぐる表現の知のありかたが縦横に広がりをもっているものである。師通の『和漢朗詠集』受容については中島和歌子[22]や小野泰央[23]の指摘があるが、この『和漢朗詠集』の謝観の句でいえば、そこからさらに『文選』のそれぞれの作品や『晋書』への広がりをもっている。特に『文選』の「賦」からの表現が多いことは重要である。佐藤道生は、師通の師であった大江匡房が文選学の復興を図ったことと、賦を重視していたことを指摘しているが[24]、『師通記』においては度重なる「雪賦」の言及に加えて、寛治六年十月十日条には郭璞「江賦」（『文選』巻十二）の抜書もある（附章参照）。

『晋書』は、『師通記』寛治六年十二月二十三日条に次のように登場する。

> 陰。白雪紛飛、（中略）民部卿（源経信）・左大弁（大江匡房）来会言語。晋書伝第三・四巻不明也。嵆康之事也。可レ引二見之一。

源経信と大江匡房が来て、『晋書』の伝第三と四の所在が不明であるということと、嵆康伝について話をしたという。特に嵆康伝については「可レ引二見之一」ともある。嵆康は竹林の七賢の一人で琴の名手であり、「琴賦」（『文選』巻十八）も著している。当該条の冒頭には「白雪」ともある。「白雪」は、古の琴曲であり[25]、「琴賦」でも言及されている。これらの叙述に直接の因果関係を証明することはできないが、少なくとも師通の師である二人との会話が、師通にとって関心事であったからこそ記されたのであろう。

承徳三年正月十六日条の表現からここまでテクスト的想像力をはたらかせてきたが、晩年の日記に至って師通の漢籍知が骨肉化している一端がうかがえたのではないかと思う。

五、寛治五年という年

師通は「雪賦」をふまえるかたちで雪に関する表現を多用し、そこに単なる表現レベルの問題では片づけられない、政教的な意味合いを含ませていたことがみえてきた。

ここで「雪賦」引用がみられる年紀を確認してみたい。管見の限りの用例について、改めて確認すると、寛治五年十二月二日条本記を初見として、十二月十四日条別記、同六年十一月三日条、十一月二十三日条、同七年正月八日条、正月十三日条、二月十三日条である。これらがすべて寛治五年以降にみられるということに注目したい。

寛治五年という年は、『師通記』がきわめて意識的に記された年である。同時平行的に二種類の日記を記していたことは、すでに第Ⅰ部第四章で確認した通りであるし、永保三年からの二つの本文のうち、本文Bを作成したと考えられるのも、寛治五年から七年頃であった（第Ⅰ部第二章参照）。また、この二年前に新帝堀河天皇が元服し、この年には父師実の五十算賀が行なわれ、師通自身も三十歳にならんとし、前年の金峯山詣にひきつづき、曾祖父道長の例を模範として曲水宴を行なっている（第四章参照）。実際に師通が師実に代わって関白ならびに氏長者となるのは、三年後の寛治八年のことである。寛治五年は皇室も摂関家も世代交代の途上にあり、師通が摂関家の継承を強く意識していたことは間違いない。それが日記にもあらわれている。

「雪賦」引用があるのは寛治五年以降、「委積」の用例があるのは寛治六年以降であった。本章では、「雪が積もること」と「豊作」「君臣」などの関係についてみてきたが、「積もらなかった」という意識も、いわば「積もる」ということを意識することによって出てくるのであって、寛治四年正月十五日条「入夜之後大雪、不ㇾ積ㇾ庭」以降[26]、「雪飛似ㇾ花、庭中無ㇾ積」（同五年十二月十四日条別記）、「雪飛如ㇾ花、山上不ㇾ積」（同六年正月十二日条）などと記しているのが注目される。「積」あるいは「不積」「無積」というかたちで雪の降りようが書かれるのである。

また、「雪賦」冒頭で語られる『毛詩』邶風「北風」や小雅「信南山」は、自然や天候に天の意思を読みとっていた。「北風」には「北風其喈、雨ㇾ雪其霏」、「信南山」には「上天同ㇾ雲、雨ㇾ雪雰雰」、そして小雅「采薇」には「今我来思、雨ㇾ雪霏霏」と、雪が降ることを表現している。これらの表現をふまえたと思われる表現が『師通記』でも次のように三例みえる。

陰。雪降及霏。（寛治七年正月二十八日条）

陰。雪霏々積ㇾ庭。（中略）戌剋大雪。（寛治七年十二月二十八日条）

蒼天有ㇾ雲。雪飛霏々。（嘉保三年（永長元、一〇九六）十二月七日条）

雪をめぐる思想のようなものが、寛治四、五年以降に、『師通記』において表出してくる、といってよいだろう。

それ以前は雪についての記述はきわめて簡略であったので、どうやら寛治五年が一つの転換期であったといえそうである。本文Bが作成されたのもこの寛治五年から七年頃であったことを考えると、第三節にみた応徳二年の正月十三日条の二つの本文の疑問はこれで解決する。

本文Aで単に「雪下」としていたのを、本文Bでは「雪飛繽紛」と書き直しているのだが、この「繽紛」の語も「雪賦」に使用されている語であった。「雪賦」本文の傍線部G「夫繽紛繁鶩之貌」である。

「繽」も「紛」も盛んであるや乱れるなどの意をもつ語であり、二語で連綿語を形成している。だから『楚辞』「離騒」の「時繽紛其変易兮」、『漢書』楊雄伝の「暗レ纍以二其繽紛一」、張衡「思玄賦」（『文選』巻十五）の「思繽紛而不レ理」のように「入り混じって乱れる」さまをあらわしている。主語が花であれば、陶淵明「桃花源記」の「落英繽紛」のように花が乱れ飛ぶさまをいい、旗であれば、張衡「東京賦」（『文選』巻三）の「牙旗繽紛」のように旗が風に翻るさまをいい、あるいは司馬相如「上林賦」（『文選』巻八）の「鄢郢繽紛」のようにひらひらと舞うさまをいう。『楚辞』「離騒」の「佩繽紛其繁飾兮」は、美しさなどが盛んなさまの意でも使われている。

日本漢文においては、藤原房前「侍レ宴」（『懐風藻』八十七）の「繽紛周池蘋」では、池の浮き草が美しく乱れ浮いているさま、『続日本紀』宝亀元年（七七〇）五月十一日条の「雑沓繽紛」では、吉兆が頻りに起きて入り乱れるさま、嵯峨上皇「春江賦」（『経国集』巻一・一）の「繽紛雑沓」も鳥や魚が入り乱れるさま、『日本霊異記』巻下・三十八「災与レ善表相先現而後其災善答被縁」の「繽紛而飛遷」では、空の星が乱れ飛ぶさま、都良香「弁二異物一」（『都氏文集』巻五・六十四）の「繽紛舛錯」では、さまざまな生物が入り混じっているさま、菅原道真「早春内宴、侍二仁寿殿一、同賦三春娃無二気力一、応レ製一首」（『菅家文草』巻二・一四八）の詩序の「変態繽紛」では、美しくひらひらと舞うさま、などを表現する語としてそれぞれ使用されている。(27)

いずれにしても「繽紛」は主として、「入り混じって乱れる」から広がり、旗が「翻る」、花が「乱れ飛ぶ」、「ひらひらと舞う」などの意で使われていて、これは日本のテクストにおいても同様である。雪と関連させて使用しているのはやはり「雪賦」であって、本文Bが寛治五年以降に作成されたとするならば、まさに『師通記』において「雪賦」が引用される時期と一致する。したがって、この本文A「雪下」から本文B「雪飛繽紛」への改変は、「雪賦」によるものと考える方が自然であって、「雪賦」の思想と表現をふまえたうえで、本文Bに書きかえたと考えるべきであろう。

さらにつけ加えると、先に寛治四年以降に書かれると述べた雪が積もる／積もらないといった「積」を使った表現も、実は永保三年から三年間の二つの本文にも用例がみられる。そして次に示したように「繽紛」の用例と同様、本文Bでのみ、みられるのである。

〈応徳二年正月十日条本文A〉雪降。
〈同日条本文B〉雪降積レ庭。
〈応徳二年正月十二日条本文A〉天晴。山帰。別事不レ侍。雪深甚。
〈同日条本文B〉晴。山上積レ雪。道路際深、自レ山帰宅。

本文Aにはみられない「積」「不積」という観点が、本文Bになるとみられる。先程来述べているように、これも「雪賦」による発想と考えてよいだろう。

この寛治五年前後というのは、「雪賦」の引用が行なわれるなど、『師通記』において漢籍に対する意識の高まりをみることのできる時期であり、師通が意図して「摂関家の文体」から、「漢籍の文体（漢文体）」へと転換した時期であったのである。漢籍の文体（漢文体）を採用したということは、漢籍に使用された語彙をはじめとして、その知識や思想的背景を日記叙述のなかに組み込んだということでもあり、師通が学問に励んだことの一つの結果なのである。

六、おわりに

「漢才」よりも「やまとだましひ」を重視する摂関家の作法は、日記の文体にもあらわれていた。和語の語順で漢文を書くことは、日本語をそのまま漢字で書く感覚に近いと考えられるが[28]、それがまさに「摂関家の文体」であった。『師通記』も途中まではこの摂関家の文体で書かれていたわけだが、本文Aから本文Bへの書きかえからもわかるように、次第に漢文体を志向する。「摂関家の文体」から「漢文体」への志向は、いわば「やまとだましひ」から「漢才」への転換である。ここに摂関家の日記における『師通記』の特異性を指摘できる。

これは単なる文体の転換ではない。和語の語順で書く漢文は、そもそも知の基盤が和文にあるわけで、漢字の羅列ではあるけれども漢籍とはリンクしない[29]。ところが師通は日記の文体を「漢文体」にし、漢籍による語彙を多用することで、知の基盤を漢籍へとシフトした。東アジア古典世界共通の知の基盤とチャンネルを合わせたのである。

このような転換の理由の一つに、当時の時代背景が考えられる[30]。師通の生きた時代は摂関全盛期を疾うに過ぎ、白河上皇をはじめとする新たなる権力が台頭してきた時代であった。加えて、摂関家が外戚ではないにもかかわらずその地位を維持していること自体が、これまでの摂関政治とは異質なものとなっていることを示している[31]。そのようななか、摂関家嫡流に生まれた師通が自らの政治的基盤を保障する根拠としたのが、平安前期に重視された文章経国思想の基盤としてあった東アジアの古典たる漢籍ではなかったか。文章経国思想において最も重視されたのが、『史記』『漢書』『後漢書』の三史と『文選』であった。佐藤道生は、文章経国思想が摂関政治によって後退し、『文選』よりも『白氏文集』が流行したが、院政期になり学者文人が院近臣となり、大江匡房のような儒者の能力が政治に必要とされるにおよんで、『文選』がまた重視、活用されるようになったと指摘している[32]。大江匡房は師通の学問の師である。『師通記』には、『漢書』と『後漢書』を匡房から学んだことが書かれているほか、これらの引用・抜書も散見される。『史記』と『後漢書』本紀、『文選』については、惟宗孝言から学んだこともみえる（第一章、附章参照）。本章で指摘した『文選』「雪賦」引用も、こうした流れに位置づけることができるだろう。難解な『文選』に比べて、比較的平易で、詩人の感情が率直に表現されている『白氏文集』の流行は摂関政治と軌を一にしたものであった。そして、『白氏文集』に大きく影響を受けて誕生した『源氏物語』は、摂関文化の精華である。仮名で書かれた長編物語であり、日本最大の古典作品とされる、『源氏物語』が広く読まれ、古典化がはじまったとされるのは、実は師通の死の直後の康和年間（一〇九九～一一〇四）であった[33]。

こうした仮名テクストの古典化は自然発生的なものではなく、特に『源氏物語』にあっては権力者の要請によるものであることは三田村雅子の指摘するところである[34]。摂関文化の精華である仮名テクストの古典化がすすんだ時代に、一方で自らが背負う摂関家の政治基盤の変質を認識していた師通は、前代の思想的基盤であった漢籍に自らの権力の根拠を見出し、同時に執政の立場から文章経国を実践しようとしていたのである。

注

（1）この場合、道長―頼通―師実―師通をいう。頼通の猶子となった源師房の『土右記』、頼通の弟教通の『二東記』などは含まない。これらにはまた別の論理が存在するためであり、これについては別に稿を用意したい。

（2）藤原北家は、忠平以後、実頼・伊尹・兼通・頼忠・兼家・道隆・道兼・道長と摂関に就任するが、兼通・頼忠・兼家・道隆・道兼は日記執筆が確認できず、道長の前後だけをあげれば、むしろ道長が執筆したことのほうが異例ともいえる。しかしながら、師通の時代は摂関家の人間が日記を記すことが定例となっており、道長の嫡男である頼通がどうやら日記をあまり記さなかったようであることを考え合わせれば、道長の日記執筆と師通の日記執筆には根源的な相違があると考えたほうが普通ではないか。いずれにしても摂関家にとっての日記執筆の意義はもう少し考えられるべき問題である。

(3) 川﨑（柳原）恵津子「『後二条師通記』に見られる文体の形成過程」（『国語と国文学』第七十九巻第九号、二〇〇二年九月）。

(4) 松薗斉『日記の家―中世国家の記録組織―』（吉川弘文館、一九九七年）も参照。

(5) もちろん、道長もどうやら自分の文体が「正格」漢文ではないことに気づいていたらしく、上から消去したり書き足したりはするものの、基本的には無頓着に書きつづっている様子が自筆本からみることができる。

(6) 小山登久『平安時代公家日記の国語学的研究』（おうふう、一九九六年）三十六頁。

(7) 小山登久前掲書三十二頁。

(8) 峰岸明「古記録と文体」（古代学協会編『後期摂関時代史の研究』吉川弘文館、一九九〇年）も参照。峰岸は「〈摂関系〉の文体」と「仮に称」し、「〈小野宮系〉の文体」が「漢文調の著しい文体」であるのに対し、摂関家のそれは「それから隔たって日常実用文の色調の著しい文体」であると指摘している。

(9) 神田龍身「漢文日記／口伝書／説話集―『江談抄』『中外抄』『富家語』の位相―」（『偽装の言説―平安朝のエクリチュール―』森話社、一九九九年、初出一九九七年）参照。

(10) 「日本漢文」についてはすでに峰岸明が、「漢字・漢文が本邦に伝来して以降、これに習熟した日本人が己れの文章表現として作成した漢文体の文章に対する仮称であって、表記様式の上から言えば、漢字（専用）文ということになる。（中略）（論者注：日本人にとって本来の漢文、中国古典の文章は中国語音で音読されることが前提のものであり、それに対して日本漢文は）訓読という行為を予想して作成されることはあっても、特殊な場合を除いては、音読を前提として作成されるものではなかったと推測される」（『平安時代古記録の国語学的研究』東京大学出版会、一九八六年、四十三頁）と述べているが、その後の研究の進展と細分化にともなって、総体的に「日本漢文」として論じられることが少なくなっている。

(11) なお、「雪下」の「フル」の漢字表記について、峰岸明は古記録においては多くのテクストが「降」の字を主表記とするが、「下」も使用されているとし、「「降」字専用の文献と言い得るものは、『九暦』『権記』など、限られている。中でも、『御堂関白記』『師記』は、他の多くの文献とは反対に「下」字を主表記、「降」字を副表記としていて、特色がある」と指摘している（前掲書、六七二頁）。

(12)『師通記』も含めた平安朝の古記録にみえる『文選』については、拙稿「漢文日記に見える『文選』―東アジア漢文文化圏における書物交流の一痕跡―」（『史聚』第五十号記念号、史聚会、二〇一七年四月）参照。

(13)「九霄」については、小峯和明が大江匡房の『続本朝往生伝』と『本朝神仙伝』との表現位相の共通する点として指摘している（「往生伝と神仙伝」『院政期文学論』笠間書院、二〇〇六年、初出一九八四年）。

(14) 応徳元年四月一日条本文Bにも、師通は自邸を「蓮府」と記している。

(15)『白氏文集』巻十八・一一七二「荔枝楼対レ酒」に「荔枝新熟鶏冠色、焼酒初開琥珀香」とある。

(16)『平安時代史事典』「麻」項（中島和歌子執筆）には、麻布の用途について、「下級貴族・僧・庶民の日常着で、中上級貴族は喪などの凶事に用いる素服として着用した」とある。

(17) なお、『政事要略』巻二十五「年中行事十月（初雪見参事）」に「左伝。凡平地尺雪為二大雪一。文選謝恵運〔連〕雪賦曰、盈レ尺則呈二瑞於豊年一。袤レ丈則表二沴於陰徳一」とあり、また、嵯峨天皇「和三菅清公賦二早雪一」（『凌雲集』十八）に「雖レ言三委積未二盈尺一、須レ賀初冬瑞気呈」、紀長谷雄「春雪賦」（『本朝文粋』巻一）に「雪之逢レ春、深不レ過レ尺。（中略）還知二豊年之致一レ瑞」などとある。これは積雪と豊年の関係が「雪賦」を典拠として、一般的に知られていたことをうかがわせるが、ここでは「雪賦」を日記に引用すること、そこから広がる知を日記に記すことの意味を問う観点から注目するものである。

(18)『師通記』の「委積」に最初に注目したのは、小野泰央「『後二条師通記』の漢詩文表現―古記録の記述と時令思想―」（『中世漢文学の形象』勉誠出版、二〇一一年、初出二〇〇九年）であった。

(19)『師通記』寛治六年八月二十七日条には、「左大弁来臨。受二読後漢書四秩〔帙〕一」とあり、『二中歴』第十一によると、「四秩」は列伝第三十一から第四十にあたる。これ以前に列伝のどこを学習したというような詳しい記事はないものの、『師通記』からは師通が『後漢書』を体系的に学んでいることがみてとれるので、少なくともこの日以前に列伝の第十八下にあたる「馮衍伝」を学んでいたと考えられるのである。

(20) 本句は『千載佳句』「雪」、『和漢朗詠集』「雪」にも採られている。

(21) 小野泰央前掲論文。

(22) 中島和歌子「『後二条師通記』の雪月花」（第七十八回和漢比較文学会東部例会発表資料、二〇〇三年一月、於中央大学）。

(23) 小野泰央前掲論文。

(24) 佐藤道生「大江匡房―和漢に通暁した高位の学者―」（『国文学　解釈と鑑賞』第五十七巻三号、一九九二年三月）、同「大江匡房の『文選』受容」（『平安後期日本漢文学の研究』笠間書院、二〇〇三年、初出一九九五年）参照。なお、佐藤は平安中期を文選学の衰退期、後期を復興期ととらえるが、これに対して疑問を投げかけた後藤昭雄「平安朝における『文選』の受容―中期を中心に」（『平安朝漢文学史論考』勉誠出版、二〇一二年、初出二〇〇九年・二〇一一年）も参照。

(25) 琴曲「白雪」については、原豊二・岡部明日香・正道寺康子編『日本琴学』（ミュージックスケイプ、二〇〇七年）および上原作和・正道寺康子編著『日本琴学史』（勉誠出版、二〇一六年）の「琴曲解説篇」を参照。

(26) 実はそれ以前の応徳二年正月十日条本文B、正月十二日条本文Bにもみることができるのだが、これについては後述する。

(27) なお、師通の孫である忠通の「雪裏老人思」（『法性寺関白御集』五十一）には、「繽紛雪裏眼方驚」とある。

(28) 小松英雄は、「日本語に基づいた書記テクストを作成する目的で、日本語話者によって、日本語話者のために工夫された書記様式」を「漢字文」としている（『日本語書記史原論［補訂版］新装版』笠間書院、二〇〇六年、二十七頁）。

(29) 『御堂関白記』などは和文の漢字化の様相を呈する記事も多い。これについては稿を改めて論じたい。

(30) 本来であれば師とした大江匡房との関係からも多く論じるべきであるが、本章では『師通記』を中心として論じることに重心をおいたためにほとんどふれることができなかった。大江匡房と師通との関係については、川口久雄『大江匡房』（吉川弘文館、一九六八年）、木本好信「藤原師通と大江匡房―関白と学儒との交わり―」、同「江記」（以上、

『平安朝官人と記録の研究―日記逸文にあらわれたる平安公卿の世界―』おうふう、二〇〇〇年、前者初出一九八五年、後者初出一九九五年）、磯水絵『大江匡房―碩学の文人官僚―』（勉誠出版、二〇一〇年）などを参照。本章と特に関連の深いものとしては佐藤道生前掲論文「大江匡房―和漢に通暁した高位の学者―」、同「大江匡房の『文選』受容」を参照。

（31）後三条天皇以降、仲恭天皇までの約一五〇年間、摂関家は外戚の地位は獲得できなかった。このことがかえって「摂関家」を成立させることとなったと橋本義彦は指摘する（「貴族政権の政治構造」『平安貴族』平凡社選書、一九八六年、初出一九七六年）。また、これに関して「日記の家」としての摂関家という視点から、松薗斉「摂関家」（前掲書、初出一九九三年）も参照。

（32）佐藤道生前掲論文「大江匡房の『文選』受容」。

（33）『弘安源氏論議』には、「この物語ひろくひろき（寛弘）年のほどよりいできにけり。しかれども世にもてなすことは、すべらぎのかしこき御代にはやすくやはらげる（康和）時よりひろまり、くだれるただ人のなかにしては、宮内少輔が釈よりぞあらはれける」とあり、『源氏物語』が寛弘年間（一〇〇四～一二）に成立し、康和年間にひろまり、藤原伊行の『源氏釈』を注釈のはじめとする、とある。また、師通の師であった大江匡房が『源氏物語』の注釈をつけていたらしいことが『雪月抄』からわかる。

（34）三田村雅子『記憶の中の源氏物語』（新潮社、二〇〇八年）。

第三章　師通の白詩受容

一、はじめに

白居易の詩は、白居易の在世中の承和年間（八三四〜四八）に日本に伝わり、大流行となった。特筆すべきは、これが一時の流行にとどまらず、影響という言葉では不十分なほど、その後の日本文学の流れをつくっていったことにある。本章ではこの『白氏文集』と『師通記』について考えてみたい。

二、白詩語「廻眸」

次にあげたのは『師通記』寛治四年（一〇九〇）十二月二十四日条である。

天晴。賀茂御行延引。仍参㆓於峒崆（崆峒）㆒。殿下令ㇾ参給云々。今朝霜降。廻ㇾ眸似ㇾ雪。武蔵貢馬一疋、字雲涌也。毛黒也。入夜自ㇾ殿（師実）上絹・錦等被ㇾ給云々。御仏名中夜、所衆・滝口等闘乱之由、風聞云々。入夜之後、終夜雨云々。

この日は、白河上皇の賀茂御幸の延期、武蔵国からの貢馬、仏名会の中夜にあたって闘乱があったことなどが書かれている。注目したいのは傍線部である。「今朝霜降」の部分は、古記録に書かれる情報として妥当である。天候は、儀式をはじめとする貴族たちの行動に大きく影響するからである。しかし、つづく「廻レ眸似レ雪」の部分は副次的な情報であり、なくても一向に構わない情報である。

特にここにある「廻レ眸」という表現は、古記録ではほとんど使用されない(1)。しかし、これは偶然使用された語ではないだろう。小島憲之は、この語が類義語の「廻レ眼」「廻レ首」「廻レ頭」などとともに、白詩語（『白氏文集』によく使用される語）であるとしている(2)。

例えば、「長恨歌」（巻十二・五九六）には「廻レ眸」「廻レ頭」の二例をみることができる。

廻眸一笑百媚生　六宮粉黛無顔色　（眸を廻らして一笑すれば百媚生じ　六宮の粉黛顔色無し）

廻頭下視人寰処　不見長安見塵霧　（頭を廻らして下に人寰の処を視れば　長安を見ず　塵霧を見る）

あるいは、「憶二微之一、傷二仲遠一」（巻十六・九三二）には、

挙眼青雲遠　回頭白日斜　（眼を挙ぐれば　青雲遠く　頭を回らせば　白日斜めなり）

とあり、菅原道真の詩にもこれによく似た語彙の使用がみられる。

挙眼悠々宜雨後　廻頭眇々在天東　（眼を挙ぐれば　悠々として雨の後に宜し　頭を廻らせば　眇々として天の東に在り）

――『菅家文草』巻一・四「賦二得赤虹篇一」

因縁竹檻頻廻眼　馮託水窓幾挙頭　（竹檻に因縁りて頻に眼を廻らす　水窓に馮託りて幾たびか頭を挙ぐ）

――『菅家文草』巻五・三五四「雨晴対レ月」

挙眼無疎蔭　廻頭只遠峰　（眼を挙ぐれば疎き蔭だになし　頭を廻らせば只だ遠き峰あり）

――『菅家文草』巻五・三七三「賦二葉落庭柯空一」

道真も『白氏文集』に影響を受けた一人であるが(3)、「廻レ眸」などの語も道真以降に多くみられるようになる。「廻レ眸（眼）」に限ってみれば、管見では道真以前は『経国集』一例、『田氏家集』一例であり、道真以後は『菅

家文草』六例、『新撰万葉集』五例、[4]『類聚句題抄』四例、『天徳三年闘詩行事略記』一例、『中右記部類紙背漢詩集』二例、『本朝無題詩』十三例、そして、『師通記』に二例となる。

三、師通と『白氏文集』

道真以後は『中右記部類紙背漢詩集』『本朝無題詩』、そして『師通記』など、院政期の例が多いことが注目される。特に『本朝無題詩』は十三例数えることができるが、これまでの研究で『白氏文集』の影響を強く受けていることが明らかにされている。[5]同時代にあって、当然のことながら師通もその影響下にあったことが考えられる。

次にあげたのは『師通記』応徳三年（一〇八六）十月二十七日条である。

巳刻、召㆓左大弁匡房㆒。仰㆓文集江家本書点㆒、家中移㆑点被㆑示也。承了。

大江匡房を召して、大江家に伝わる『白氏文集』の点を、師通の本に移そうとしていることがわかる。点というのは、漢文訓読のための点（訓点）のことで、菅原家や大江家などの博士家に秘伝として伝えられてきたものである。[6]また、寛治六年十月十九日条には、

洛中集一巻、自㆓左大弁許㆒所㆑得。

とあり、『白氏洛中集』を大江匡房より得たとある。『白氏洛中集』は、「香山寺白氏洛中集記」（『白氏文集』巻七十・三六〇八）に「白氏洛中集者、楽天在㆑洛所㆑著書也。大和三年春、楽天始以㆓太子賓客㆒分㆓司東都㆒、及㆑茲十有二年矣。其間賦㆓格律詩㆒凡八百首、合為㆓十巻㆒」とあるように、白居易が洛陽にいた大和三年（八二九）から十二年の間の詩八百首を十巻としたものである。

この後、寛治七年十月十日条には『白氏文集』巻六十八「山中五絶句」のうち「洞中蝙蝠」（三四七九）の抜書

があり（附章参照）、嘉保三年（永長元、一〇九六）十二月五日条には、次のようにある。

江中納言来臨、受二文集説一。一・二・六・七帙許所レ読也。自余所二披閲一也。

ここにある「一・二・六・七帙」について、太田次男は、「唐鈔本を承ける旧編成による七十巻本を指し、しかも一帙に十巻が配されていることは、略々明かである」として、一・二帙は巻一から巻二十、六・七帙は巻五十一から巻七十にあたり、文章篇を除いた詩篇を中心としたものであり、「師通の受講巻数の範囲は、当時の一般的傾向と合致する」と述べている。[7]

また、嘉承三年（天仁元、一一〇八）六月二十八日付、師通の十周忌の忌日願文（『江都督納言願文集』巻五・十一「奉三為故博陸殿一室家被レ供二養自筆法華経一願文」）には、次のようにある。

相府、楽在二稽古一、業唯好レ文。為レ写二白氏之文集一、新儲二蔡侯之花牋一。去年之春、残更之夢、容姿如レ昔、披二閲此紙一。一覧之後、厭二涙之無レ尽、憖遺之中、恨二命之不レ従。仍就二彼魚網一、施二我鳥跡一。

生前の師通が古のことを学ぶことを楽しみ、文事を好み、『白氏文集』を書写しようと新たに紙を用意していた、とあり、このたび、夢にこの紙を披閲する昔のままの師通があらわれたので、その紙で写経し供養したい、と述べられている。また、このときのもう一つの願文（『同』巻五・十二「同御願文」）[8]には、

先公之倣二白氏一、偏嗜二嘲風弄月之興一。

ともある。

師通の『白氏文集』関連記事のすべてが匡房との関係で書かれていることは、匡房が師通の学問の師であったことからも、注意しておきたい（第一章参照）。いずれにせよ、師通が『白氏文集』を熱心に読んでいたのは明らかであるので、やはり「廻レ眸（眼）」は白詩を前提として使用された語であるといってよいだろう。

四、山寺詩と「廻眸」

さて、白詩語とでもいうべき「廻㆑眸（眼）」の、『師通記』におけるもう一つの用例は、寛治二年七月二十五日条裏書である。

天晴。酉時許、已到㆓鎰懸嶺根㆒。仰㆑天無㆑所㆑及㆑心。蔵王念㆑之。無㆓怖畏㆒哉。量㆑之為㆓前生人㆒歟。無辺無量也。携㆓手足㆒、石山漸々歩。謀界《〔ママ〕》迴㆑眼、重山如㆑玉。参㆓向等覚門外㆒、敷㆑薦奉㆑拝三度也。已及㆓黄昏㆒、拝畢之程、近山懸㆓小雲㆒、発㆓雷声㆒。即晴之。向㆓湯屋㆒解脱、洗㆓手足㆒以㆓寒氷㆒。秉燭之後、宿㆓別当房㆒之。

師通は寛治二年と四年に二度の金峯山詣を行なうが、これは一度目の金峯山詣の際の記事である。七月十五日に出京し、この日に「鎰懸嶺根」（鐘掛岩のことだろう）に至っている。はるばる京から霊山に訪れた師通の、感動と息遣いが聞こえてくる、この記事に、傍線部「謀界《〔ママ〕》迴㆑眼、重山如㆑玉（界を謀りて眼を廻らすに、重山玉の如し）」は書かれている（信仰の場において表出される詩的表現の一例として本条は、第Ⅰ部第三章でも言及した）。

この記事の四ヵ月前、寛治二年三月十三日条をみてみたい。

午剋許花覧長楽寺幸。人々上達部二人、民部卿《(源経信)》・治部卿《(藤原伊房)》、頭弁季仲《(藤原)》・右中弁基綱《(源)》・刑部少輔《〔成〕》重宗《(源)》、講㆑時《〔詩カ〕》之。還㆑家所㆑講也。

師通は、公卿たちを引き連れて東山の長楽寺に花見に詣でる。『中右記部類紙背漢詩集』巻九には「春日遊㆓長楽寺㆒即事」と題して、このときの師通をはじめとした十七人の詩が収められているが、先に述べた「廻㆑眸（眼）」の用例二例もここに載っている。うち一例は師通の詩である。まず、師通の詩からみてみたい。

芳辰漸暮動歓情　二属闌時連騎程　　芳辰漸く暮れ　歓びに動ぜし情　二属闌なりし時　騎を連ぬる程

粧混白雲花尽散　影浮緑水柳方軽　　粧は白雲に混じりて花尽く散り　影は緑水に浮かびて柳方に軽し
三春酌酒酔重勧　終日詠詩興幾成　　三春酒を酌み　酔へば重ねて勧む　終日詩を詠じ　興幾ばくか成らむ
山路廻眸遥眺望　煙霞相隔自行々　　山路に眸を廻らし遥かに眺望すれば　煙霞相隔たりて自ら行々たり

自らが主宰した花見の詩宴を喜び、花（桜と柳）・酒・詩についての感興を述べている。特に、桜が白雲と混じって散る姿と、柳が池に映る姿を、それぞれどちらと見紛うばかりとする三・四句の表現は、先にあげた『師通記』寛治四年十二月二十四日条「今朝霜降。廻ㇾ眸似ㇾ雪」もそうであるが、『師通記』中にもよくみられる。そして七・八句で、眸を廻らして眺望した光景が詠みこまれるのである。

もう一例は、藤原敦基の詩である。

禅庭深処隔塵寰　□□〔尽日〕廻眸眺望閑　　禅庭の深き処　塵寰を隔て　尽日　眸を廻らせば眺望閑なり
断峡虹横春雨後　遠村煙細夕陽間　　断峡　虹は横たふ　春雨の後　遠村　煙は細し　夕陽の間
風来払砌唯花樹　□□〔晴至〕入楼幾碧時〔山〕　　風来りて砌を払ふは唯だ花樹のみ　晴至りて楼に入るは幾碧山ぞ
林下新逢槐露暖　剰歌徳沢酔中還　　林下　新たに槐露の暖かなるに逢ひ　剰さへ徳沢を歌ひて酔中に還る

俗世間と隔たった場所で、終日、眸を廻らし眺望することの精神的充足感を詠み、最後には師通の徳を述べて終わる。敦基のこの詩は、このとき詠まれたほかの二首[9]とともに『本朝無題詩』巻八「山寺上」にも載せられているが、それは長楽寺詩群とでもいうべきもので、別の機会に詠まれた長楽寺関連の詩も載せている。そのうちの二首にも「廻ㇾ眸（眼）」の語がみられるので、以下にあげる。

藤原明衡「秋日長楽寺即事」（巻八・五五五）

蕭条古寺路崢嶸　遠近廻眸不繫情　　蕭条たる古寺　路は崢嶸たり　遠近　眸を廻らせど　情を繫がず
寒月穿窓龍象室　斜陽映瓦鳳凰城　　寒月は窓を穿つ　龍象の室　斜陽は瓦を映ず　鳳凰の城

倫狼嵐起無雲色　虚牝泉飛有雨声　倫狼に嵐起て　雲の色無く　虚牝に泉飛んで　雨の声有り
適結一縁来此地　時々礼仏契生々　適　一縁を結ばんと　此の地に来り　時々　仏を礼みて　生々を契らん

惟宗孝言「遊二長楽寺一」（巻八・五三七）

一入松門暫逗留　春風引歩静廻眸　一たび松門に入りて暫く逗留し　春風に歩を引きて静かに眸を廻らせり
蕭寺山深苔閟路　藍渓水怱石分流　蕭寺の山深くして苔は路を閟し　藍渓の水怱しくして石は流れを分かつ
庭花緩落鐘声晩　林霧半籠鳥囀幽　庭花緩らかに落ちて　鐘の声晩く　林霧半ば籠めて　鳥の囀り幽かなり
黄髪衰翁人勿咲　此時携杖屢周遊　黄髪の衰翁　人咲ふこと勿れ　此の時　杖を携へて　屢周遊す

長楽寺は「東山山腹に位置して風光明媚で知られ、多くの文人貴族たちが四季折々に当寺に清遊し、詩や歌を詠じた」[10]寺として知られる。特に眺望がすばらしかったようで、『本朝無題詩』には長楽寺の眺望を詠んだ詩がほかにも多くみられ、「長楽寺眺望」と題して中原広俊（巻八・五二四）、大江佐国（巻八・五七四）、惟宗孝言（巻八・五七五）の詩が収められている。

また、『本朝無題詩』における「廻レ眸（眼）」の用例は、山、寺あるいは別業で詠まれた詩に多くみることができる。

寺門閑処暫留車　廻眼終朝望晩霞（寺門の閑かなる処に　暫く車を留め　眼を廻らし　終朝　晩霞を望む）
――藤原敦基「暮春遊二円融寺一即事」（巻十・六七一）

暫尋蕭寺旁廻眸　洞裏景華望正幽（暫く蕭寺を尋ねて　旁く眸を廻らしぬ　洞裏の景華　望正に幽し）
――菅原在良「秋日於二円融院一即事」（巻十・六七六）

促車催馬廻眸見　万里前途被隔霞（車を促し　馬を催し　眸を廻らし見れば　万里の前途は霞に隔てられたり）

一尋別墅暫廻眸　景気蕭条属晩秋（一たび別墅を尋ね　暫く眸を廻らせば　景気蕭条として晩秋に属きたり）
――藤原忠通「春日遊㆓宇治別業㆒」（巻六・四一一）

――藤原知房「秋日別業即事」（巻六・四二二）

終日廻眸眺望賖　蕭条風景属山家（終日　眸を廻らせ　眺望賖かなり　蕭条たる風景は山家に属きたり）
――藤原茂明「秋日山家眺望」（巻七・四五六）

藤原敦基、菅原在良のものは円融寺で詠まれたものである。円融寺はかつて仁和寺や龍安寺の近くにあった寺で、現在は廃寺となっているが、「建物は池に臨み、風景の優れた所であった」[11]。藤原忠通は宇治別業、藤原知房は詳細は不明であるが別業、藤原茂明は山家で詠んでいる。郊外の景勝地の眺望を詠むにあたって、「廻㆑眸（眼）」が使用されているのである。

『本朝無題詩』の山寺詩については、七田麻美子が「「寺」より「山」という場で読まれた作品であることに特徴がある。（中略）郊外の寺院において、その自然の風景や、そこから得た感興を詠い上げるということに関しては、白居易の作品の影響が明らかである」と指摘している[12]。寛治二年七月二十五日条裏書、『中右記部類紙背漢詩集』、『本朝無題詩』の「廻㆑眸（眼）」も、七田の述べるような山寺詩の表現傾向のなかで使用されているとみてよいだろう。

五、漢語「廻眸」／和語「見わたせば」

『師通記』に『和漢朗詠集』から学んだ表現があることは、すでに中島和歌子や小野泰央によって指摘されている[13]。例えば『師通記』寛治五年十月十七日条別記である。師実が延暦寺において千僧読経を修した翌日の記事である。

鐘声後、殿下御。予座主（良真）堂宿。曙雲満レ東、一界望眼如二海浪一、眺望神妙也。万人警〔驚〕レ心、扶桑日暉、雷声如レ鼓。
京中雷鳴、暫之天晴。

比叡山で迎えた朝の状況を記しているわけだが、山頂から見た景色はまさに絶景、まるで雲が海のようである、という。小野は、傍線部の表現が『和漢朗詠集』「眺望」六二六・源順の「見二天台山之高巌一、四十五尺波白」をふまえていると指摘している。

また、寛治七年四月二十一日には師実の賀茂詣につき従っている。このときの日記の裏書には次のようにある。

早旦天陰。万人曰難レ晴。巳剋許日脚纔有レ点。雲色気漸分散。有頃雲晴希有也。参二着社頭一之間、碧落青顔〔葉室本「類」〕也。衆人神感云々〔葉室本「々」〕。神妙云々〔葉室本「々」〕。

この日の早朝は曇りであった。人々は晴れ難しと言うも、巳刻頃（午前十時頃）、太陽が出てきて次第に晴れ間が広がるようになった。社頭に着いた頃には青空が広がり、人々は驚嘆の声をあげていた、という。傍線部「碧落青顔〔葉室本「類」〕也（碧落青く類し）」について、中島は『和漢朗詠集』「雁」三二一・島田忠臣の「雁飛二碧落一書二青紙一」、『同』「雁」三二二・菅原道真の「青苔色紙数行書」、小野は『和漢朗詠集』「眺望」六二四・白居易の「雁点二青天一字一行」（『千載佳句』「眺望」八七二にも所収）などとの類似を指摘している(14)。

師通は、山や寺院などの景勝地における眺望を好んで表現していた傾向がある。こうした流れで「廻レ眸（眼）」が使用されていたと考えられるのだが、『和漢朗詠集』と『新撰朗詠集』の「眺望」にはそれぞれ一首だけ和歌が載せられている。

見わたせばやなぎさくらをこきまぜてみやこぞはるのにしきなりける　素性（『和漢朗詠集』「眺望」六三〇）
見わたせば比良の高嶺に雪消えて若菜摘むべく野はなりにけり　兼盛（『新撰朗詠集』「眺望」五九一）

いずれも早春の和歌であるが、注目したいのは傍線部に示したように「見わたせば」の句が二首とも使用されていることである。『後拾遺和歌集』には次のような歌もある。

　　長楽寺にて、ふるさとの霞の心をよみ侍りける　　大江正言
山たかみ都の春を見わたせばたゞひとむらの霞なりけり（巻一「春上」三十八）

長楽寺で詠んだ和歌であるということがポイントであろう。そして、師通にも次のような和歌がある。

花ざかり春のやまべを見わたせば空さへにほふ心ちこそすれ（『千載和歌集』巻一「春歌上」五十一）

詞書をみると、嘉保三年二月二十二日、白河院が師実の京極邸に御幸して十種供養した翌日に詠まれたものであることがわかる。現存する師通の和歌が十三首ほど[15]であることを考えれば、そのうちの一首に「見わたせば」とあることは注意されてよい。

和歌の「見わたせば」については、近藤みゆきが、眺望詩の流行との関係を指摘していることが注目される[16]。また、藤田加代は「「見渡せば」には、「見れば」とは異って、視線の移動と広がりによって生じるその空間の領有感があり、そこに、俯瞰的パノラマ構図にも似た叙景空間が構成されることにもなる」、「そうかといって、「見まわす」や「見はるかす」のように果てもない空間に、ただあてどもなく視線をめぐらすことではないのである。それはどこまでも「見」「渡す」であって、「見る」行為をある地点からある地点まで移すという範囲限定があり、しかも本来それは、われわれの視野に入る空間の端から端までという範囲を暗黙の前提として用いられる語だったわけである」と述べている[17]。これをふまえて考えると、第二節で述べた白詩語「廻レ首（頭）」は、「首（頭）を廻らす」であり、どちらかというと「振り返って見る」に近い表現であるが、「廻レ眸（眼）」は、首や頭はある方向を向いていて、眸（眼）をある地点からある地点まで移すという範囲限定がある。

また、藤田は二十一代集の「見わたせば」歌に関して、「作者が、後鳥羽、土御門、順徳三院を中心とする中世

初頭の帝王及び皇室歌人に集中している事実」を指摘している。(18) 丸谷才一は、当時すでに薄れていた古代の聖天子の「国見」という意識が、後鳥羽院の「見わたせば」歌にあっては意識されていたことを読み取っているが、(19)「廻眸」でいえば、次の一条天皇「望㆑春花景煖」（『類聚句題抄』二一三）にそれと同様の意識を読み取ることができるのではないだろうか。

廻眸翠柳如煙処　極目紅桃似火時
眸を廻らす　翠柳　煙の如き処　目を極む　紅桃　火に似たる時
遠樹風来雲尚宿　深林日照蠟還滋
遠樹　風来りて　雲尚し宿る　深林　日照らすも　蠟還て滋し

眸を廻らすと、緑の美しい柳が煙っている、とする第一句は、仁徳天皇の歌とされる「高き屋に登りて見れば煙立つ民の竈はにぎはひにけり」を連想させる。当該歌は『和漢朗詠集』巻下「刺史」にみえるが、作者名はみえない。『日本紀竟宴和歌』中で藤原時平が仁徳天皇を題に詠んだ、「高殿に登りて見れば天の下四方に煙りて今ぞ富みぬる」を改作した可能性が指摘されている。(20)『新古今和歌集』では仁徳天皇歌として巻七「賀歌」の冒頭に据えられており、後鳥羽院の「見わたせば村の朝けぞ霞みゆく民の竈も春に逢ふ頃」はこの歌をふまえたものである。

いずれにせよ、天皇が「眸を廻らす」ことに、そうした意味合いが付与されることは否定はできまい。これは時平が仁徳天皇の故事をふまえて詠んでいたように、師通においても同様であろう。「景勝地」「眺望」「信仰」に加えて、「為政者」としての意識をそこに読み取るのは無理なことではない。

「廻㆑眸（眼）」と「見わたせば」という漢語と和語は、かなり近い意味で使用されているのではないか。

六、おわりに
——再び『師通記』寛治四年十二月二十四日条——

再度『師通記』寛治四年十二月二十四日条に戻って考えてみたい。この日は白河上皇の賀茂御幸が延期され、そのために「参二於峒崆〔崆峒〕一。殿下令レ参給云々」とあって、師通と父師実は「崆峒」に参ったようである。つづいて「今朝霜降。廻レ眸似レ雪」となる。このとき、なぜ上皇の賀茂御幸が延期となったのか。答えは、同日条「裏書」にある。

　於二崆峒一有二触穢事一。犬死云々。自二廿二日一至二同廿六日一有レ穢云々。

「崆峒」で犬が死に、その穢れのためであった。この「裏書」は先に示した本文とは別の段階で書かれたテクストである。古記録というメディアは日次で書かれるテクスト（暦記）に加えて「裏書」、あるいは本文とはまた別に書かれた「別記」、あるいは「清書」、「転写」など、さまざまなテクストからなる集合体であることを考慮する必要がある。

　裏書・本記ともに「崆峒」の語が使われているのだが、これは『荘子』在宥篇にみえる、広成子（老子）が住んでいるという伝説上の山で、いわゆる仙郷である。[21]院の御所を仙郷になぞらえて「仙洞」とよぶように、師通は「崆峒」としたのである。しかし、管見の限り、古記録において院の御所を「崆峒」とした例は『師通記』以外みることができない。[22]いずれにせよ、清浄であるはずの「崆峒」が犬の死によって穢れるという、院の御所の呼称と実態の落差を暴露してしまうおかしな出来事が生じたわけである。

　つづいて天気の記述である。第二節で「今朝霜降」の部分を、古記録に書かれる情報として妥当である、と述べたが、霜が降るということは、雨が降ること、雪が降ることとは違って、貴族たちの行動に大きくは影響しない。となると、古記録の形式である、雨が降ること、雪が降ること、あるいは晴れたこと、の形式にのっとって、まったく異質な「霜が降ること」を書いたことになる。[23]そのうえで「廻レ眸似レ雪」につづく。「雪」が降ることであれば問題であるが、あくまでも「似レ雪」（まるで雪のようであった）である。一種の詩的表現といえるが、しかし、これが古記録においてなされたことと、「廻レ眸」の語が「眸を廻らす」範囲＝支配領域をも意味し得ることを考えれば、師通の現実認識のありかたが強く表出している箇所ともいえよう。つまり、現実は「霜」であるが、「廻眸」＝認識した限りでは「雪」であったということになる。この構造は、先の「崆峒」の表現と似ている。院の御所と「崆峒」、霜と「雪」の関係である。

当該条のこののちの記事もこれと同様に読み解くことができる。武蔵国の貢馬は「雲涌」という字をつけられていた。「雲涌」というのも高いところから眺望したような、神仙的な命名であるが、しかし「毛黒」であった。黒毛の馬に「白」を連想させる「雲涌」という名は似つかわしくない。また、仏名会での闘乱も伝えられている。毎年十二月に行なわれる仏名会は「一万三千ないしは三千に及ぶ多数の仏名を唱えて、その年に犯した罪障を懺悔し、滅罪生善を祈願した法会[24]」であるが、そこで闘乱があったというのは、その法会の趣旨からすればまったく矛盾する出来事である。

『師通記』寛治四年十二月二十四日条は、〝院の御所／「崆峒」〟あるいは〝穢／清浄〟〝霜／「雪」〟〝黒／白（貢馬）〟〝闘乱／静粛（仏名会）〟のように、師通が見ようとしたものと、実態との相反する現象が日記上で表象されたのだった。

『師通記』における「廻眸」の表現は、白詩語であるとともに師通自身が生きた時代の文学状況を反映したものであったといえるだろう。しかしながら、それだけにとどまらない古記録の表現方法があったというところまで指摘したい。記主の眼を通して、認識した「こと」を「ことば」として記した古記録は、事実を記すというレベルにとどまらない、書くことの問題をあぶりだすテクストなのである。

注

（1）東京大学史料編纂所「古記録フルテキストデータベース」（http://wwwap.hi.u-tokyo.ac.jp/ships/shipscontroller）

で検索しても『師通記』のみに用例のある語である。峰岸明『平安時代記録語集成』（吉川弘文館、二〇一六年）でも立項されていない。

（2）小島憲之『古今集以前―詩と歌の交流―』（塙書房、一九七六年）二四六～二四八頁。

（3）藤原克己『菅原道真と平安朝漢文学』（東京大学出版会、二〇〇一年）、波戸岡旭『宮廷詩人菅原道真―『菅家文草』・『菅家後集』の世界―』（笠間書院、二〇〇五年）など参照。

（4）小島憲之は「『新撰万葉集』の詩は、直接には白詩を経ないで、道真の詩に由来するものがその大部分を占めるといえよう」と指摘している（前掲書、二五〇頁）。

（5）本間洋一「序論　王朝漢詩の表現世界―王朝詩と白詩と―」、同「『本朝無題詩』の表現世界」（以上、『王朝漢文学表現論考』和泉書院、二〇〇二年、前者初出一九八六年、後者初出一九九二年）、同「本朝無題詩と白詩」（『白居易研究講座　第三巻　日本における受容（韻文篇）』勉誠社、一九九三年）など参照。

（6）『白氏文集』の江家点については、『江吏部集』巻中に「近日蒙二綸命一、点二文集七十巻一。夫江家之為二江家一、白楽天之恩也」とある。小林芳規『平安鎌倉時代に於ける漢籍訓読の国語史的研究』（東京大学出版会、一九六七年）、同「訓点資料より観た白詩受容」（『白居易研究講座　第五巻　白詩受容を繞る諸問題』勉誠社、一九九四年）参照。

（7）太田次男「その受容を繞る諸問題」（『旧鈔本を中心とする白氏文集本文の研究』上巻、勉誠社、一九九七年、初出一九七七年）。また、柳澤良一「大江匡房の白詩受容」（『国文学　解釈と鑑賞』第六十巻十号、一九九五年十月）も参照。

（8）山崎誠は「前願文は御正日、こちらは簡略であるので、経供養のみを目的とした周忌願文と考えたい」と述べている（『江都督納言願文集注解』塙書房、二〇一〇年）。

（9）惟宗孝言と源経信の詩である。

（10）『平安時代史事典』「長楽寺」項（竹居明男執筆）。

（11）『平安時代史事典』「円融寺」項（杉山信三執筆）。

（12）七田麻美子「『本朝無題詩』の山寺詩―慈恩寺詩を中心に―」（『アジア遊学別冊三　日本・中国　交流の諸相』勉誠

出版、二〇〇六年三月）。

（13）中島和歌子「『後二条師通記』の雪月花」（第七十八回和漢比較文学会東部例会発表資料、二〇〇三年一月、於中央大学）。以下中島論への言及はこれによる。小野泰央「『後二条師通記』の漢詩文表現―古記録の記述と時令思想―」（『中世漢文学の形象』勉誠出版、二〇一一年、初出二〇〇九年）。

（14）なお、『師通記』において同様の例がこのほかに、寛治六年五月十四日条「晴。未剋甚雨。頃之晴又雨止。漢天青類」、同七年二月二十二日条自筆別記「已終雲満暴雨。北風。未剋日脚有レ纔。頃之暗以青類◦《同時》参内」、四月二十五日条「漢天如二青紙一」、六月二十四日条「天晴、碧落青□」、嘉保三年八月二十三日条「天晴。碧落青類」、九月三十日条「晴。秋天青類」にみられる。

（15）花上和広「藤原師通の和歌について」（『総研大文化科学研究』第十四号、二〇一八年三月）参照。『師通記』に書かれた和歌については附表参照。

（16）「「見渡せば」と「眺望」詩」（『古代後期和歌文学の研究』風間書房、二〇〇五年、初出一九九二年）。また、「見わたせば」歌の史的変遷をたどった石川常彦「「見渡せば」考―第三句「見渡せば」の新古今への変遷―」、同「続「見渡せば」考―初句「見渡せば」の新古今への変遷―」（以上、『新古今的世界』和泉書院、一九八六年、両者初出一九七二年）も参照。

（17）藤田加代「「見渡せば」によって構成される詩的空間」（『表現研究』第三十一号、表現学会、一九八〇年三月）。

（18）藤田加代前掲論文。

（19）『後鳥羽院　第二版』（ちくま学芸文庫、二〇一三年、初出一九七三年）。

（20）久保田淳『新古今和歌集全評釈』第四巻（講談社、一九七七年）参照。

（21）「黄帝立為二天子一十九年、令レ行二天下一。聞三広成子在二於空同之上一。故往見レ之曰、我聞三吾子達二於至道一。敢問二至道之精一。吾欲下取二天地之精一、以佐二五穀一、以養中人民上。吾又欲下官二陰陽一、以遂中群生上。為レ之奈何」。

（22）当該十二月二十四日条のほか、寛治四年十二月十七日条、同五年正月一日条別記、正月二日条別記、正月三日条本記に五例みられるが、寛治四年十二月から翌五年正月のひと月余りに集中している。なお、二つの本文が存する寛治五年は以上の例のもう一方の本文、つまり正月一日条本記、正月二日条本記、正月三日条別記では「仙院」となっている。また、『都氏文集』巻三・十九「奉レ答三太上天皇辞二御封一第二表」には、「問二道崆峒一、而不レ廃二御俗之勤一」とあり、清和上皇が皇位を退いていることを「問二道崆峒一」としている。

(23) 東京大学史料編纂所「古記録フルテキストデータベース」では、「霜降」の用例は『師通記』以降のものしかみられない。

(24) 竹居明男「仏名会」(阿部猛・義江明子・相曽貴志編『平安時代儀式年中行事事典』東京堂出版、二〇〇三年)。

第四章　寛治五年「曲水宴」関連記事における唱和記録

一、はじめに

これまで述べてきたように、師通は摂関家嫡流でありながら、熱心に学問に励んだ人物であり、『師通記』にあらわれる他の古記録ではみられない表現は、彼の学問に起因したものであった。第Ⅱ部では、『師通記』を漢籍とのかかわりから読み解くことで、そのテクストに表出する〈知〉のありかたを総合的に考えてきた。本章では、寛治五年（一〇九一）三月十七日の記事に記された左大臣源俊房との唱和に注目し、そこにあらわれる〈知〉のありかたについて考えていきたい。

二、寛治五年三月十七日条別記

寛治五年三月十七日条別記

寛治五年三月十六日、師通は道長の例にならい曲水宴を開いた。その翌日の『師通記』別記裏書に書かれた唱和詩の最終句には「劉公何必入二天台一」とある。この句は次の話をふまえたものである。

（続斉諧記。）漢明帝時永平十五年、剡県有二劉晨・阮肇一。入二天台山一、採レ薬、迷二失道路一、糧食乏尽。望二山頭一有二一桃樹一。二人共取レ桃食、如レ覚二少健一。下レ山得二澗水一、飲レ之、并各澡洗。又見蔓菁菜従二山腹一流出。次又有二一杯流出一、中有二胡麻飯屑一。二人相謂曰、去レ人不レ遠。因各入レ水、水深四尺許行一里、又度二一山一、出二大渓一。見二二女子顔容絶妙一。便喚二劉・阮姓名一。如レ有二交旧一。歓悦問曰、劉郎等来何　晩。因邀過レ家。庁館服飾無レ不二精華一。東西各有レ床、帳帷幔二七宝瓔珞一。非二世所レ有。左右侍直、青衣並皆端正。都無二男児一。須臾下二胡麻飯・山羊脯一食レ之。甚美。又誤〔設〕二甘酒一。又有二数仙客一投二三五桃子一。至二女家一云、来慶二女壻一。各出二楽器一、歌調作レ楽。既向レ暮仙女各還去。劉・阮就二所レ邀女一宿。言語巧美。又行二夫婦之道一。住十五日求レ還。女答曰、今来至レ此皆是宿福所レ招。得下与二仙女一交接上。流俗何可レ楽。遂住半年。天気和適、常如二二三月中一。百鳥哀鳴、能不二悲思一求レ去甚切。女云、罪根未レ滅。使二君等一如レ此。更喚二諸仙女一、作二絃歌一、共送二劉・阮一云、従二此山東洞口一去、不レ遠至二大道一。随二其言一、果得レ還二家郷一。都無二相識一。郷里怪異。乃験二七世子孫一云、伝聞上世祖翁入レ山、不レ出、不レ知二所在一。今乃是既無二親属栖宿一、欲レ還二女家一、尋二山路一、不レ獲。至二大康八年一失二二公所在一。

漢の永平十五年（七二）、剡県（今の浙江省）の劉晨と阮肇が、ともに天台山に入るも遭難してしまった。持参した食糧も底をつき、二人は飢えて死にそうになるが、遠くを見ると山の上に一本の桃の木があったので、これを食べてなんとか元気を取り戻す。山を下りて川の水を飲み手足を洗っていると、山腹からかぶら菜につづいて胡麻飯の粒がついたお椀が流れてきた。二人は流れてきた方面に向かって川をさかのぼり、そこで二人の美女に出会う。初めて会ったはずの彼女たちに二人は名前をよばれ、なぜ来るのが遅かったのかと言われるも、歓迎され、華麗な館で美食三昧の生活をともにするうちに半年の時間が経った。そこはまるで春のような温暖な気候であったが、二人は次第に望郷の思いが募り、帰ることを決意する。しかし、故郷に戻ると、親戚や旧知の友はすでにいなくなっており、村の様子も家もかわってしまい、知り合いもいない。七代目の子孫を見つけるも、この子孫によるとその昔、山に登って帰って来なかった先祖がいたという。二人は仙女のもとに戻ろうとしたが見つからず、西晋の太康八年（二八七）になって、再び所在不明となった、というのがおおよその内容である。

この劉阮天台説話は、『続斉諧記』を出典として、『蒙求』ならびに『世俗諺文』にそれぞれ「劉阮天台」、「七世孫」として収められている(1)。また、『幽明録』を出典として、『法苑珠林』潜遁篇、『芸文類聚』山部「天台山」、そして師通の時代に伝来していたとは考えにくいが、『太平御覧』地部「天台山」にも収められている。これら以外に、『太平広記』「女仙」にも「天台二女」として載せているが、談刻本では出典を『神仙記』とし、明鈔本では『捜神記』としている。なお、菅原道真「劉阮遇㆓渓辺二女㆒詩」（『菅家文草』巻五・三八八）はこれをテーマにした詩であり(2)、大江朝綱「暮春同賦㆔落花乱㆓舞衣㆒各分㆓一字㆒応㆓太上皇製㆒」詩序にも、「臣謬入㆓仙家㆒、雖㆑為㆓半日之客㆒、恐帰㆓旧里㆒、纔逢㆓七世之孫㆒。徙倚而立、未㆑定㆓去留㆒云㆑爾」とあり、これは『本朝文粋』巻十ならびに『和漢朗詠集』「仙家」に収められている。

『師通記』のこの句は、この劉阮天台説話をふまえたうえで、「劉晨は必ずしも天台山に入るにはおよばない」というわけだが、これはどのような流れで書かれた句なのだろうか。ここで劉晨が天台山に入った説話をことさら出してきた、想起した意味は何なのだろうか。対象を三月十七日条別記全体に広げて考えてみたい。

まずは三月十七日条別記全文をあげる(3)。

　晴。

　裏書。左府許和㆑詩。暮春曲水宴飲、興言有波〔ママ〕、不㆑堪㆓感情㆒、押㆓本韻㆒。

　　春天何処参人会　三月宴遊傍岸来　　春天何れの処か参ずる人の会し(4)　三月の宴遊岸に傍ひて来たる
　　子孟尋心無擁怠　周公踏跡自徘徊　　子孟心を尋ね擁怠すること無く　周公跡を踏み自ら徘徊す
　　梨花遮手興閑飲　松葉寄心楽只催　　梨花手を遮りて閑飲に興じ　松葉心を寄せて只催するを楽しむ

曲水題詩添朗詠　蘭亭展席接三台　　曲水詩を題して朗詠を添じ　蘭亭席を展ねて三台に接す

昨依㆓内相府之嘉招㆒、会㆓飲曲水宴㆒矣。相府忽和㆓瓦詞㆒被㆑投㆓玉句㆒。下官又感㆓其什㆒、愁以継㆑之本韻。

屢尋曲洛風流地　軒騎終朝連榻来　　屢曲洛風流の地を尋ね　軒騎終朝連榻して来たる
詩酒筵中同宴飲　桃梨林下共徘徊　　詩酒筵中に宴飲を同じくし　桃梨林下に徘徊を共にす
三春佳会応時識　一日勝遊仍旧催　　三春の佳会時に応じて識り　一日の勝遊旧に仍りて催す
有水有山仁智楽　劉公何必入天台　　水有り山有りて仁智を楽しむに　劉公何ぞ必ずしも天台に入らむ

この前日に、六条殿[5]において師通主催の曲水宴が行なわれたわけだが、その翌日にあたるこの日、しかも裏書に、前日の曲水宴における作文をふまえた師通とその母方伯父にあたる左大臣源俊房[6]との漢詩の唱和が書かれている。「和㆑詩」とあるだけでなく「押㆓本韻㆒」とあるのに注意したい。本韻は次韻に同じく、本とした詩と同じ韻字を同じ順序で使用するもので、師通は前日の曲水宴における俊房の詩の本韻を押したのだった。そのときの詩は『中右記部類紙背漢詩集』巻十八に残っている[7]。俊房の詩を次にあげる。

周公故事待時開　羽爵泛流傍岸来　　周公の故事時を待ちて開き　羽爵流れに泛び岸に傍ひて来たる
磧礫水遄興擁怠　潺湲石浅暫俳徊　　磧礫たる水遄擁怠を興し　潺湲たる石浅く暫く俳徊す
夕灘頻引入淵酔　春酒数巡知浪催　　夕べの灘頻りに淵酔に引き入れ　春の酒数巡して浪催すを知る
宜矣家門余慶意　花前主客催三〔台〕□　　宜なるかな家門の慶意余ありて　花前の主客三台に催す

以上の俊房の詩を本として師通が詩を詠み、この師通の詩を本として再度俊房が詩を詠んだというのが十七日条の大枠である。これら三首の押韻は「来」「徊」「催」「台」、上平声十「灰」で、いずれも例外はない。

このように、本韻という手の込んだ技法を用いて漢詩の唱和が行なわれたわけだが、内容はどのようなものだろうか。また、最終句となる「劉公何必入㆓天台㆒」とはどのようにつながってくるのであろうか。

師通の漢詩

まず、師通の漢詩をみていきたい。

第一・二句、「傍レ岸来」は本とした俊房の詩をそのまま借りてきており、その発想は陶淵明「桃花源記」にある「縁レ渓行」と同じものであろう。劉阮天台説話も川をさかのぼって二女のもとに辿り着いていた。曲水に沿ってゆくと仙境に辿り着くというようなイメージである。解釈は、春の日に、いずれの場所であろうか、参上した人が会し、曲水に沿ってやって来る、となろう。

第三・四句、「子孟」は、前漢の名臣霍光の字である。『漢書』霍光伝には、武帝が画工に命じて周公旦が成王を背負って諸侯を朝見する場面の絵を描かせ、これを霍光に与えたという話がある。『師通記』応徳三年（一〇八六）九月二十日条には『漢書』当該箇所の学習記事、寛治六年十月一日条には当該箇所の抜書がある（第一章、附章参照）。なお、霍光は武帝の死後、昭帝と宣帝の二代にわたって皇帝を補佐したが、宣帝即位の際に霍光に出した詔のなかに「関白」の語が使われており、これが日本の関白の由来となっている。

「周公」は、先の霍光伝にも引用される周公旦のことであり、兄武王とともに殷の紂王を倒し、周の建国を支え、武王の死後はその子成王を補佐した。『続斉諧記』（『荊楚歳時記』『芸文類聚』『白孔六帖』などに所引）には曲水宴を周公旦がはじめたことが書かれており、曲水宴における漢詩でもたびたび引き合いに出されている（後述）。周公旦の故事については本とした俊房の漢詩にもあるが、「子孟」については師通独自の表現である。周公旦と同様に輔弼の臣であり、関白の由来ともなった霍光を師通が強く意識していたようである。「擁扆」の語も本とした俊房の詩を受けたもので、管見の限り中国の文献にみることはできず、日本の文献でも前日の俊房の詩と、それをふまえたこの師通の詩にみえる以外の用例は後世のものばかりであり、後世のものとしても『玉葉』承安二年（一一七二）五月十日条「神事擁扆、古来未レ有二如レ此事一云々」、『猪隈関白記』承元二年（一二〇八）十月二十三日条に載る告文の「自然遅引志弖于今擁怠勢利」などの用例であり、日本の古記録特有語であるといってよい。意味は行事などをおろそかにする、滞る、である。解釈は、霍光の心を尋ね、滞らせることなく、周公旦の先例によって宴の場をさまよう、となろう。

第五・六句、「梨花」は「梨花春」のことである。白居易「杭州春望」（『白氏文集』巻二十・一三六四）には、「青旗沽レ酒趁二梨花一」とあり、自注には「其俗、醸レ酒趁二梨花時一熟。号為二梨花春一」とある。菅原道真「酒」（『菅家文草』巻五・四〇五）にも「梨花酌浅深」とあり、川口久雄は「昔、洛陽で梨の花の時に、人人はその下に酒を携えて行き、梨花の汚れを酒をそそいで洗いおとしたという故事もある」と述べている(8)。「松葉」は松葉酒のこと。庾肩吾「贈二周処士一詩」（『芸文類聚』人部「隠逸上」）には「方欣二松葉酒一」とある。「梨花」「松葉」をあわせて使用した例として、具平親王「唯以レ酒為レ家」（『本朝麗藻』巻下「酒部」一二六）の「戸牖梨花松葉裏」がある。ここは、梨花春を無理強いされることなく、心静かに飲むことを楽しみ、松葉酒に心をあずけてただ宴を催すことを楽しむ、の意となろう。

第七・八句、「蘭亭」は、会稽郡の山陰県、現在の浙江省紹興県にある。王羲之が祓禊の祭事を蘭亭で行なって曲水流觴の遊びをしたことをふまえる。「三台」は本来は太政大臣、左大臣、右大臣、のちに左大臣、右大臣、内大臣を指すが、この場合は特に左大臣俊房を意識して述べたものと考えられる。曲水宴において詩を題して朗詠し、王羲之の蘭亭のように席をつらねて大臣に接する、の意となろう。

ちなみに、二句目「傍岸来」、三句目「擁怠」、四句目「周公」「徘徊」、八句目「三台」は本とした俊房の詩と同じ語を使用しており、この師通の詩を本とした次の俊房の詩では、重なる語彙が「徘徊」のみであることを考えると師通の詩の力量もうかがえる。

俊房の漢詩

つづいて、俊房の漢詩である。まず詞書的本文で、師通の漢詩を本にして漢詩を詠む経緯が書かれる。自らの詩を「瓦詞」、師通の詩を「玉句」とし、「下官又感二其什一、憖以継レ之」と、あくまでも個人的感慨による作詩であることが書かれている。

第一・二句、「曲洛」とは洛陽を流れる「洛水」のことで、この場合は曲水宴の行なわれた六条殿の遣水をいう。白居易「和二春深一二十首・其十五」（『白氏文集』巻五十六・二六六七）に「蘭亭席上酒、曲洛岸辺花」、島田忠臣「三月三日、侍二於雅院一賜二侍臣曲水之飲一。応製」（『田氏家集』巻之下・一四八）に「宮水自流為二曲洛一、内臣便引作二嘉賓一」とある。「軒騎」の「軒」は『説文解字繋伝』に「軒、大夫以上乗車也」とあり、「軒騎」とは、いわば、高位の人が乗る車のことである。「連榻」は、謝霊運「擬二魏太子鄴中集一詩八首」のなかの「魏太子」（『文選』巻三十）に、「澄觴満二金罍一、連榻設二華茵一」とあり、列なったこしかけを意味する。また、大江匡衡「三月三日侍二左相府曲水宴一同賦二因レ流汎レ酒応レ教詩一首」（『江吏部集』巻上、『本朝文粋』巻八・二一九）に「天下一物以上、連二賓榻於林辺一」、匡房「春日陪二左丞相水閣一同賦三花樹契二遐年一詩一首」（『本朝続文粋』巻九）に「躡二珠履一而連レ榻」とある。ここは、曲洛のような風流な地である六条殿を訪ねると、高位の人の輿が列をつくって集まってくる、となろう。

第三・四句、詩を詠み、酒を飲み、みな席を同じくし、桃や梨の林の下をともに徘徊する。桃や李、林下などの語が仙境をイメージさせる。[9]

第五・六句、「三春」は春の三ヵ月をいう。『遊仙窟』では仙女たちの邸宅の庭のすばらしさを詠んだ男の詩に「両歳梅花迊、三春柳色繁」とあり、謝恵連「三月三日曲水集詩」（『芸文類聚』歳時部「三月三日」）に「四時著二平分一。三春稟二融爍一」とあるほか、劉阮天台説話を題材にした菅原道真「劉阮遇二渓辺二女一詩」（『菅家文草』巻五・

三八八）にもこの語がみえる。「三春佳会応ㇾ時識」の句は、藤原実範「酌二羽觴一」（『本朝無題詩』巻二・九十四）の「三日佳期遊宴幷」、源資綱「三日佳期飫宴辰」（『中右記部類紙背漢詩集』巻十）、源経成「三日佳期宜二愛賞一」（同上）などと似る。「仍ㇾ旧」は先例をふまえたことを強調する（後述）。ここは、春のよきこの宴において時機を知り、一日の遊宴を先例によって催す、の意となろう。

第七・八句、「有ㇾ水有ㇾ山仁智楽」は『論語』雍也篇の「知者楽ㇾ水、仁者楽ㇾ山。知者動、仁者静。知者楽、仁者寿」をふまえている。「劉公何必入二天台一」は先に述べた通り劉阮天台説話をふまえている。ここは、水も山もあって仁智を楽しめるので、劉晨は必ずしも天台山に入るにはおよばない、の意となろう。

以上、ひと通り内容を確認した。次に、そもそも曲水宴とは何なのか、そして寛治五年の曲水宴とは何だったのかを考えてみたい。

三、寛治五年の曲水宴

曲水宴の来歴

曲水宴が中国伝来の行事であることはいうまでもない(10)。『芸文類聚』歳時部「三月三日」所引『韓詩』には、三月に桃花の咲く川のほとりで招魂し、穢れを除いた、とあるほか、同書所引『続斉諧記』には次のようにある（以上は『荊楚歳時記』にも引かれている）。

続斉諧記曰、晋武帝問二尚書郎摯虞一曰、三日曲水、其義何指。答曰、漢章帝時、平原徐肇、以二三月一初生二三女一。至二三日倶亡一。一村以為ㇾ怪、乃相二携之一水浜盥洗。遂因ㇾ水以汎ㇾ觴。曲水之義起二於此一。帝曰、若如ㇾ所ㇾ談、便非二好事一。尚書郎束皙曰、仲治小生、不ㇾ足二以知一ㇾ此。臣請ㇾ説二其始一。昔周公城二洛邑一、因二流水一以汎レ酒。故逸詩云、羽觴随レ波。又秦昭王三日置二酒河曲一。見有二金人一出。奉二水心剣一曰、令三君制二有西夏一。及三秦覇二諸侯一、乃因二此処一立為二曲水祠一。二漢相縁、皆為二盛集一。帝曰、善。賜二金五十斤一。左二遷仲治一為二陽城令一。

晋の武帝が摯虞に曲水の由来を問うたところ、摯虞は「漢の章帝のときに、平原の徐肇が三月にはじめて三女をもうけたが、三日に至って全員亡くなってしまった。村ではこれを怪としてともに水辺に出て盥で穢れをはらい、盃を流した、これがそのはじまりである」と答えた。武帝が「もしこれがその通りならば好事ではないな」と述べると、束皙はその由来について、周公旦の時代に洛邑を築いた際に、流水に盃を流したのがはじまりであるということと、秦の昭王の時代に河曲で三日に酒をおいて、金人に会って水心剣を受け取り、西夏を征服するべきことを告げられ、その後秦は諸侯に覇をとなえた、これによって曲水がはじまったという二つの説を述べた。このことによって摯虞は左遷され、束皙は金五十斤を賜った、というのがおおよその内容である(11)。

日本における初見は、『日本書紀』顕宗天皇元年条「三月上巳、幸二後苑一、曲水宴」である。つづいて二年、三年とみえるものの、その後は『続日本紀』文武天皇五年（大宝元、七〇一）三月三日条にある「賜二宴王親及群臣於東安殿一」までみえないので、顕宗天皇の頃に儀礼としての成立をみるよりも、倉林正次の指摘するように(12)、持統、文武朝頃に中国の文化を模範として成立したと考えるほうがよいであろう。その後、平城朝大同三年（八〇八）に一時廃止(13)、宇多朝寛平二年（八九〇）に至って曲水宴が再び開かれるが(14)、滝川幸司はこれが平城朝に廃止された節会の復興にあたるのかどうか、そして「公宴」か「密宴」なのかを問題としている(15)。

滝川によれば、「宮廷詩宴には〈公宴〉〈密宴〉の二種類が存し、〈公宴〉は政事の一環としてあり、〈密宴〉は天皇の私的意志によって開かれ、文芸性・遊戯性を持つ」のだという(16)。そして諸テクストの分析を通し、寛平二年の曲水宴は「密宴」であったと結論づけている。このときの詩が『菅家文草』や『田氏家集』などに残っている。宇多朝になって「密宴」として復活した曲水宴も、その後間があき、村上朝および一条朝までみえない。

こうして断続的に催された曲水宴であるが、滝川は、羽觴を流し飲酒するという行為は常になされていたのだろうか、と疑問を呈したうえで、次のように述べている。(17)

寛弘元年の例では、詩序で曲水の故事を詠んでおり(18)、詩序だけを見ると曲水宴が行われたように見えるが、『権記』によれば曲水は停止されていた(19)。こうした例があると、それ以外でも曲水宴としてではなく、三月三日という理由で「曲水宴」と呼ばれただけの詩会もあったのではないかと思われるのである。村上朝天徳三年、応和二年、一条朝寛弘二年などの記録には曲水が設けられたことが明記されず、単なる詩会であった可能性もある。この点に注意するのも、前節で見た『西宮記』の次第に流盃が記されないからである。

実際に羽觴を流したことの確例は、平安前期に限ると、応和元年（九六一）、康保三年（九六六）、寛弘四年（一〇〇七）しか見出すことができない。ちなみに『御堂関白記』寛弘二年三月三日条には「内有二作文事一云々」とあり、翌三年三月三日条、四日条には花宴について記されているのみである。例年「曲水流觴」を行なっているわけでもなさそうである。三月三日においてはむしろ作文が主といった趣で、「曲水」は実体をもつものではなく、作詩の修辞句となっていた可能性がある(20)。

さて、それにつづく寛弘四年は、実際に曲水流觴を行なった例として注目されるわけだが、これを先例として寛治五年三月十六日に曲水流觴を行なったのが、師通であった(21)。

寛治五年の曲水宴――過去・現在・未来

この日のことは『師通記』や『中右記』に詳しいが、『今鏡』ふぢなみの上第四「波の上の杯」には、

三月三日(22)、曲水の宴といふ事、六条殿にてこの大臣せさせ給ふときこえ侍りき(23)。唐人の汀に並み居て、鸚鵡の杯浮かべて、桃花の宴とてする事を、東三条にて御堂（道長）の大臣せさせ給ひき。その古き跡を尋ねさせ給ふなるべ

し。この度の詩の序は、孝言といひしぞ書きけるときこえ侍りし。

とあり、寛弘四年の道長の例を先例として行なったことが書かれている。寛弘四年から寛治五年の間は、曲水流觴を行なった例はなかった。そう考えると、師通が流觴を行なった意味は大きい。

師通は、日記を記すなかでも曾祖父道長の先例を特に重視していた。その最たる例が寛治四年の金峯山詣である。師通の金峯山詣は、寛治二年につづいて二度目となるが、このときは父師実から事前に『御堂関白記』の該当部分を借り、わざわざ寛弘四年閏五月十七日から八月十四日までの記事を抜書している（第Ⅰ部第三章参照）。

後三条天皇の即位にともなって頼通の弟・教通に摂関の職が移り、その後なんとか師実に摂関職が戻ってきたものの、とうに摂関家の時代は終わりを告げ、のちに院政期とよばれる時代に入っていた師通の時代、道長の時代は遠い昔であると同時に、摂関家にとって栄光の日々であった。その道長の時代を手本にし、模倣しようとするのは当然のことであろう。松薗斉は「日記の家」としての摂関家を考えていくなかで、次のように述べている。

その「家」の社会的存在を規定する偉大な祖先の日記は、「日記の家」化が進行するとともにいわゆる曩祖の日記として特別視され、「家」内部での管理が厳重に成されるようになる。「御堂流」の嫡流を自認する摂関家の場合、必然的に道長の日記（御堂御記）がそのような存在と意識されていった。道長の日記は、儀式の典拠としては当時の他の貴族の日記と比較して格段に有用なものとは思えないが、院政期の摂関家では、儀式・政務の場における「御堂例」の源泉として重視していこうという意識が強く見られる。(24)

同時に、松薗は現存する道長以降の摂関家の日記『師通記』『殿暦』『台記』『玉葉』の日記の引勘例を調べている。(25)それによると、師通が多く引勘した日記は藤原行成の『権記』を筆頭に、藤原師輔の『九暦』、源師房『土右記』、『村上天皇御記』、『御堂関白記』とつづいていく。『権記』が筆頭にあげられるのは、木本好信も述べているように、(26)道長時代を知るうえで『権記』が最も有用な資料であったからであり、(27)『御堂関白記』の引勘が少ないように思われるのもそのためである。また、御堂流が道長ならば、『九暦』を書いた師輔はその大本の九条流の祖であり、『九条殿遺誡』や『九条殿年中行事』を残した人物であることを考えれば、『九暦』の引勘数が多いのも当然であろう（『師通記』における先例引勘の方法については、第Ⅲ部第三章を参照）。

師通が、道長時代を単に模倣しようとしているのではないということは、師通が摂関家の嫡流でありながら熱心に学問に励んだということからも確認できる（第一章参照）。ゆえに、道長時代の寛弘四年の曲水宴につづいて曲水流觴を行なったのも惰性によるものではない。

ちなみに、道長の寛弘の例とともに師通の寛治の例は後世の先例とされた。元久三年（建永元、一二〇六）、後京極殿九条良経は曲水宴の計画をするが、そのとき先例とされたのが、寛弘と寛治の例であった[28]。結局、その直前になって良経が亡くなってしまい中止となってしまうのだが、九条家当主であり文化人としても名高かった良経が「寛弘」と「寛治」の例をもとに曲水宴を行なおうとしたのは重要である。

寛弘・寛治、曲水宴実施の意義

それでは、道長、師通が行ない、良経が行なおうとした曲水宴とはどのような意義をもつものだったのか。

寛弘四年の曲水宴の詩序は、大江匡衡の「三月三日侍㆓左相府曲水宴㆒同賦㆓因㆑流汎㆑酒応㆑教詩一首」（『江吏部集』巻上、『本朝文粋』巻八・二一九）である[29]。冒頭には、

　夫曲水本源其来尚矣。昔成王之叔父周公旦卜㆓洛陽㆒而濫㆑觴、今聖主（一条天皇）之親舅左丞相（藤原道長）亦宅㆓洛陽㆒而宴飲。

とあり、曲水宴の濫觴を周公旦の故事におくことで、周公旦の事績と道長の事績を重ね合わせている。この場合、成王を一条天皇に、周公旦を道長になぞらえていることになる。『御堂関白記』同日条においても「移㆓唐家儀㆒」とあり、中国における先例（この場合、周公旦の事績）を意識したものとなっている。

改めて、先にあげた『今鏡』を確認すると、「唐人の汀に並み居て、鸚鵡の杯浮かべて、桃花の宴とてする事を、東三条にて御堂の大臣せさせ給ひき。その古き跡を尋ねさせ給ふなるべし」とある。道長は周公旦の事績をふまえて曲水宴を行なった。さらにそれをふまえて師通が寛治五年に曲水宴を行なったのである。道長と師通はどちらも、兄の武王の死後、甥の成王を輔弼した周公旦を自らと重ね合わせることによって、摂関体制の正統化／正当化と制度的保障ならびに文化的意味づけを行なった。さらに師通の場合においては、道長の事績と重ね合わせることで、改めて摂関家の権威の復権を狙ったものであったといえよう。

四、裏書に書かれた唱和

ここで再び『師通記』寛治五年三月十七日条別記に戻って考えたい。

まず問題にすべきなのは、唱和の部分が別記の「裏書」に書かれたということである。『師通記』は記主である藤原師通が三十八歳で早世したために、日記本文が整理されることなく――同時代を生きた『中右記』の記主である藤原宗忠などは折にふれて日記本文の整理を行なっている――、日記に対する試行錯誤の過程がそのまま残ったテクストとして評価できるが（第Ⅰ部参照）、『師通記』寛治五年は日次の本記と別記が存在する（第Ⅰ部第四章参照）。今回対象としている三月十七日条は、本記が存在せず別記のみであるのだが、唱和が書かれているのは、別記のさらに「裏書」なのである。

大日本古記録が底本とした予楽院本をはじめ、現存諸本では、十七日条別記は、干支と天気の次に、裏書としてつづいて書かれているが、本来の裏書の機能を考えれば連続してあったとは考えられない。おそらく、本紙の裏に書かれていたものが、書写校合過程で内容から十七日条に接続されたのだろう。(30)複雑なテクスト状況のなかにあって書かれた本文、これが本章で問題とする寛治五年三月十七日条別記裏書であるが、「日次」からは半ば独立した状況で存在していたテクストなのである。

日記本編、すなわち、十六日に行なわれた曲水宴の記事に、漢詩が書かれなかったことは容易に想像がつく。記録をする人間が別個に存在していたのである（例えば第Ⅰ部第三章で述べた師通の金峯山詣のときのように）。先ほどもふれたように、このときの漢詩は『中右記部類紙背漢詩集』に残っている。それに対して、この裏書の内容を記録する者は師通もしくは俊房以外に存在し得ない。きわめて個人的な関係に基づくものであったからこそ、「裏書」に書かれたのであって、それが「唱和」であったというのも重要である。「唱和」については次の藤原克己の論が参考になる。

元稹・白居易の詩文集が、唐商人や入唐僧達によってわが国にもたらされたのは、（中略）仁明朝承和年間（八三四〜八四八）のことであった。それは元稹すでに世になく、居易最晩年の頃である。彼らが諷諭詩を盛んに書いた時代はとうの昔であり、当時の居易は、中国においても、諷諭詩の詩人としてよりも、元稹や、また晩年の居易が心を許した詩友劉禹錫（七七二〜八四二）らとの、主として次韻（相手の詩の脚韻と同じ字を同じ順序で押韻する方式）による洗練された唱和詩の作者として著名であった。入唐僧円仁が承和年間に将来した書籍の目録のなかに『杭越寄和詩集』（杭州刺史であった白居易と越州刺史であった元稹との唱和詩集）が見えることも、中国におけるその流行を反映したものである（『日本国見在書目録』には『劉白唱和集』もみえる）。しかしてこの元・劉・白らの唱和詩の様式は、小野篁と惟良春道の詩の酬答にいちはやくその影響が認められ、以後平安朝の文人達に襲用されるところとなった。もちろん唱和詩だけが読まれたのではないが、後中書王具平親王が、『本朝麗藻』讃徳部に収められたその詩に分注して、「我が朝の詞人才子、白氏文集を以て規摹と為す。故に承和以来詩を言ふ者、皆な体裁を失はず」と記しているのは、篁以後の詩人達が、元白の唱和詩の様式に倣い、また白詩によって七律の作法を学んだことを言ったものと思われる(31)。

以上をふまえたうえで、もう一度裏書に書かれた漢詩の内容を確認し、本章の始発点であり終着点でもある「劉公何必入㆓天台㆒」にむかって考えていきたい。

五、おわりに

——師通と俊房の唱和——

この師通と俊房の唱和は、冒頭から白居易と劉禹錫の唱和を意識していた(32)。劉禹錫と白居易には、元稹の「春深」（現存しない）に和して（次韻して）各々が二十首ずつ詠んだ詩が存在する(33)。例えば次のようなものである。

白居易

何処春深好　春深執政家　　何れの処か春深くして好き　春深し　執政の家
鳳池添硯水　鶏樹落衣花　　鳳池硯水を添へ　鶏樹衣花を落とす
詔借当衢宅　恩容上殿車　　詔して衢に当たるの宅を借し　恩は殿に上るの車を容る
延英開対久　門与日西斜　　延英開きて対すること久しく　門は日と西に斜なり

（其三・巻五十六・二六五五）

白居易

何処春深好　春深上巳家　　何れの処か春深くして好き　春深し　上巳の家
蘭亭席上酒　曲洛岸辺花　　蘭亭席上の酒　曲洛岸辺の花
弄水遊童棹　湔裾小婦車　　水を弄す遊童の棹　裾を湔ぐ小婦の車
斉橈争渡処　一匹錦標斜　　橈を斉しくして渡を争ふ処　一匹錦標斜なり

劉禹錫
何処深春好　春深阿母家
瑤池長不夜　珠樹正開花
橋峻通星渚　楼暄近日車
層城十二闕　相対玉梯斜

何れの処か深き春の好き　春深し　阿母の家
瑤池長へに夜ならず　珠樹正に開花せんとす
橋は峻くして星渚に通じ　楼は暄かくして日車に近し
層城十二闕　相対して玉梯の斜なり

（其十五・巻五十六・二六六七）

劉禹錫
何処深春好　春深執政家
恩光貪捧日　貴重不看花
玉饌堂交印　沙隄柱礙車
多門一已閉　直道更無斜

何れの処か深き春の好き　春深し　執政の家
恩光日を捧るを貪り　貴重花を看ず
玉饌の堂に印を交へ　沙隄の柱に車を礙げらる
多門一たび已に閉ぢ　直道更に斜なる無し

（其二・六四三）

（其三・六四四）

師通の詩の冒頭第一句にある「何処」は、これらの詩の共通の第一句「何処春深（深春）好」と同様の趣向ではなかったか[34]。劉白の詩では「何処春深（深春）好」につづいて第二句で「春深〇〇家」と第一句に対する答えを用意する。しかし師通は「春天何処参人会」と場所をぼかしてみせる。白居易と劉禹錫があげた「執政家」や「上巳家」も念頭にあっただろうが、ぼかして第三・四句へと移るのである。

先に述べたことの繰り返しになるが、道長と師通はどちらも、兄の武王の死後、甥の成王を輔弼した周公旦を自らと重ね合わせることによって、摂関体制の正統化／正当化と制度的保障ならびに文化的意味づけを行なった。さらに師通の場合においては、道長の事績と重ね合わせることで、改めて摂関家の権威の復権を狙ったものであった。第三・四句には子孟こと霍光の故事、特に『漢書』霍光伝をふまえて、霍光と役割が重なる周公旦の故事を引き出している。霍光も周公旦も、君主を輔弼した臣であり、それは同時に摂関の役割、今後摂関家を担ってゆく師通の役割と重なるものである。霍光、周公旦、そして師通はここに同列に並べられているのである[35]。「曲水宴を行なうにふさわしい場所はどこか」と俊房に問いかけ、霍光や周公旦と自らをなぞらえることによって、曲水宴が行なわれた六条殿とそれを行なうにふさわしい人物としての自己の正統性をうったえるのであった。第七・八句では俊房と席を並べたことの喜びを述べ、俊房につなぐというかたちになっている。

これにつづけた俊房の詩は、宴が開かれた六条殿を「曲洛風流地」と称える。そもそも「曲洛」の語をここで用いること自体が、今回の曲水宴が周公旦の故事を典拠としていたことを意味する——先に述べたように「曲洛」は洛陽を流れる「洛水」のことで、洛陽は、故事によれば周公旦がはじめて曲水宴を行なった場所であった——。「桃梨林下」は『和漢朗詠集』「三月三日付桃」に載る王維の「春来遍是桃花水、不レ弁仙源何処尋」のように、曲水宴の季節は桃の季節でもあるから、桃のもつ仙境のイメージと曲水宴が融合されているのであろう[36]。

そして最後に「劉阮何必入二天台一」となるわけである。ここで劉阮天台説話が想起されたのは、天台山が仙境であることに加えて、仙女に遭うきっかけが「又有二一杯流出一、中有二胡麻飯屑一」と、川から椀が流れてきたから[37]であり、それを曲水流觴と重ね合わせたからにほかならない。村上天皇が天暦三年（九四九）三月十一日に二条院で行なった花宴の大江朝綱の詩序「暮春同賦三落花乱二舞衣一各分二一字一応二太上皇製一」（『本朝文粋』巻十・三〇六）には「臣謬入二仙家一、雖レ為二半日之客一、恐帰二旧里一、纔逢二七世之孫一[38]」とあり、前半は王質爛柯説話、後半は劉阮天台説話をふまえており[39]、田中隆昭は「平安京周辺の山中の寺院、仙洞御所、そして貴族の邸宅が、主として漢詩文の世界で、容易に神仙の世界、桃源郷として表現される傾向があった」と指摘している[40]。

次にあげた、淳和天皇の皇太子時代の作である「秋日冷然院新林池。探得二池字一。応製。一首」（『文華秀麗集』巻上）は、新しくできあがった冷然院（のちに冷泉院と改める）の庭園を詠んだものである。

君王本自耽幽趣　泉石初看此地奇
君王本自幽趣耽り　泉石初めて看すに此の地奇し
積水全含湖裏色　重巌不謝硤中危
積水全く含む湖裏の色を　重巌謝らず硤中の危きを
径栽晩竹春余粉　歳浅新林未拱枝
径に栽うる晩竹春余の粉　歳浅き新林未だ拱かぬ枝
景物仍堪遊聖目　何労整駕向瑶池
景物仍し聖目を遊ばしむるに堪へぬ　何ぞ労かむ整駕して瑶池に向かはむことを

この第七・八句に、「景物仍堪レ遊二聖目一、何労整駕向二瑶池一」（風物の眺めはなおそこで天子の目を楽しませるに耐えるほどだ、車馬をととのえて仙境にある瑤池に向うなどといった苦労をするには及ばない）(41)とある。瑤池は崑崙山にあるという仙女西王母の住居の傍の池のことである。

同じ冷然院を詠んだものとして、桑原腹赤「冷然院各賦二一物一、得二瀑布水一。応製。一首」（『文華秀麗集』巻下）がある。

兼山傑出院中険　一道長泉曳布開
驚鶴偏随飛勢至　連珠全逐逆流頹
巌頭照日猶零雨　石上無雲鎮聴雷
疇昔耳聞今眼見　何労絶粒訪天台
兼山傑出し院中険しく　一道の長泉布を曳きて開く
驚鶴偏に飛勢に随ひて至り　連珠全く逆流を逐ひて頽る
巌頭に日は照れど猶し雨零り　石上に雲無くして鎮に雷を聴く
疇昔耳に聞き今眼に見る　何ぞ労かむ粒を絶ちて天台を訪はむことを

この第七・八句には、「疇昔耳聞今眼見、何労絶レ粒訪二天台一」（昔はこの滝のことを耳に聞いたが、今は実際にこの目で見る、どうして穀物を絶って霊仙のいる天台山の滝を訪うような苦労をしようか、この滝をみれば天台山の滝を尋ねる必要はない）(42)とある。これは孫綽「遊二天台山一賦」（『文選』巻十一）の「非二夫遺レ世翫レ道、絶レ粒茹レ芝者一、烏能軽挙而宅レ之」をふまえており、天台山に行かずともそれに勝るとも劣らない仙境が冷然院に出現したと讃えている。

以上のような用例は『文華秀麗集』に限ったものではない。以降の漢詩文にも同様の表現をみることができる。例えば次にあげたのは藤原敦信「池水繞レ橋流」（『本朝麗藻』巻上「夏」三十六）である。

池上雨収景気晴　溶々流水繞橋清　池上に雨収まりて景気晴る　溶々たる流水橋を繞りて清し
廻塘煙裏龍鱗暗　枯岸晴前雁歯明　廻塘　煙の裏に龍鱗暗し　枯岸　晴の前に雁歯明らかなり
潭泛紅欄南北影　浪随玉履往還声　潭に泛かぶ紅欄南北の影　浪に随ふ玉履往還の声
毎看形勝消塵慮　何必遠求蓬与瀛　形勝を看る毎に塵慮消ゆ　何ぞ必ずしも遠く蓬と瀛とを求めむ

この詩は、どこの園池を詠んだものか明らかではないが、第七・八句には、ここに居ると蓬萊と瀛州の二つの仙山を求める必要はないと詠まれている。

また、藤原実綱「行二幸平等院一」（『本朝無題詩』巻一・三）には次のようにある。

洛外名区一道場　九重天子暫相望　洛外の名区一道場　九重の天子暫く相望む
寺排露地幽深跡　仏駐月輪清浄光　寺は露地の幽深の跡に排き　仏は月輪の清浄の光を駐む
錦蓋混同林脆色　金縄映徹菊残粧　錦蓋混同す林の脆き色　金縄映徹す菊の残はれし粧
倩思斯処翠華幸　何必周文渭水陽　倩思ふ斯の処に翠華幸すれば　何ぞ必ずしも周文渭水の陽にあらむ

この詩は、治暦三年（一〇六七）に、後冷泉天皇の平等院への行幸の際に詠まれた[43]ものだが、やはり第七・八句には、周の文王がトして渭水に猟をし、呂尚（太公望）を得たという故事をふまえて、「渭水陽」（渭水の北）にいる必要もないくらい、この場所はすばらしいのだという。

藤原有信（実綱の三男）「翫レ月」（『本朝無題詩』巻三・一六一）も同様である。

景気蕭条素月生　自然箇裡動詩情　景気蕭条として素月生じ　自然と箇裡に詩情動く

秋当暮律初三夜　時及漏籌四五更
双鬢霜加驚老至　前軒雪襲識天晴
南楼瞻望雖争影　東閣光華欲比明
帷幕高褰雲歛後　琴歌不断夢残程
一觴一詠誰能禁　何必剡渓尋友行

秋は暮律初三の夜に当たり　時も漏籌四五更に及べり
双鬢には霜加はりて老の至れるかと驚き　前軒には雪襲ひて天の晴れたるを識んぬ
南楼の瞻望影を争ふと雖も　東閣の光華明を比んとす
帷幕高く褰ぐ雲の歛まりし後　琴歌断たれず夢の残る程
一觴一詠誰か能く禁ぜん　何ぞ必ずしも剡渓に友を尋ねて行かん

第十二句は、王子猷が月の美しい夜にその美しさに誘われ剡渓に住む友人戴逵を尋ねたという故事[44]をふまえたもので、王子猷のようにわざわざ剡渓に友を訪ねてゆかなくとも、側に友がいるということになる。藤原季綱「月下言レ志」（『本朝無題詩』巻三・一八三）も第十二句に「何必剡渓足二遠尋一」とあり、同じ発想である。

以上のような表現から、田中隆昭が指摘するように「皇居や御苑や後院、別荘などで行われた遊宴に呼ばれた廷臣や文人たちがその喜びや感激を仙境表現を加えることによって天皇上皇たちをたたえるのであるが」、それだけにとどまらず、「この場に仙境のようなすばらしい世界が実現しているのであるからいまさらほんものの神仙世界にまで出かけていくことはない、と詩に表現を」[45]していたのであった。後半の『本朝無題詩』の藤原有信や季綱の詩は、仙境表現ではないにしろ中国の故事を引き合いにその場のすばらしさを詠んでおり、これらは同根であろう。また、「友」という私的な関係を詠んでいた点でも注目されるべきである。そういった流れのなかに「劉公何必入二天台一」の句があったのであって、劉晨のように天台山に入るまでもないような、それにも増してすばらしい仙境のような地が六条殿だというのである。

これは、唱和の冒頭で師通が「何処」とぼかしたことへの俊房の回答でもあり、先にあげた劉白の唱和にあったような「阿母家」（この場合の阿母は西王母＝仙女がいるような場所）でも、あるいはこれも仙女がいるという天台山でもなく、あなたの六条殿こそが仙境なのだ、というわけである。

それにしても、である。仙境の地である天台山には美女が二人もいた。しかし、六条殿における曲水宴の詩会の参加者は皆男性、この場合に限っていえば師通と俊房の二人である。天台山に行く必要がないといわれた、現前する仙境の地である六条殿は、男性だけの空間であった。こうした空間を称揚し、宴の翌日になって、その私的な関係を確認するところに、この記事がわざわざ裏書に書かれた意味があったのではないだろうか。

注

(1) 引用は『蒙求』「劉阮天台」、本文は尊経閣文庫蔵応安頃刊五山版によった。

(2) 題下注には『幽明録』を出典とした本文があげられている。

(3) 当該箇所は江戸時代の近衛家熙がこれまでの諸本を校合して作成した予楽院本のほか、転写本系統の本文（宮内庁書陵部所蔵葉室本、宮内庁書陵部所蔵内藤本、神宮文庫所蔵宮崎文庫本など）が存し（伝本については第Ⅰ部第一章参照）、予楽院本を底本に校訂した。異同は次の通り。

○春　何処　人会―春天何処参人会（葉室本）、○子盃尋心無擁忌―子孟尋心無擁忌（葉室本）、○　高展席扌三呂―　亭展席扌三呂（葉室本）・　高展席接三台（神宮文庫本）・蘭高展席扌三呂（内藤本）、○下官又感其計―下官又感其什（神宮文庫本）、○輢終々朝連榻来―軒騎終朝連榻来（葉室本）、○詩酒筵中同宴飲―詩酒筵中内宴飲（葉室本）、○三春佳会応時識―三春佳会応時識（神宮文庫本）、○有水山仁智楽―有水有山仁智楽（葉室本）

(4) この部分、非常に訓読しにくいが一応このように訓読しておく。

(5) この六条殿がのちに上皇御所になった六条殿か不明。『中右記』には「関白《(師実)》殿六条水閣」とある。六条内裏の周辺には池亭をはじめとして園池を主とする邸宅が多く営まれている。

(6) 源俊房（一〇三五～一一二一）。村上源氏。父は師房、母は藤原道長の女尊子、妹の麗子が師通の母であり、摂関家とのつながりが深い。日記に『水左記』がある。永久元年（一一一三）の鳥羽天皇呪詛事件に子の仁寛が連座していたために、村上源氏の主流を弟の顕房に譲ることとなる。

（7）このときの詩序は惟宗孝言が作成、詩は『中右記部類紙背漢詩集』巻七・十八・二十八に残っており、後藤昭雄がこれらを分析整理して復原している（「『中右記部類』巻二十八紙背漢詩をめぐって」『平安朝漢文文献の研究』吉川弘文館、一九九三年、初出一九八四年）。

（8）日本古典文学大系『菅家文草　菅家後集』の川口久雄による当該箇所の注。

（9）林については、仁平道明「林のある風景―漢と和と―」（『和漢比較文学論考』武蔵野書院、二〇〇〇年、初出一九九五年）も参照。

（10）倉林正次『饗宴の研究（文学編）』（桜楓社、一九六九年）、山中裕『平安朝の年中行事』（塙書房、一九七二年）。

（11）本話は『晋書』束晳伝にもみることができる。

（12）倉林正次前掲書参照。

（13）『類聚国史』巻七十三・歳事部「三月三日」。

（14）北山円正「寛平期の三月三日の宴」（『平安朝の歳時と文学』和泉書院、二〇一八年、初出二〇〇五年）。

（15）滝川幸司「曲水宴」（『天皇と文壇―平安前期の公的文学―』和泉書院、二〇〇七年、初出二〇〇六年）。なお、菅原嘉孝「摂関期における曲水宴について」（『風俗』第二十九巻第三号、一九九〇年九月）も適宜参照した。

（16）滝川幸司前掲書二七三頁。

（17）滝川幸司前掲書二九四頁。

（18）論者注：大江匡衡「三月三日同賦二花貌年年同一応製詩一首」（『江吏部集』巻下）に「泛二羽觴於水上一。酌二恵沢一酔二恩波一」とある。

（19）論者注：『権記』長保六年（寛弘元、一〇〇四）三月三日条には、当初曲水宴が予定されていたが、尚侍藤原綏子の七七日忌のために停止されたとある。

（20）貴族たちの関心が曲水流觴よりも作文にむけられていたことは、菅原嘉孝も指摘している（前掲論文）。また、北山円正は、寛平期の曲水宴についてではあるが、水辺の禊の性格もうすいことを指摘している（前掲論文）。

(21) このときの曲水宴が三月三日ではなく、十六日であったことに関しては、『中右記』寛治五年三月十六日条に「去三日可レ有二此儀一、而依二一切経会延引一及二今日一也」とある。
(22) 実際は三月十六日であった。
(23) 実際は土御門殿であった。
(24) 松薗斉「摂関家」（『日記の家―中世国家の記録組織―』吉川弘文館、一九九七年、初出一九九三年）二〇九頁。
(25) 松薗斉前掲論文二〇五、二〇八頁。
(26) 木本好信「『後二条師通記』と藤原師通」（『平安朝日記と逸文の研究―日記逸文にあらわれたる平安公卿の世界―』桜楓社、一九八七年、初出一九八五年）。
(27) 『平安時代史事典』「権記」項（田中裕美子執筆）には、「日記は行成が頭弁・参議弁・権大納言であったころのものだけに、当時の朝儀・政治・政務の実態などが詳細に記述されている。特に蔵人頭時代は、天皇と左大臣藤原道長との連絡に努め、よくその責を果たし、政治の機微にも参画しているので、一条天皇時代の宮廷政治を知る上での重要な史料である」ともある。
(28) 『三長記』元久三年二月十三日条、十六日条、『古今著聞集』巻十三など。
(29) 『本朝文粋』巻八は序のみである。
(30) ちなみに翌十八日条の裏書は、朱書で「曲水宴」とあったためか、書写校合者の誤解により、十八日条の裏書とされているが、これは明らかに寛治四年四月二十日条のものである。
(31) 藤原克己「承和以前と以後の王朝漢詩」（『菅原道真と平安朝漢文学』東京大学出版会、二〇〇一年、初出一九九五年）一四三頁。
(32) なお、劉禹錫に応酬した白居易「酬二劉和州戯贈一」（『白氏文集』巻五十四・二四四七）には、「不レ似劉郎無二景行一、長抛二春恨一在二天台一」とあり、ここに詠まれる「劉郎」は直接には劉晨を指すが、劉禹錫を暗に示している。
(33) 次韻詩は元白の唱和詩からはじまるという（川合康三『白楽天―官と隠のはざまで』岩波新書、二〇一〇年）。
(34) 『和漢朗詠集』「暮春」の源順の「劉白若知二今日好一、応下言二此処一不上レ言レ何」は、これをふまえたものである。

(35)　なお、天永元年（一一一〇）に源麗子が息子師通のために修した周忌法要の願文「大北政所奉二為故一条殿一於二高陽院一被レ修二八講一願文」（『江都督納言願文集』巻五・一）に、「周公旦爵之水、舟二楫四海一。霍氏金鳳之車、羽二翼一天一」とあり、師通を周公旦と霍光になぞらえている。

(36)　『蒙求』の「劉阮天台」直前は「武陵桃源」、つまり陶淵明の「桃花源記」が載っており、内容の類似性は指摘するまでもないだろう。なお、「桃源」の語は十六日の曲水宴で詠まれた藤原知房の詩（『中右記部類紙背漢詩集』巻十八）にも、寛弘三年三月四日の宴の大江匡衡の詩（『本朝麗藻』巻上・十一）にもみることができる。

(37)　『日本紀略』同日条参照。

(38)　これも『和漢朗詠集』「仙家」に収められている。

(39)　『河海抄』は、『源氏物語』胡蝶巻における龍頭鷁首の舟を浮かべる場面の典拠として両説話をあげており、田中幹子「『源氏物語』胡蝶巻の仙境表現―『本朝文粋』巻十詩序との関わり―」（『『和漢朗詠集』とその受容』和泉書院、二〇〇六年、初出一九九七年）は、この大江朝綱の詩序が直接影響を与えたとしている。なお、王質爛柯説話の平安文学への影響については、上原作和「《爛柯》の物語史―「斧の柄朽つ」る物語の主題生成―」（『光源氏物語　學藝史―右書左琴の思想―』翰林書房、二〇〇六年、初出一九九七年）参照。

(40)　田中隆昭「光源氏の北山行―若紫巻の桃源郷的表現―」（『交流する平安朝文学』勉誠出版、二〇〇四年、初出一九九七年）二〇五頁。

(41)　解釈は岩波書店の日本古典文学大系頭注によるもの。

(42)　解釈は岩波書店の日本古典文学大系頭注によるもの。

(43)　『蒙求』「呂望非熊」、『芸文類聚』産業部「田猟」など。

(44)　『蒙求』「子猷尋戴」。なお、この説話の日本における受容については、田中幹子「「子猷尋戴」説話」（『和漢・新撰朗詠集の素材研究』和泉書院、二〇〇八年、初出一九九一年）参照。

(45)　田中隆昭「仙境としての六条院」（前掲『交流する平安朝文学』、初出一九九八年）三八二頁。

第五章　師通の漢籍〈知〉と匡房・通俊
――声と文字との往還――

一、はじめに

第Ⅱ部ではこれまで日記叙述と漢籍の関係を探ってきた。引きつづき本章でも師通の学問の結果、日記に書かれた〈知〉について考えていきたい。また、それが表出される状況と、取り巻く周辺環境から、当時の漢籍〈知〉のありかたについても考えてみたい。

二、『師通記』寛治六年七月二十日条における「蹊田奪牛」故事

晴。如《昨》発雷。
裏書。前太政大臣《（藤原信長）》牛飼・尾張守忠教《（藤原）》牛飼夷取畠草相論事、人引レ牛経二人田一度者有レ罪。奪者甚歟。見二史記一。太政大臣以二被レ申之旨一、令レ申二殿下《（師実）》一。御返事云、忠教・為房《（藤原）》等可レ有二勘当一之由所レ被レ仰也。又不レ可二勘当一候。件沙汰実否、可レ被レ尋二彼此一歟。於三未無二沙汰一者、似二虚言一者。人々心不便也。検非違使別当《（源俊実）》被二沙汰一歟。

以上は『師通記』寛治六年（一〇九二）七月二十日条である。日記本編は「昨日の如く雷があった」と記されるのみであるが、本章ではこの裏書に注目したい。

裏書によると、前太政大臣藤原信長と尾張守藤原忠教の牛飼が争いごとを起こしたようである。もちろんこれは暴力をともなったものであった[1]。ここで師通は傍線部「人引レ牛経二人田一度者有レ罪。奪者甚歟」と記す。割注にあるように、これは次にあげた『史記』陳・杞世家「成公元年条」からの引用である。

成公元年冬、楚荘王為三夏徴舒殺二霊公一、率二諸侯一伐レ陳、謂レ陳曰、無レ驚。吾誅二徴舒一而已。已誅二徴舒一、因県レ陳而有レ之。群臣畢賀。申叔時使二於斉一来還、独不レ賀。荘王問二其故一。対曰、鄙語有レ之。牽レ牛径二人田一、田主奪二之牛一。径則有レ罪矣。奪二之牛一不二亦甚一乎。今王以二徴舒一為レ賊二弑君一。故徴三兵諸侯一、以レ義伐レ之。已而取レ之、以利二其地一、則後何以令二於天下一。是以不レ賀。荘王曰、善。乃迎二陳霊公太子午於晋一、而立レ之、復君レ陳如レ故。是為二成公一。孔子読二史記一、至二楚復レ陳、曰、賢哉楚荘王。軽二千乗之国一而重二一言一。

陳で夏徴舒が主君である霊公を殺害した。楚の荘王は夏徴舒討伐を名目に出陣し、陳を滅ぼして自分の領土としてしまった。群臣は皆慶賀したが、申叔時だけは祝いの言葉を述べなかった。荘王がその理由を問うと、申叔時は「牛を引いて他人の田を渡り、その田の主がこの牛を奪う」という諺をあげ、勝手に他人の田を通過するのは罪のあることであるが、通過された田の主がその牛を奪うのはもっと罪深くはありませんか、と答えたのであった。つまり、この場合でいえば勝手に他人の田を通過したのが夏徴舒であり、その夏徴舒の罪を責め、滅ぼしたのみならず、もとの国までも奪うような罪深き行為を行なったのが荘王ということになる。荘王はこれを聞き入れ、陳を再興した、というのがこの話の大筋である。楚の荘王は春秋五覇の一人であり、こうした荘王の判断について孔子は「軽二千乗之国一而重二一言一」と評している。名君には名臣がおり、名臣の言を聞き入れることができるのが名君たるゆえん、というわけである。

ここにあげた『史記』本文の傍線部が、『師通記』の引用箇所に対応しているのだが、その後の一文に「太政大臣以二被レ申之旨一、令レ申二殿下一」とあり、信長の主張に沿ったかたちで師実に伝えている。詳細は不明であるが、引用された『史記』の本文と照らし合わせて考えると、他人の土地に入り込んだのは信長の牛飼であったが、それに対して狼藉を働いたのは忠教の牛飼であるから、忠教側に非がある、ということなのであろう。ここで師通は自ら名臣申叔時を演じたのであった。

　ところが現実はそううまくはいかないもので、「（これに対する師実の）返事には忠教と藤原為房等は勘当（出仕停止）が適当であろうとのことであったが、(2)反対の意見もあるので、実否については、いろいろと検討する必要があるようだ。ただ、未だ沙汰がないというのは虚言に似るものであり、便なきことだ。検非違使別当（源俊実）が沙汰をするか」と記している。

　二十五日条には、この処分に関するらしい記事がみえ(3)——このときも師通は「可レ依二御《法》心一」と記している——、二十九日条裏書には「左小〔少〕将忠教・為房等可レ申二籠居一之由令二言上一了」とあり、「籠居」という処分が決定したようである。

　争いの中心である忠教と信長は、いずれも師通の親族である。忠教は師実の五男であり、母は藤原永業女である。つまり師通の異母弟にあたる。『師通記』にはじめて登場したのは寛治四年十二月十日条で、源頼治と闘乱になったことが書かれている。さらに同六年六月三日条には師通の下部との濫行のことがみえる。当該記事は『師通記』における忠教の闘乱記事の三例目ということになるが、これ以後は闘乱の記事はみられなくなる。また、忠教は歌人としてもその名が知られており(4)、後述する郁芳門院根合は忠教の歌合初出である。

　一方の信長は教通の三男であり、頼通・師実父子にとっては摂関ならびに氏長者をめぐってのライバルであった(5)。もちろん、この段階に至ってはすでに摂関家嫡流は師実・師通のラインで確実なものとなっていたし、何よりも信長は師通の義父であった。師通が「後二条殿」とよばれたゆえんは、信長の娘を娶ったことと関連して、「大二条殿」こと教通の邸宅を伝領したからであって、信長との関係も浅くはなかったのである(6)。『師通記』寛治五年四月五日条別記には、師通の馬飼舎人が、信長の車副と乱闘になったことが書かれているが、信長の訴えの内容が師通自身の調査とほぼ同じであるとして、自らの馬飼舎人を政所送りとしている。

以上のように、忠教、信長と師通とはいずれも近い関係にあったことが確認されるが、それはそれとして師通は『史記』の「蹊田奪牛」の故事を引き、「依二御《法》心一」って事の判断をしたのである。

なお、ここで忠教と並んで処分された藤原為房は、有能な実務官人として知られ、摂関家家司でもあった（第Ⅰ部第三章も参照）。その下人が藤原仲実の下人とともに日吉神人を凌轢したとして、この約二ヵ月後の九月にその処分を求めて延暦寺大衆が強訴におよんでいる。朝廷は一旦は為房の左少弁・加賀守・中宮大進などを停止するという処分を決定するものの、大衆は納得せず、結果として為房は阿波権守に左遷されることとなった。[7]『師通記』九月二十日条に「三箇日内無二裁許一者、大衆等啓二参之由一云々」とあるように、これまでも処分を求めてきたにもかかわらず、それをのらりくらりとかわす朝廷に対してしびれをきらして強訴という手段に出たのであろう。今回の処分は、これと関係があるか。

三、『江記』寛治七年十月二日条における「蹊田奪牛」故事

実は、師通に関連して「蹊田奪牛」の故事が書かれる記事がもう一つある。大江匡房の『江記』寛治七年十月二日条（「元亨四年具注暦裏書」所引逸文）である。

有宗《（源）》来曰、為家《（高階）》朝臣定文内府《（師通）》御定詞、有三牽レ牛侄《〔径〕》二人田一之。件侄《〔径〕》字下官所レ用二蹊字一也。而通俊《（藤原）》向二人々一難曰、怪《〔径〕》字也。書二蹊字一是誤也云々。仍乍レ驚引二史記一見レ之（陳世家）於《〔杞〕》、怪《〔径〕》字、又引二左伝第十一見レ之、蹊字也。不二深尋一之人、致レ愚難也云々。

源有宗が来て言うには、師通の定詞「有㆔牽㆑牛侄〔径〕㆓人田㆒之」の「径」字を匡房は「蹊」字に書いたのだが、藤原通俊が人々の前でそれを非難して、「侄〔径〕字也。書㆓蹊字㆒是誤也」などと言ったそうである。確かに通俊の言うように『史記』陳・杞世家には「径」の字であるが、しかし同話を収める『春秋左氏伝』では「蹊」である。「深く調べもせずに、きわめて愚かなことである」と匡房は記している。

この定詞は高階為家に関連したものだった。[8] 高階為家は、白河院の近臣の一人で「吏途周防・美作・播磨・伊予・近江・越前・丹後・備中、位至㆓正下四位㆒、為㆓院別当㆒、凡四十余年受領也」（『中右記』嘉承元年（一一〇六）十一月十六日条）といわれ、財力を畜え、時の権勢家に奉仕した典型的な院司受領であり、師実家の家司も務めていた。第Ⅰ部第五章でみた、白河院と媞子内親王の彦根詣を取り仕切ったのも為家であった。

その為家が、この『江記』の記事よりさかのぼること約一ヵ月前の八月、近江国の春日社領の市荘において神人を凌轢したとして、興福寺の大衆が大挙入京して強訴におよんだのである。結果、朝廷はこれを受け入れ、為家を土佐国に配流したのであった。[9]

これについて角田文衞は、「弱腰な太政官はこの理不尽な強訴に対抗する術を知らず」、「圧力に屈して一方的に決定」したとし、次のように記している。[10]

近江国には、有力な社寺の荘園が多数存在している上に、不輸租権の明確でない荘園も少からず、絶えず問題が起きていた。現にその時にも、一方で中津荘のことで某寺と法華寺との間に紛争があり、近江守の為家は太政官の意向を伺いながら調整を行っていたような状態であった。市荘の場合も、荘園の四至や不輸租権を調査する目的で為家が遣わした検田使を荘家側が拒絶したために起こった紛争と推察されるが、非は圧力をもって一方的に政府に処断を強請する興福寺側にあった。しかし理非は別として為家の流罪は決定されたのである。

こうした紛争を解決するために開かれた陣定において、師通が発言したのが「有㆔牽㆑牛侄〔径〕㆓人田㆒之」という「蹊田奪牛」の故事であった。再度確認するが、この故事は、「牛を引いて人の田畑を渡るのはよくないが、だからといって田の主が腹を立ててその牛を奪うことはさらに悪いことである」という内容である。この場合でいえば、国司の指導に従わない荘園を管轄する春日社側にも非があるが、だからといって荘園を管理する神人に暴力をふるうというのはもっと悪い、ということになり、師通は角田が指摘する側面を重々理解したうえで判断し、引用したということがわかる。

四、漢籍における「蹊田奪牛」故事

師通が二度にわたって引用した「蹊田奪牛」の故事であるが、先の『江記』の記事では、「径」／「蹊」どちらの字か、ということが問題となった。通俊の批判に対して匡房が述べているように『史記』陳・杞世家では「径」の字であるが、『春秋左氏伝』では「蹊」の字が使われている。

ここでは一旦「蹊田奪牛」の故事の、漢籍における広がりについてみてみたい。『史記』陳・杞世家「成公元年条」は先にあげたので、もう一つ、『春秋左氏伝』巻二十二・宣公十一年条を次にあげる。

冬、楚子為二陳夏氏乱一故伐レ陳。謂二陳人一、無レ動、将レ討二於少西氏一。遂入レ陳、殺二夏徴舒一、轘二諸栗門一。因県レ陳。陳侯在レ晋。申叔時使二於斉一反、復命而退。王使レ譲レ之曰、夏徴舒為二不道一殺二其君一。寡人以二諸侯一討而戮レ之、諸侯・県公皆慶二寡人一。汝独不レ慶二寡人一、何故。対曰、猶可レ辞乎。王曰、可哉。曰、夏徴舒殺二其君一。其罪大矣。討而戮レ之、君之義也。抑人亦有レ言、曰、牽レ牛以蹊二人之田一、而田主奪二之牛一。牽レ牛以蹊者、信有レ罪矣。而奪二之牛一、罰已重矣。諸侯之従レ楚也、曰レ討二有罪一也。今県レ陳、貪二其富一也。以レ討召二諸侯一、而以レ貪帰レ之、無二乃不可一乎。王曰、善哉。吾未二之聞一也。反レ之可乎。対曰、可哉。吾儕小人所謂取二諸其懐一而与レ之也。乃復封レ陳、郷取二一人一焉以帰、謂二之夏州一。故書曰三楚子入レ陳、納二公孫寧・儀行父于陳一、書レ有レ礼也。

内容は『史記』と大差ないが「蹊」の字が使われていることを確認をしておきたい。

また、これらの故事をふまえたものとして、『後漢書』和熹鄧皇后紀には次のようにある。

論曰、鄧后称制終身、号令自出、術謝二前政之良一、身闕二明辟之義一、至レ使下嗣主側レ目、斂二衽於虚器一、直生懐レ懣、懸中書於象魏上。借二之儀一者、殆其惑哉。然而建光之後、王柄有レ帰、遂乃名賢戮辱、便孽党進、衰斁之来、茲焉有レ徴。故知、持レ権引レ謗、所レ幸者非レ己、焦レ心卹レ患、自強者唯国。是以班母一説、闔レ門辞レ事、愛姪微愆、髡剔謝レ罪。将杜根逢レ誅、未レ値二其誠一乎。但蹊田之牛、奪レ之已甚。

傍線部が「蹊田奪牛」の故事を引いた箇所であり、その李賢注には『春秋左氏伝』を引いて次のようにある。

左伝申叔時曰、牽レ牛以蹊二人之田一而奪二之牛一、牽レ牛以蹊者信有レ罪矣。而奪二之牛一、罰已重矣。此喩二杜根一。上書雖レ曰二有罪一、太后殺レ之為二過甚一也。

和熹鄧皇后は夫であった和帝が崩じると、その長子ではなく、生まれたばかりの殤帝を立てるが、翌年殤帝が崩御すると、和帝の甥にあたる安帝を立てた。しかし、安帝が長じたのちも政治の実権を握りつづけたため、直諌の士たる杜根が上書してこれを諌めるも、これに激怒した皇后によって杜根は処刑されてしまう。そして注にもあるように、確かに上書するのは罪があることかもしれないが、だからといって上書した杜根を殺してしまうのはもっと罪深いとしているのである。

また、『晋書』劉喬伝にも当該故事がみられる。後世に八王の乱といわれる晋（西晋）の皇族同士の争いのさなか、東海王司馬越が、勅命であると称して、予州刺史であった劉喬を安北将軍・冀州刺史に転属させ、代わりに范陽王司馬虓を予州刺史として兼任させた。劉喬は、これを皇帝の命でないとして認めず、挙兵して拒んだのである。こうした国の混乱の状況を憂えた劉弘は、劉喬と司馬越の双方に手紙を送る。以下は、劉喬への手紙の内容である。

適承二范陽一欲レ代二明使君一。明使君受二命本朝一、列二居方伯一、当レ官而行、同奨二王室一、横見二遷代一、誠為二不允一。然古人有レ言、牽レ牛以蹊二人之田一、信有レ罪矣、而奪二之牛一、罰亦重矣。明使君不レ忍二亮直一狷介之忿、甘レ為二戎首一、窃以為レ過。何者。至人之道、用レ行舎蔵。跨下之辱、猶宜二俯就一、況於二換代之嫌、纖介之釁一哉。范陽国属、使君庶姓、周之宗盟、疏不レ間レ親、曲直既均、責有二所在一。廉藺区区戦国之将、猶能升降以利二社稷一、況命世之士哉。今天下紛紜、主上播越、正是忠臣義士同レ心戮レ力之時。弘実闇劣、過蒙二国恩一、願与二使君一共戴二盟主一、雁二行下風一、掃二除凶寇一、救二蒼生之倒懸一、反二北辰於太極一。此功未レ立、不レ宜二乖離一。備蒙二顧遇一、情隆二於常一、披二露丹誠一、不二敢不一レ尽。春秋之時、諸侯相伐、復為二和親一者多矣。願明使君廻二既往之恨一、追二不二之蹤一、解二連環之結一、修二如レ初之好一。范陽亦将悔二前之失一、思レ崇二後信一矣。

やはりここでも、「蹊田奪牛」の故事を引いている。劉喬が予州刺史として王室を盛りたてようとしているのに、横やりが入って交代させられそうになっていることを不当とすることに理解を示しつつ、しかし、それで紛争を起こすことは間違っている、という。「Aは確かにおかしいが、だからといってBまでというのはもっとおかしい」というパターンでこの故事は引かれるようである。また、ここもどうやら『史記』よりは『春秋左氏伝』によった表現である。

次は任昉「斉竟陵文宣王行状」（『文選』巻六十）である。

武皇帝嗣レ位、進二封竟陵郡王一、食邑加二千戸一。復授二使持節・都督南徐兗二州諸軍事・鎮北将軍・南徐州刺史一、遷二使持節・侍中・都督南兗徐北兗青冀五州諸軍事・征北将軍・南兗州刺史一。兗徐接レ壌、素漸二河潤一。未レ及二下車一、仁声先洽、玉関靖レ柝、北門寝レ扃。朝旨以、董二司岳牧一、敷二興邦教一、方任雖レ重、比レ此為レ軽。徴二護軍将軍一兼二司徒一。侍中如レ故。又授二車騎将軍兼司徒一。侍中如レ故。即授二司徒一、侍中又如レ故。上穆二三能一、下敷二五典一、闢二玄闈一以闡レ化、寝二鳴鍾一以体レ国、翼二亮孝治一、緝二熙中教一。奪レ金恥レ訟、蹊レ田自嘿、不レ離二其朴一、用晦㆓其明㆒。声化之有㆑倫、緊公是頼。庠序肇興、儀㆓形国冑㆒、師氏之選、允師㆑人範。以㆓本官㆒領㆓国子祭酒㆒。
固辞不㆑拝。

「斉竟陵文宣王行状」は、斉の竟陵文宣王・蕭子良の生涯を記述したものであり、引用箇所では竟陵郡王に封ぜられた蕭子良の政治手腕をほめたたえている。上においては三公を協調させ、下には五常の教えを広め、徳化に努め、贅沢をやめて国を立て直し、孝による政治をたすけ、中正の教えを明らかにした。それゆえに、民は金を奪われてもそれを訴えることを恥じ、田畑に入られても騒ぎ立てるようなことはせず、自らを飾り立てることもせず、自らの知恵をひけらかすようなこともしなかった、というのである。傍線部「蹊㆑田自嘿」が李善注も指摘するように、まさに『春秋左氏伝』をふまえたところなのであった。

先にみた『江記』で藤原通俊は「俓〔径〕字也。書㆓蹊字㆒是誤也」と匡房を非難していたが、以上にみたように、漢籍においてはむしろ『春秋左氏伝』を引いてきたものが多く、漢籍になじんでいる人間にとっては、「蹊」の字のほうが一般的であるといえそうである。確かに先にみた『師通記』寛治六年七月二十日条では、『史記』を引いて書いたらしかったから、師通自身は『史記』を典拠として述べたのかもしれない。そういう意味では「径」とすべきとする通俊の意見も首肯できるが、しかし、だからといって「俓〔径〕字也。書㆓蹊字㆒是誤也」などと人々の前で匡房を非難するほどのことではない。実際のところは「径」／「蹊」どちらでもよかったわけで、「不㆓深尋㆒之人、致㆑愚難也」と書いた匡房に理があったといわねばなるまい。

五、定文を書く
——声から文字へ——

ここで定文と定詞について確認しておきたい。定文は陣定などの会議における出席者の意見をとりまとめて作成した文書である。『西宮記』巻七「陣定事」には次のようにある。

上卿奉レ勅仰二外記一、廻二告諸卿一。々々参会。上卿以伝二勅旨一。若有二文書一、以二其文一見下。諸卿一々陣〔陳〕二所レ懐之理一、自レ下申上。（旧例、自レ上定下。）上卿或令三参議書二定申旨一、付二頭蔵人一奏聞。軽事以レ詞奏。

これによると、陣定の流れは、上卿が天皇の勅を奉り外記に命じて諸卿に通達し、諸卿が参会する。上卿は勅旨を伝え、もし議題の参考となる文書があれば回覧する。そのうえで各自の所見を席次の一番低い者から陳べる。その後、上卿は参議（大弁を兼ねた参議）にそれぞれの発言を書き取らせて、蔵人頭に付して上奏させる（軽事の場合は口頭で上奏する）。「定申」したものが「定詞」であり、それを書き取ったものが「定文」である。

『江家次第』巻十八「陣定事」には、より詳しく記されているが、定文に関わる部分のみを次に引用する。

次自二最末人一定二申之一。（西記云、自レ上定二申之一。）定畢後令二大弁書一レ之、毎レ書二畢一条一令二読挙一。大弁加二定文於本解一進レ之。伝レ自二座上一次第進レ之。大臣付二蔵人一令レ奏レ之。

席次の一番低い者より所見を陳べてゆき、その後大弁がこれを書き記し、一条を書き終えるごとに読みあげる。定文に本解を加えて、今度は席次の上の者より確認し、大臣が蔵人にこれを付して上奏させたのだとある。

このように、定文を作成する過程で、定詞の段階では「口頭言語」であるものを、大弁が書きとめることによって「書記言語」化し、確認の際には再び「口頭言語」となっていたということを確認しておきたい。

これと深く関わるものとして『続古事談』巻二・十四（五十）話がある。

陣の定文かくと云事は、きはめたる大事也。大弁の宰相のする事也。そこらの上達部まいりあつまりて、さまざまの才学をはき、本文を誦して、をとらじまけじと定申ことばを、ぬしにもとはず、文をもひかず、うちきゝ、てかき居たる也。又さしことに詞をもかざらずいふ人あれば、其心をとりて、わが詞をつくりていみじくかきなす。隆綱の筆のごとし。されば、その詞のあさきにつけふかきにつけて、かたがたかきにくきなり。

かゝる大事をして、当座にこれをあぐる、ゆゝしき大事也。よのつねには、目録をとりてまかりいでて、よく案じ考などして後にたてまつる。是はやすきなり。

いにしへの通俊、匡房など、当座にえもいはぬことばをつらねてかきけり。これらはまた、今ひときはの事也。まねぶ人さらになし。ちかごろ当座にあげたる人は、俊憲の宰相、長方中納言、実守の中納言。この中納言の当座にまいらせける日の上卿にて、妙音院の入道殿、左大臣におはしける、ひさしく此儀なし。いみじきことなりとて、もてなし給けるけしきこそ、かゝる一のかみにあらずはかくはあらましや、とおぼえて、いみじかりけり。

「陣の定文を書くということはきわめて大事なことであり、これは大弁を兼任した参議がすることである」と本文ははじまる。さらに、「多くの上達部が集まって、自らの才学をひけらかすように漢籍を典拠とした文言を競って陳べたものを、発言した上達部本人に問うこともせず、あるいは本文を再確認することもなく、聞いたものをさっと理解して記すものである。典拠のないような発言をする人がいれば、その意を汲んでそれにふさわしい文言をつくりあげるのだ」という。

定文執筆は単なる行政文書作成ではなく、学者官僚がその学識を示す絶好の機会であったといえよう。それゆえにその作成の状況は苛酷であった。『続古事談』本文にもあるように、「声」によるやりとり、「口頭言語」であるものを「書記言語」化しなければならないのであった。

六、匡房と通俊

――「もの書く宰相」たちの〈知〉的闘争――

『続古事談』引用本文の後半部をみてみたい。『江記』で話題となっている通俊と匡房の二人が、並々ならぬ人物としてあげられている。『江記』の記事の寛治七年は、通俊が四十七歳で正三位・参議兼右大弁・大蔵卿・伊予権守[11]、匡房が五十三歳で正三位・参議兼左大弁・勘解由長官・式部大輔・越前権守[12]である。

藤原通俊は小野宮流藤原氏[13]、経平の男で、『後拾遺和歌集』の撰者として名高いが、「才兼二和漢一、深達二政理一」（『本朝世紀』承徳三年（康和元、一〇九九）八月十六日条「薨伝」）と評され、「もの書く宰相にて匡房、通俊」（『今鏡』すべらぎの中第二「玉章」）、「通俊、匡房ナトハ近古之名臣也」（『古事談』巻一・八十）のように、先の『続古事談』の記事と同様、匡房と並び称されることも多い[14]。それだけに互いをライバル視するような記述も間々みることができる[15]。先の『本朝世紀』承徳三年八月十六日条「薨伝」には、引用箇所につづいて次のような記事が載せられている。

応徳二年六月廿五日、大宰府言上。管筑後国高良上宮石硯并高座階瑞花生事、令二公卿定一之時、通俊定申云、如二紀伝并式部権大輔匡房朝臣勘文一者、高座異花、本文雖レ同、所レ引書籍、其名乖違。若拠二智覚禅師感通賦一歟。彼書法橋奝然所二始渡一也。用否之間、難レ申二左右一。一篇之中、所レ載旁多。非三唯異花之生二高座四角一、兼有下白蓮之発二右手五指一之者上。其旨雖レ不二勘申一、其文所レ見二典籍一也。是非二自然之異瑞一、偏彰二法華之勝利一者歟。今如二解状一者、高座石硯倏忽生レ花。無レ詳二徴験一。雖レ難レ准二法花之瑞一、生二高座一之条、一端相叶歟。両ヶ之花須レ為二嘉瑞一歟。然而寛和之比、信濃国献二白雉一。彼時以二叶方之色一、先例為二嘉瑞一之由所二議定一也。縦為二瑞物一、依二此等例一者、先尋二方角之叶否一、可レ被レ定二休徴之虚実一歟。凡毎レ預二朝議一、発二明旨意一、皆此類也。

応徳二年（一〇八五）六月二十五日に大宰府が筑後国高良神社に瑞花が咲いたことを報告してきた。これについて公卿定が行なわれたが、参議兼右大弁であった通俊は、当時左大弁兼式部権大輔であった匡房が提出した勘文について、出典とすべき書名の過誤を指摘し、また、寛和年間（九八五～八七）の先例をあげて意見を理路整然と述べた、とある。最後に「毎レ預二朝議一、発二明旨意一、皆此類也」とあるように、通俊が朝議に預かるときは皆このような調子であったとほめたたえている。

このときの匡房の勘文は現存しないため、その是非は不明であるが、ここでは「才兼二和漢一、深達二政理一」と書かれた唯一の実例として本件があげられていることと、その際には匡房がやり玉にあげられているということを確認しておきたい。

次のような例もある。寛治七年五月五日、白河院鍾愛の郁芳門院媞子内親王主催の根合が六条院において催された。このときの左右の撰者がそれぞれ通俊と匡房であった。歌は『類聚歌合』二十巻本断簡に部分的に現存するほか、『進献記録抄纂』巻十に引用された『中右記』に記録されている。ここではまず『中右記』の記事をみてみたい。

左先読　　二位宰相中将経実
アヤメ草ヒクテモタユクナカキネノイカテアサカノヌマニヲヒケム
右　　掌侍
キミカヨノナカキタメシニヒケトテヤヨトノアヤメノネサシソメケム
左方右大弁（藤原通俊）被レ申云、右之歌偏ニアヤメト読テ無二草字一。是アヤメハ本蚫之名也。此草依レ似二彼体一、アヤメ草ト云ナリ。不レ具レ草之時、偏蚫也。如何。右方判者被レ申云、以二菖蒲一アヤメト云、古来常事也。尤今始テ、不レ可レ有二此難一者。而左方人々私語云、判者已有二心右方一、不レ可レ陳二左右一者、有レ暫已為レ持。左方歌、事外ニスクレタリ。為二大憂一。凡一題二首之時、頗歌之詞之中、相替テ、以選入為レ興。而右方之歌、共祝之詞也。已無レ興。判者被レ申云、左方ハ歌体頗有二一興一、右方ハ事已寄レ祝、為レ持、有二何難一哉。

傍線部に注目したい。左方の「右大弁」通俊が右の歌を難じたポイントは、詠者が「アヤメ草」ではなく「アヤメ」と詠んだことであった。「アヤメ」は「蚫」のことであって、「草」がなければ「蚫」の意味になってしまうという指摘である。

これに対して、『袋草紙』下巻に引く『江記』には次のようにある。

右方人云、浅鹿沼間、在二陸奥一自レ京一月路也。不レ可レ逢二今日事一。所レ引之昌（菖）蒲黄損歟云々。永承四年殿上根合、良還（暹）歌、無二草字一而被二撰入一。況、右大弁通俊已所レ撰之後拾遺入レ之。今所レ難、先後不覚云々。

「永承四年殿上根合」は「永承六年（一〇五一）五月五日内裏根合」の誤りである。寛治七年の根合が先蹤としたのがこの「永承六年五月五日内裏根合」であったが、(16) このときの良暹の歌には草の字がなかったうえに、通俊は、自らが撰者となった『後拾遺和歌集』にこれを入れたではないか、と通俊の主張の一貫性のなさを指摘しているのである。(17)

また、『袋草紙』上巻「雑談」には『江記』の別の記事を引いて次のようにある。

郁芳門院根合時、江記云、右中弁（源）師頼曰、（藤原忠教）尾張守許（藤原）孝善来向所、国基住吉神主、歌未レ見之前破却、可レ入二孝善歌一之由申請所レ入云々。彼時左右相挑之間、為二嗷々一。匡房卿云、右大弁（藤原）通俊歌、至レ予者不レ可レ被レ挑。先年書状テ（ママ）今猶有レ之。其書云、和歌之道、雖二能宣（大中臣）・忠峰（壬生）一不レ可レ恐レ之。於二貴殿一者、深所二恐申一也者、件書状為二明鏡一。何可レ忘二彼書一哉。（源）俊兼同レ之大咲云々。件歌合、左方人以二（藤原忠実）中納言中将今入道殿下一為二言口一無レ心云々。随殿下頻令二制止一給。少年之人不レ知二和歌案内一、何為二殿上人々言口一哉。就中累葉風無二此例一之（云々カ）。已上見二江記一。

この根合で左右がはげしく対立したときに、以前通俊から「和歌においては匡房に敵わない」と自らみとめた書状をもらったことを、匡房が述べたとある。『後拾遺和歌集』の撰者である通俊が述べたことだからこそ、匡房はもちだしてきたのであろうが、ライバル関係にあった通俊がそのようなことを本当に述べたのだろうか。これは『江記』に書かれたということを考慮して検討されるべきであろう。

第三節でみた『江記』寛治七年十月二日条は、この根合の約三ヵ月後の記事であり、これまでみてきたような通俊と匡房との関係を含めて考えていく必要があろう。特に『後拾遺和歌集』については、撰進の勅命があった「当時三十二才の若輩の通俊に比べて、六十三才の源経信、三十八才の大江匡房など此道之英才先達があったにもかかわらず、通俊に撰進の下命があったのは世間も意外なことであった」(18)わけで、古来さまざまにいわれてきているが(19)、そういったことを考えても、残されたテクストの制約があるとはいえ、どちらかというと通俊の方が匡房に対抗意識をもっていたといえるだろう。

七、おわりに

師通の学問がどのように活用され、『師通記』に反映されるのかということ、さらには、『師通記』のような日次で書かれたテクストが漢文で書かれることの意味、そして漢籍にとどまらない、仮名も含めた他のテクストとの関係性を探ろうとする論者の関心が本章の根底にある。

本章で扱った「蹊田奪牛」の故事は、偶然にも『師通記』と『江記』の二つのテクストにおいて、師通に関連して残されることとなった。しかも、同じ故事が引かれながらも、それぞれのテクストにおける位相は異なる。『師通記』における引用は、師通が自らの〈知〉の貯蔵庫から出してきて日記に記した。よって『史記』から直接引用してきたわけではないため、いくつかの異同が生じている。対応関係を次に示す。

牽牛径人田、田主奪之牛。径則有罪矣。奪之牛不亦甚乎。（『史記』）

人引牛経人田　　度者有罪　◦奪者　　甚歟。（『師通記』）

例えば、冒頭に「人」や助詞「は（者）」がつけ加えられている。また「牽」が「引」、「径」が「経」「度」、「乎」が「歟」などになっている。これは師通の〈知〉の貯蔵庫のなかの『史記』の一節を取り出してきたためである。対して『江記』における引用はさらに段階を経た地点で記されている。それは次のように示すことができる。

『史記』→師通の〈知〉の貯蔵庫→師通の発言→匡房による解釈→『江記』

この構造を示すと、

書記言語→師通の脳内→口頭言語→匡房の脳内→書記言語

となる。ここで「脳内」としたものが、書記言語から口頭言語、あるいはその逆へと変換する変換装置の役割を果たしており、それは変換する当人の〈知〉のありかたが大きく影響している。[20]先の『史記』と『師通記』に生じた異同はこの変換装置によるものであり、『江記』の例の場合は、師通と匡房という二つの変換装置を経ていることに注意しなければならない。通俊が問題とした「径」と「蹊」との異同もここに起因する。

また、定文作成にあたっては、書記言語と口頭言語という問題だけでなく、漢文と和文という文法構造の異なる文体が絡み合うため、問題は複雑化する。よって、相当な学識を必要とすることは容易に想像される。それにしても通俊が問題とした「径」と「蹊」との異同は、定文の対象とする問題の処理にあたって、あまりにも瑣末ではないか。通俊と匡房がしばしば並び称されることは先に確認した。本章であげたテクストは、その現存状況から『本朝世紀』を除くと『江記』が中心で、いささか通俊には不利であるが、それにしても通俊の姿には屈折したものを感じずにはいられない。根合における歌の評価にしても、匡房に指摘されてしまったように一貫性がなく、場当たり的に自らの〈知〉を利用している感は否めないのであった。

それに対して師通の〈知〉のありかたはどうであったか。二つの別々の事案について、一つの故事を出してきたことが、『師通記』と『江記』によって明らかになった。これらの事案は二つとも「暴力」に関わるものであり、「蹊田奪牛」の故事は、互いの立場を尊重しつつ冷静に判断した結果、引用されたものであった。千年余りの時を経て、偶然に残った二つのテクストに同じ故事が引かれていたというのは、あるいは師通が多くの場面でこの故事を用いた可能性も示唆する。多くの漢籍のなかから同じ故事を何度も使うというのは、当人の学識の浅さを感じさせることにもなりかねないが、しかし、学識を示すことが学問の目的でないことを考えれば、個別の事案を構造的にとらえた結果の、むしろ合理的な〈知〉の運用であったともいえよう。

注

（1）『枕草子』五十三段には、「牛飼は、大きにて、髪あららかなるが、顔赤みて、かどかどしげなる」とあり、『今鏡』むらかみの源氏第七「堀河の流れ」には、牛飼による車争いが書かれるなど、牛飼をめぐる暴力沙汰は諸テクストに散見される。古記録においても『御堂関白記』長和五年（一〇一六）五月二十五日条、『中右記』寛治六年（一〇九二）九月九日条、康和四年十月二十七日条などに牛飼に関わる暴力事件が書かれ、『師通記』にも寛治五年四月六日条別記、同六年九月十日条などにある。

（2）本文「於未無沙汰者」とあり、漢文としてこの通りに読むと「未だ沙汰無からざるは」となり、文意に沿わない。ここは「未」を通常再読文字として読まれる漢語としてではなく、和語「いまだ」にひきずられたものとして解釈した。

（3）頭書に「何事乎。右忠教事歟」とある。

（4）奥田久輝「藤原忠教とその系譜―撰者雅経の重代―」（『新古今集作者考』和泉書院、一九九六年、初出一九八四年）参照。

（5）坂本賞三『藤原頼通の時代―摂関政治から院政へ―』（平凡社選書、一九九一年）参照。

（6）高群逸枝著・栗原弘校訂『平安鎌倉室町家族の研究』（国書刊行会、一九八五年）、川本重雄「教通の二条殿と師通の二条殿」（『日本建築学会学術講演梗概集』一九七八年八月）、同「二条殿」（朧谷寿・加納重文・高橋康夫編『平安京の邸第』望稜舎、一九八七年、初出一九八一年）、木本好信「関白後二条師通の周辺―北政所と姫君を中心として―」（『奈良平安時代の人びとの諸相』おうふう、二〇一六年、初出一九八六年）、服藤早苗『平安朝の家と女性―北政所の成立―』（平凡社選書、一九九七年）など参照。

（7）『師通記』寛治六年九月十一日〜二十八日条、『中右記』九月十八日〜二十八日条参照。

(8) 木本好信編『江記逸文集成』(国書刊行会、一九八五年)は「高階」ではなく「藤原」とする。
(9) この経緯については、『師通記』『扶桑略記』『百練抄』などを参照(また、『大日本史料』第三編之二、九八六頁以降)。興福寺の僧たちの奏状は『扶桑略記』に載る。
(10) 「高階氏二代—為家と為章—」(『王朝の明暗』東京堂出版、一九七七年)二五二〜二五三頁。
(11) 『公卿補任』によれば通俊は応徳元年に参議兼右大弁となり、寛治八年に権中納言となっている。
(12) 『公卿補任』によれば匡房は寛治二年に参議兼左大弁となり、寛治八年に権中納言となっている。
(13) 小野宮流故実という視点でいえば、例えば『中右記』の記主藤原宗忠への公事の伝授などが先行研究で指摘されている。河野房男『右府藤原宗忠と日野法界寺』(広雅堂、一九七九年)、松薗斉「藤原宗忠の家記形成」(『日記の家—中世国家の記録組織—』吉川弘文館、一九九七年、初出一九八九年)、鈴木理恵「藤原宗忠の弁官作法—藤原通俊との師弟関係を中心に—」(『長崎大学教育学部社会科学論叢』第五十四号、一九九七年六月)参照。
(14) 師通の男忠実の言談を筆録した『中外抄』下三十九や『富家語』一六九なども通俊と匡房が並んで語られている。
(15) 関連記事が藤原通憲の『法曹類林』巻二二六(公務三十四)にもある。
(16) 『進献記録抄纂』所引『中右記』に「三番根依二永承六年殿上之根合例一」とある。また、萩谷朴『平安朝歌合大成増補新訂』(同朋舎出版、一九九五〜九六年)参照。
(17) 『後拾遺和歌集』には、巻三「夏」二一一「永承六年五月五日殿上根合によめる」と題して、「筑摩江の底の深さをよそながら引けるあやめの根にて知るかな」とある。ちなみに、この『江記』の記事は、『後拾遺和歌集』の撰者をはっきりと通俊であると記録した最古のものである(上野理『後拾遺集前後』笠間書院、一九七六年)。
(18) 稲田繁夫「藤原通俊について」(『人文科学研究報告』第十六号、長崎大学教育学部、一九六七年三月)。
(19) 稲田繁夫前掲論文、近藤潤一「藤原通俊の和歌—附、藤原通俊年譜—」(『帯広大谷短期大学紀要』四号、一九六七年七月)、上野理前掲書、井上宗雄「藤原通俊略年譜」(『平安後期歌人伝の研究』笠間書院、一九七八年、初出一九五七年)、久保田淳・平田喜信『新日本古典文学大系　後拾遺和歌集』(岩波書店、一九九四年)解説など参照。
(20) 「脳内」としたものは「記憶」といいかえてもいいかもしれない。「記憶」については、第Ⅲ部第二章参照。

附章　漢籍引用・抜書一覧

本章では、管見の限りの『師通記』における漢籍引用・抜書を示す。ひとくちに引用・抜書といってもさまざまなレベルがある。ここではA「『書名』」および「『書名』云」ではじまるもの（②③⑥⑦⑧⑨⑩⑫⑬⑭⑮⑯⑰）、B「見『書名』」と引用後に書かれるもの（④）、および、C書名には言及していないが明らかに抜書したと考えられるもの（①⑤⑪）を対象とする。なお、引用・抜書の全容把握のため、該当条の全文引用に努めた。また、他の章で言及済みのものは、該当条をあげるにとどめた。

①寛治四年十月十一日条――『和漢朗詠集』『後漢書』

天晴。殿下御使（源）盛長朝臣到来。仰云、（藤原道長）入道殿御時者、摂政上表一度由被レ仰。又（藤原頼通）宇治殿者二度候。表作者（藤原）行家朝臣可レ被レ仰、下二（美作）向彼国一。先年左大弁（大江）匡房何様被レ申二不審思食一也。左大弁申云、裏書。何様可レ随二御気色一候。件他被レ下レ仰也。不レ可レ申二左右一歟。令レ申二其由一云々。此之次久不二出仕一。今月廿三日許、欲二罷行一給。先可二参内一歟。随二仰事一云々。并吉書於二左仗一可レ被レ行レ之、仰事如レ此云々。其後大史（小槻）祐俊来。又延レ日参之次被レ仰。件日可二参内一。内々左大弁可二告示一。吉書事設レ之云々。

五節間事、幡〔播〕磨　丹波　尾張。於二侍人一可二相訪一者。如何。

何則范蠡収二責句践一、乗二〔之〕偏舟於五湖一、咎犯謝二罪文〔烏〕公一、亦遥〔逡〕二巡於河上一。夫以三二子之賢、勒二銘両国一、猶削レ迹帰レ愆、請レ命乞レ身、望々無レ労、蓋其宜也。望聞馬氏有二龍池山一。

今俊乂〔父〕並会、羽翮比レ肩、望《ミ》無ニ耆耇之徳一、猥託ニ於賓客上一、誠自愧也。雖下懐ニ分介〔介然カ〕之節一、欲上潔ニ吉〔去〕就吉〔衍〕之分一、然〔誠カ〕終不下背ニ其本一弐中其志上也。

傍線部が抜書部分であるが、大日本古記録は「コノ四行ハ後漢書隗囂伝ノ文ニシテ、先ヅ和漢朗詠集述懐部所引ノ文ヲ記シ、一字空格ヲ置キテ、コレニ続ク文ヲ記シ、改行シテコレニ先ダツ文ヲ記シタルモノナリ」と注している。『後漢書』隗囂伝の当該箇所をみてみたい。

ⓒ今俊乂並会、羽翮比レ肩、望無ニ耆耇之徳一、而猥託ニ賓客之上一、誠自愧也。雖下懐ニ介然之節一、欲上潔ニ去就之分一、誠終不下背ニ其本一弐中其志上也。ⓐ何則范蠡収ニ責句践一、乗ニ偏舟於五湖一、咎犯謝ニ罪文公一、亦逡ニ巡於河上一。ⓑ夫以ニ二子之賢、勒ニ銘両国一、猶削レ跡帰レ愆、請レ命乞レ身。望之無レ労、蓋其宜也。望聞烏氏有ニ龍池之山一。

二重傍線部が『和漢朗詠集』「述懐」にとられた部分で、『師通記』ではⓐ〜ⓒの順に抜書されている。この日は師実の摂政上表について記されている。[1] その際、これまでも辞表にたびたび引用された出処進退の潔さを詠む『和漢朗詠集』の当該箇所を想起したのであろう。[2]『師通記』の抜書が『和漢朗詠集』に採られた本文から入っていることは、それが『和漢朗詠集』出典研究の一環として行なわれた可能性を示すが、同時に「何則」があることにも留意したい。なお、『後漢書』学習はこの年よりはじまっている（第一章参照）。

②寛治六年二月十三日条——『論語』

参ニ三条殿一。論語云、毎朝夕見ニ父母一、不レ堪ニ行々一、毎日不レ参々々。不レ可ニ儀式一云々。民部卿（源経信）・皇太后宮権大夫（藤原公定）・備中守（源）政長・権弁（源）基綱・左少将（源）有賢・諸大夫六位等候。有ニ糸竹一事密々。可レ被レ講ニ大般若経一定令レ書也。三月七日吉日也。

この日、師通は父師実邸（三条殿）に参上したが、それに際して『論語』にあるという「毎朝夕見ニ父母一」の文句を思い出すが、公務もあるゆえ毎日参上することはさすがにできない、と言い訳をしている。管見の限りでは、この文句を『論語』にみつけることができない。里仁篇には「子曰、父母在、不二遠遊一、遊必有レ方」と類似の表現がある。翌日は釈奠であったので、これが『論語』を想起するきっかけとなったのかもしれない。ちなみに『九条殿遺誡』には、「所レ見所レ聞之事、朝レ謁夕レ謁必曰二於親一」、「非レ有二病患一、日々必可レ謁二於親一、若有二故障一者、早以二消息一可レ問二夜来之寧否一」という同趣旨の文がある。

③寛治六年四月三日条――『新撰陰陽書』『群忌隆集』『宅撓経』『尚書暦』

晴。択下申可レ被レ立二東対一雑事・日時上。居レ礎時卯。立柱上棟時午申。立柱次第、先北、次南、次西、次東。行事能遠（高階）朝臣・朝輔（藤原）等。

陰陽師道時〔言〕（賀茂）朝臣。

裏書。新撰陰陽書曰、申年修造・犯土・造作大吉。群忌隆集曰、開日治室高遷。又曰、富貴吉。同書曰、三日造レ屋大富。

宅撓経曰、白虎脇曰〔日〕造レ屋富貴安楽。群忌隆集曰、造二作新屋一立柱吉日乙卯。尚書〔暦〕曰、架レ屋吉日乙卯。

承暦四年（一〇八〇）二月六日に、里内裏であった高陽院が焼亡（3）、それから九年後の寛治三年（一〇八九）六月に再建に着手（4）、さらに三年が経過したこの日に、東対の雑事定が行なわれた。礎石をおくのが卯の時、立柱上棟は午か申の時、また立柱は北、南、西、東の順に立てることなどが定められている（5）。その裏書に、これら造作の日時に関わる書物、『新撰陰陽書』『群忌隆集』『宅撓経』『尚書暦』が引用されている（6）。この二日前の一日には陰陽師賀茂道言に高陽院造作のことを問うているので、これに関連するか。

④寛治六年七月二十日条――『史記』

晴。如《昨》発雷。

裏書。前太政大臣(藤原信長)牛飼・尾張守忠教(藤原)牛飼夷取畠草相論事、人引レ牛経二人田一度者有レ罪。奪者甚歟。見二史記一。太政大臣以二被レ申之旨一、令レ申二殿下(師実)一。御返事云、忠教・為房(藤原)等可レ有二勘当一之由所レ被レ仰也。又不レ可二勘当一候。件沙汰実否、可レ被レ尋二彼此一歟。於三未無二沙汰一者、似二虚言一者。人々心不便也。検非違使別当(源俊実)被二沙汰一歟。

これについては第五章を参照されたい。

⑤寛治六年十月一日条――『漢書』

微雨漸降。有二平座事一。於二右仗下一所レ被レ行レ之。権大納言宗俊(藤原)・師忠(源)・家忠(藤原)・左衛門督家賢(源)・左兵衛督俊実(源)・右大弁通俊(藤原)・右兵衛督雅俊(源)等被レ候。次第如レ常。三献之後、令レ置レ軾。其後喚二外記大宅義範一召レ弁給レ禄。召二少納言一給二見参一。各以退出。未剋許大外記定俊清原真人来、献二月令一。加二長元々年頼隆(清原)日記等一。月令先日下給。可二点進一由先日承レ之。点畢所レ奉也。酉剋許、自二宇治殿下(師実)一書札被レ給レ之。即以奉二返事一畢。外記義範来云、明日可レ有二陣定一侍之由告申、申レ障不レ能二参入一云々。

裏書。霍光字子孟。父中孺河東平陽人。上迺使二黄門尽(画)者一尽(画)下周公員(負)二成王一朝中諸侯上、以賜レ光。

傍線部は次にあげた『漢書』霍光伝の抜書である。

霍光字子孟。票騎将軍去病弟也。父中孺河東平陽人也。以二県吏一給二事平陽侯家一。与二侍者衛少児一私通而生二去病一。中孺吏畢帰レ家、娶レ婦生レ光、因絶不二相聞一久レ之。少児女弟子夫得二幸於武帝一、立為二皇后一。去病以二皇后姉子一貴幸。既壮大、乃自知三父為二霍中孺一、未レ及二求問一。会為二票騎将軍一撃二匈奴一。道出二河東一、河東太守郊迎、負二弩矢一先駆。至二平陽伝舎一、遣レ吏迎二霍中孺一。中孺趨入拝謁。将軍迎拝、因跪曰、去病不二早自知レ為二大人遺体一也。中孺扶服叩頭曰、老臣得レ託二命将軍一、此天力也。去病大為二中孺一買二田宅・奴婢一而去。還、復過焉。乃将レ光西至二長安一。時年十余歳。任レ光為レ郎、稍遷二諸曹、侍中一。去病死後、光為二奉車都尉、光禄大夫一、出則奉レ車、入侍二左右一、出二入禁闥一二十余年。小心謹慎、未二嘗有レ過、甚見二親信一。

征和二年、衛太子為二江充一所レ敗。而燕王旦、広陵王胥皆多過失。是時上年老、寵姫鉤弋趙倢伃有レ男、上心欲下以為レ嗣、命二大臣一輔上レ之。察群臣唯光任二大重一、可レ属二社稷一。上乃使二黄門画者一画下周公負二成王一朝中諸侯上、以賜レ光。後元二年春、上游二五柞宮一、病篤。光涕泣問曰、如有レ不レ諱、誰当レ嗣者。上曰、君未レ諭二前画意一邪。立二少子一、君行二周公之事一。光頓首譲曰、臣不レ如二金日磾一。日磾亦曰、臣外国人、不レ如レ光。上以レ光為二大司馬大将軍一、日磾為二車騎将軍一。及太僕上官桀為二左将軍一、捜粟都尉桑弘羊為二御史大夫一。皆拝二臥内牀下一、受二遺詔一輔二少主一。明日、武帝崩、太子襲二尊号一。是為二孝昭皇帝一。帝年八歳、政事壱決二於光一。

霍光の字が子孟であること、その父中孺が河東平陽の人であること、および武帝が画工に命じて周公旦が成王を背負って諸侯を朝見する場面の絵を描かせ、これを霍光に与えたという場面——武帝は、末子を世継ぎにし、周公旦の役を霍光に任せたいと考えていた——の抜書である。

なお、『漢書』の霍光伝を講読したことは、応徳三年（一〇八六）九月二十日条にみえる（第一章参照）ほか、「子孟」の語は、寛治五年三月十七日条別記裏書にある師通の漢詩に使用されている（第四章参照）。

⑥寛治六年十月十日条——『文選』（郭璞「江賦」）

晴。小野御堂儀式、尊重神妙也。紅葉如レ錦。家中馬観レ之。物節（下毛野敦時カ）享時能乗。人々驚レ眼云々。巳剋盛（源）長朝臣来（伝カ）。侍二御消息一云、昨日伊勢已（定脱カ）以延引。依レ有二産事一也。御修法事一（二カ）七箇日被レ修也。竟日当二十四日一云々。御衰日也。可レ延二一日一歟。又運持〔時カ〕可二以竟一歟。為二之如何一。来十五日伊勢事可レ被レ候二沙汰一。仍十五日有下可二還給一事上。至二于今一不レ定也云々。翌日還御習立給之由以承レ之。去夕已及二深更一、所二留給一也者。

裏書。注文選第十二

〔荊〕京門闕竦而磐礴、円淵九回以懸騰、

淮南子曰、蔵志九旋之淵。許慎曰、九旋之淵至深也。

奇鶬九頭、

ここは次にあげた『文選』（巻十二）郭璞「江賦」の抜書である。(7)

若二乃巴東之峡、夏后疏鑿一、絶岸万丈、壁立赧駮。虎牙嵥豎以屹崒、荊門闕竦而磐礴。円淵九回以懸騰、湓流雷呴而電激。駭浪暴灑、驚波飛薄。迅澓増澆、涌湍畳躍。砯レ巌鼓作、漰湱㶁濆。㵬㶊潒瀫、瀢濩泧潪。潏湟淴泱、瀇滉瀾淪。漩澴滎瀯、渨㵨濆瀑。溭淢濜涓、龍鱗結絡。碧沙遺瀃而往来、巨石硉矹以前却。潜演之所二汨淈一、奔溜之所二礒錯一。厓隒為レ之泐嵃、碕嶺為レ之喦崿。幽㵎積岨、礐硞礐礭。（中略）若二乃龍鯉一角、奇鶬九頭一、有二鼈三足一、有二亀六眸一。赬蟞胏躍而吐レ璣、文魮磬鳴以孕レ璆。鯈鱅払翼而掣レ耀、神蜧蝹蜦以沈遊。騂馬騰波以嘘蹀、水兕雷呴二乎陽侯一。淵客築二室於巌底一、鮫人構二館乎懸流一。雹布二余糧一、星離二沙鏡一。青綸競糾、縟組争映。紫菜熒曄以叢被、緑苔鬖二髿乎研上一。石帆蒙籠以蓋レ嶼、蓱実時出而漂泳。

巴東の峡谷の様子を描写した箇所である。「荊門闕竦而磐礴。円淵九回以懸騰」は、荊門の山の様子とそこに流れ込む水の勢いを述べ、「奇鶬九頭」は水中に生息するという頭が九つある奇妙な鳥類である。また、「淮南子曰」以下は次にあげた、「円淵九回以懸騰」に対する李善注である。

淮南子曰、蔵志九旋之淵。許慎曰、九旋之淵至深。(8) 説文曰、騰、水涌也。

李善注では、『淮南子』兵略訓およびその注を引き、「江賦」当該箇所の表現がこれらによることを示している。

次にあげたのが『淮南子』該当箇所である（なお、引用本文の注は今回問題としている箇所のみに存す）。

是故聖人蔵二於無原一、故其情不レ可二得而観一。運二於無形一、故其陳不レ可二得而経一。無レ法無レ儀、来而為二之宜一。無レ名無レ状、変而為二之象一。深哉、瞯瞯、遠哉、悠悠。且冬且夏、且春且秋。上窮二至高之末一、下測二至深之底一、変化消息、無レ所二凝滞一。建二心乎窈冥之野一、而蔵二志乎九旋之淵一。九旋九廻之淵。至深者也。雖レ有二明目一、孰能窺二其情一。

前段で、兵は道理という無形のものによって勝利を得るものであることを述べており、引用箇所はそれにつづく。聖人は「無原」（拠点なき拠点）に身をかくし、情況に合わせて行動する。さまざまに変化して一箇所にとどまることがない。心を窈冥の野におき、志を九旋の淵に隠しているので誰もがその実情をうかがうことができない、という。時や情況に従って変化してゆくものであるという思想は師通が引用した『文選』序にも通じる（第一章参照）。

⑦寛治六年十一月三日条――『文選』（謝恵連「雪賦」）

晴。萍（本）物忌也。若狭守行綱（藤原）朝臣令レ申二罷下之由一。聞二耳根一畢、一昨日従二孝言（惟宗）許一、金楼子十巻・大唐六興（典）三十巻等所レ得。

注文選十三巻、雪賦云、豊年必積雪、見レ注云々。又見二毛詩一云々。

裏書。去月廿一日殿下（師実）旧暦四巻也。依レ事為二四巻一云々。寛治（仁）之比、守道（賀茂）作二四巻一者。

不例之後、食二香水一云々。

『文選』巻十三、謝恵連の「雪賦」の引用である。『師通記』には、後述の⑪のほか「雪賦」引用やそれに基づいた表現が散見される(9)（第二章参照）。

⑧寛治六年十一月九日条――『世説新語』『神農書』

晴。八卦物忌也。自二友実《(藤原)》許一、召二取世説第三一。披見之処、点本如レ常。即返給畢。

寅剋払暁夢想云、不明不覚云々。

世説第三云、鼠穴乗車入、子細可二引見一。

神農書云、湯池云々。

この日、藤原友実(10)のもとから『世説新語』第三を召し取り、見た後にすぐに返却、寅剋（午前四時頃）に夢をみたが、「不明不覚」という。そして『世説新語』と『神農書』の引用がある。次にあげたのは、『世説新語』文学篇（十四）の該当箇所である。

衛玠総角時、問二楽令夢一。楽云、是想。衛曰、形神所レ不レ接而夢、豈是想邪。楽云、因也。未丁嘗夢丙乗車入二鼠穴一、擣レ齏噉乙鉄杵甲、皆無レ想無レ因故也。衛思レ因経レ日不レ得、遂成レ病。楽聞、故命レ駕為剖二析之一、衛即小差。楽歎曰、此児胸中、当三必無二膏肓之疾一。

衛玠が子供の頃、みた夢について楽令に尋ねた。その答えについて衛玠は何日も考えたが、とうとう病になってしまった。これを聞いた楽令が駆けつけ、解き明かすと、衛玠の病がおさまった、という内容で、「乗車入二鼠穴一」（車に乗ってねずみの穴に入る）というのは「擣レ齏噉二鉄杵一」（あえものをついて鉄の杵を食べる）とともに楽令の夢の解釈のなかで例示されたものである。

また、「神農書云」以下の本文については、同じく『世説新語』文学篇（三十四）に次のようにある。

殷中軍雖二思慮通長一、然於二才性一偏精。忽言及二四本一、便若二湯池鉄城一(11)、無二可レ攻之勢一。

殷中軍（殷浩）は何事にも通じていたが、才性については特に詳しく、四本について話がおよぶと、「湯池鉄城」のように攻め入る隙がないのだという。ここで「湯池鉄城」は例えとして使われているのだが、その劉孝標注に『神農書』が引かれている。

神農書曰、夫有二石城十仞・湯池百歩・帯甲百万一、而無レ粟者、不レ能二自固一也。

『神農書』には、「石城十仞」「湯池百歩」「帯甲百万」があっても、「粟」（この場合兵糧）がなければ固守することはできないとある。この場合の「湯池」は煮え湯の池のことで、難攻の堀を意味する。

ここの『世説新語』および『神農書』の引用にはいくつか問題がある。まず、『師通記』の『世説新語』引用箇所「鼠穴乗車入」の五文字が、『世説新語』本文では「乗車入鼠穴」となっており、ここは「乗車して鼠穴に入る」と訓むわけだが、師通はそらんじていたままに書いたのであろう――『師通記』の引用は上からそのまま「鼠穴に乗車して入る」と訓める――、その後の本文で「子細可二引見一」とあり、やはり原文にあたって確認する必要を感じていたのだろう。

もう一つの問題は、当該条における時間軸である。友実のもとから『世説新語』を借りて、披見の後、すぐに返却したという記事の後に「寅剋払暁夢想」とある。先にも示したように寅剋は午前四時頃である。それ以前に友実のもとから『世説新語』を借りて返したというのは無理がある。となると、「寅剋」以降は「裏書」であった可能性が高いのではないか。つまり、師通は明け方に夢をみたが「不明不覚」であったので、『世説新語』の文言を想起して、藤原友実より『世説新語』を召したのではないか[12]。

この時期、師通は体調不良であり、夢想の記事が散見される（十一月一日条、五日条、七日条など。また第Ⅰ部第五章も参照）。十一月十三日条などは「夢想不レ見」とさえある。夢想と体調不良が恒常化していた証拠でもある。そうした状況下で、夢解きの記事である『世説新語』の当該記事や、本草書である『神農書』を持ち出してきたのは当然のことであったといえよう。『神農書』の本文の「湯池」は煮え湯の池、難攻の堀の意味ではあったが、一方で、「湯池」という語は温泉の意味ももつ。近い記事では十一月六日条、七日条に「湯治」に関する記事がある。病と夢想、そして治療法などに関して漢籍を渉猟する師通の姿が浮かびあがる。

⑨寛治六年十一月十三日条――『後漢書』

晴。物忌也。閇門。念誦初。夢想不レ見。眼休睡頂歟。殿下令レ渡二宇治殿一給。

裏書。後漢中〔書カ〕伝第卅六云、

順帝時、廷尉河南呉雄、毎レ入二官舍一、輙繕二脩〔修〕館宇一、移穿改築。故犯二妖禁一。益用二豊熾一。

傍線部は『後漢書』郭鎮伝の抜書である。『後漢書』本文は次のようにある。

順帝時、廷尉河南呉雄季高、以下明二法律一、断獄平上、起レ自二孤宦一、致二位司徒一。雄少時家貧。喪レ母、営下人所レ不二封土一者上、択葬二其中一。喪事趣辦、不レ問二時日一、巫皆言レ当二族滅一、而雄不レ顧。及二子訢、孫恭一、三世廷尉、為二法名家一。

初粛宗時、司隷校尉下邳趙興亦不レ卹二諱忌一。毎レ入二官舍一、輙更繕二修館宇一、移穿改築、故犯二妖禁一、而家人爵禄益用豊熾、官至二潁川太守一、子峻、太傅。以二才器一称。孫安世、魯相。三葉皆為二司隷一、時称二其盛一。

傍線部が師通が抜書した箇所であるが、原文は二つの内容からなっている。一つは、順帝のときの話である。「河南の呉雄は法律に明るく、公平であり、それによって出世をした。若いときには家が貧しく、母を失った際も、土盛りしていない墓に葬り、葬式も日時を択ばずに行なった。巫は一族皆殺しにされるだろうと予言し、それを聞かなかったにもかかわらず、子と孫におよぶまで出世し、法の名家となった」という。もう一つは、粛宗（章帝）のときの話である。「趙興もまた禁忌を気にしない男であった。迷信に基づく禁忌を犯したにもかかわらず、家はますます栄え、出世もした。子孫も三代にわたって出世し、繁栄した」というものである。いずれも禁忌を犯したにもかかわらず、出世し、子孫が繁栄するという話である。しかし、師通の抜書では呉雄が主語で、内容は趙興のこととなってしまっている。

なお、この抜書はこの日、師通が物忌であったことと関連しているとも考えられる。比叡山の大衆が日吉社の神輿を奉じて強訴におよんだ際、師通が武士に命じてこれを討たせ、神輿にはばかることなく矢を射させたという話が、『愚管抄』や延慶本『平家物語』などで師通の早世と関連づけられて語られるが(13)、正道のためには禁忌を犯してもやむを得ない、という師通の行動原理をこの抜書記事からもみてよいのではないか。

⑩寛治六年十一月二十二日条――『千載佳句』

晴。入レ日之程、向中納言(忠実)。土御門也。於二内出居一々二高坏物一。上達部左大臣(源俊房)・源大納言(師忠)・新大納言(藤原宗俊)・治部卿(源俊明)。中納言着レ之。飲食畢申二殿案内一。帰二二条亭(宅)一、相二扶所労一又参内。殿(師実)・予向二五節所一云々。主上(堀河天皇)直衣御装束、自二今年一着二御浅履一云々。

裏書。大宮(藤原寛子)薫莒〔筥〕銀。入二硯蓋一。遣二中納言許一云々。

於二五節所一、皇太后宮(藤原歓子)薫遣レ之。洲之上梅木・柳等植、琴一張一横居〔行カ〕レ之。

予所見給之処、人々歌絵也。向二左大臣一令レ申之処、歌絵者不レ可レ置レ琴。予申云々。

千栽〔載〕佳句之中候。

梅花帯レ雪飛二琴上一、柳色和レ霜入二酒中一。

『千載佳句』「早春」所収の章孝標の句である。「霜」字に朱で「煙歟」と傍書されており、『千載佳句』の本文としては「煙」字が正しい。裏書には権中納言忠実に太皇太后藤原寛子から薫筥、皇太后藤原歓子から薫物が贈られ、これに関連して当該句が想起されている。本句は『和漢朗詠集』「梅」にも採られているのだが、『千載佳句』からと明言しているところがポイントだろう。『千載佳句』については応徳三年九月十九日条にも言及がある(後述)。

⑪寛治六年十一月二十三日条――『文選』（謝恵連「雪賦」）

早旦開レ戸大雪。委積六七《寸歟》許也。瞻二山峰一則千巌倶白。台如二重璧一、達《達-路也、》如二連路《路》一。眺望無レ疆。心経万巻分別被二供養一。五千巻自二右府〔源顕房〕許一、五千巻於二予許一設レ之云々。

これについては第二章を参照されたい。

⑫寛治七年四月六日条――『礼記』

晴。握二翫後漢書紀第四一。六月己酉初令伏閇書日住役、旧儀日伏〔葉室本「仗」〕者万鬼行。故昼日閇不于他事也。

夜半暴雨、雷電発声。

裏書。曲礼云、貪〔貧〕者不下以二貨財一為上レ礼。老者不下以二筋力一為上レ礼。々許レ倫〔倹〕、不レ非レ无〔无〕也。年五十始杖ツエツク。八十拝レ君〔命脱〕。一坐再至也。

この日、師通は『後漢書』紀第四を「握翫」したことが書かれ、その裏書に『礼記』曲礼篇の一節が、注も含めて抜書されている。該当箇所の『礼記』本文を、その前後も含めてみてみたい。

○賀二取レ妻者一、曰下某子使レ某、聞二子有レ客、使中某羞上。○貧者不下以二貨財一為上レ礼。老者不下以二筋力一為上レ礼。○名レ子者、不レ以レ国、不レ以二日月一、不レ以二隠疾一、不レ以二山川一。○男女異レ長。男子二十、冠而字。父前子名、君前臣名。女子許嫁、笄而字。

抜書部分の鄭玄注に「礼許レ倹。不レ非レ無也。年五十始杖。八十拝二君命一、一坐再至」とあり、ここは、礼のありかたとして、貧者は財によって、老者は筋力によって礼をなす必要はない、と述べたところである。

⑬寛治七年十月十日条――『白氏文集』

晴。霜降。参レ殿。令レ献二御表一給。天台山幷興福寺大衆蜂起。仍令レ奉レ之故也。作者敦基〔藤原〕朝臣也。金峯山訓者

可二別書一也。○書直可レ令レ献也。出来之後、召二知綱（藤原）一、可レ令二清書一。目暗之上、所労無レ術之由所レ申也。（中略）

裏書。（中略）

秋除目、密々曰来。○十七日許日次宜候由、頭弁（藤原季仲）所レ申也。

文集第六十八

千年鼠化曰〔白〕二蝙蝠一、黒洞深蔵避二網羅一。遠客〔害〕全身誠得計、一生幽闇又如何。

傍線部は『白氏文集』巻六十八「山中五絶句」のうち、「洞中蝙蝠」（三四七九）の抜書である。「千年生き抜いた鼠が白い蝙蝠となり、真っ暗な洞窟の中で捕獲の網から逃れる。これは身を守るには誠にもってよいが、一生暗闇のなかでどうするつもりなのか」という内容であるが、本文との関連性はみえてこない。中島和歌子は、この日比叡山と興福寺の大衆が蜂起したこととの関連をみて、「僧徒らに対する姿勢と関わるか」とし[14]、小野泰央は、直前の除目に関する記事との関連をみて、「この詩を引用した公文書は容易に見出すことはできないが、その転写は申文作成に関する抜粋と考えられないか」と述べている[15]（『白氏文集』との関係については第三章参照）。

⑭嘉保三年（永長元）正月三日条――『後漢書』

晴。有二臨時客事一。装束畢。上達部五人許被レ来。蜜〔密〕々以二親昵人一示二事具一（由脱カ）。已及二未剋一、大略如二去年儀一。下レ自二西階一、渡二石橋一立二流水西方一。左府（源俊房）以下鴈行立二庭中一。殿上人一列立。有二拝礼事一。渡レ自二本道一到二西階下一、南向立レ之。渡レ自二仮橋一向二立之一。一度昇如レ常。此間殿〔敷〕二左府座一。着畢五献。事訖引出馬如レ常。申剋参二高陽院一。次第如レ常。三献畢引出馬二疋。各一疋左府、余賜レ之。余不レ下。依二常事一之故也。参二斎院（令子内親王）一。次参二高倉院（祐子内親王）〔宮カ〕一。次参二大宮（藤原寛子）一。頃之退出。

裏書。

後漢書伝第十一

春秋郷飲

注礼記曰、郷飲酒之義、主人拝迎賓于庠門外、入三揖而後升。所以致尊譲也。六十者坐、五十者立。所以明尊長也。令詔問〔合〕諸郷射、教之飲酒之礼、而孝悌之行立矣可引見。

傍線部は『後漢書』李忠伝とその注（李賢注）の抜書である。まずは『後漢書』本文である。

六年、遷丹陽太守。是時海内新定、南方海浜江淮多擁兵拠土。忠到郡、招懐降附、其不服者悉誅之、旬月皆平。忠以丹陽越俗不好学、嫁娶礼儀、衰於中国、乃為起学校、習礼容、春秋郷飲、選用明経。郡中向慕之。墾田増多、三歳間、流民占著者五万余口。十四年、三公奏課為天下第一、遷予章太守。病去官、徴詣京師。十九年卒。

つづいては、この傍線部「春秋郷飲」の箇所の李賢注である。

校亦学也。礼記曰、郷飲酒之義、主人拝迎賓於庠門之外、三揖而後至階、三譲而後升。所以致尊譲也。六十者坐、五十者立侍。以聴政役、所以明尊長也。合諸郷射、教之郷飲酒之礼、而孝悌之行立。鄭玄注曰、春秋以礼会民於州序也。

丹陽の太守となった李忠が、その地を平定した際、人々が学問を好まないうえ、婚姻の儀は国の中央よりも劣っているのを見た。そこで学校をつくって礼に基づいた作法を習わせ、春秋に郷飲し、経に明るい者を徴用した、という記事である。吉川忠夫は「春秋郷飲」を「春秋に民を集め、賢者を尊び老人を養う旨の儀式を行う酒宴」としている。[16] なお、この日、関白師通邸と師実邸で臨時客が行なわれた。

⑮嘉保三年二月十一日条――『三国志』

晴。列見也。上卿江中納言（大江匡房）。左大弁（藤原季仲）等参㆓官司㆒云々。殿（師実）自㆓夜部㆒令㆑候㆓於内㆒給。有㆓御出㆒云々。

裏書。入夜江中納言伏見間院仰書一紙持来。可㆑有㆓此定㆒。大略見㆓於件文㆒。

言語問㆓書籍㆒。礼記儀式作法事也。

三国史

魏志第一云、曹操謀之人也。伐㆓梨木㆒已以滅亡。

裏書には、院御領に関する仰書を大江匡房が持ってきた際に、書籍や『礼記』、儀式作法のことなどを語り合った、とある。そこで、『三国志』に関しての言及がある。抜書というよりは、要点をまとめた書きかたであり、ここの部分は、次にあげた『三国志』魏書「武帝紀」の最後の部分にあたると思われる。

庚子（二十三日）、王崩㆓于洛陽㆒。年六十六。遺令曰、天下尚未㆓安定㆒、未㆑得㆑遵㆑古也。葬畢、皆除服。其将兵屯戍者、皆不㆑得㆑離㆓屯部㆒。有司各率㆓乃職㆒。斂以㆓時服㆒、無㆑蔵㆓金玉珍宝㆒。謚曰㆓武王㆒。二月丁卯（二十一日）、葬㆓高陵㆒。

評曰。漢末、天下大乱、雄豪並起。而袁紹虎㆓眎四州㆒、彊盛莫㆑敵。太祖運㆑籌演㆑謀、鞭㆓撻宇内㆒、擥㆓申（申不害）・商（商鞅）之法術㆒、該㆓韓（韓信）・白（白起）之奇策㆒、官方授㆑材、各因㆓其器㆒、矯㆑情任㆑算、不㆑念㆓旧悪㆒。終能総㆓御皇機㆒、克成㆓洪業㆒者、惟其明略最優也。抑可㆑謂㆓非常之人、超㆑世之傑㆒矣。

師通の書く「曹操謀之人也」は、この、建安二十五年（二二〇）正月二十三日の曹操の崩を伝える記事の後の評伝に「太祖運㆑籌演㆑謀」とあるのに通じる。また、「伐㆓梨木㆒已以滅亡」は、「王崩㆓于洛陽㆒。年六十六」の部分の裴松之注に、

世語曰、太祖自㆓漢中㆒至㆓洛陽㆒、起㆓建始殿㆒、伐㆓濯龍祠㆒而樹血出。曹瞞伝曰、王使㆔工蘇越徙㆓美梨㆒。掘㆑之、根傷尽出㆑血。越白㆑状、王躬自視而悪㆑之、以為㆓不祥㆒。還遂寝㆑疾。

と、建始殿を造営するにあたって梨の木を伐採したために、その祟りによって曹操が亡くなったとあるのに通じるだろう。この『三国志』への言及はいささか唐突であるが、匡房との言談のなかで出てきた話を書きとめたのかもしれない。

⑯嘉保三年二月二十五日条──「青史秘録」

晴。飛羽行幸依二怱々一延引云々。江中納言(大江匡房)青史秘録云、池上鶻《鶻歟》鵃相並浮レ水。魏文帝問二魏舒一云、件鳥射レ之。以二一矢一可レ射。甥以二一矢一可レ射。頃之相並射レ之。射二一囲一云々。自レ殿御馬一疋(ママ)二栗毛一被レ給レ之。去夜院引出馬也。

匡房が「青史秘録」について語ったものを書きとめたのであろうが、「青史秘録」については未詳である。あるいは、ここは「青史」を歴史の意の普通名詞として、匡房の「歴史秘話」ととらえるべきなのだろうか。「魏文帝」とあるのは、曹丕ではなく、のちに文帝と諡号された、司馬昭の誤りであろう。「魏舒」は司馬昭からも「魏舒堂堂、人之領袖也」と評され、信任が厚く、また、「性好二騎射一、著二韋衣一、入二山沢一、以二漁猟一為レ事」(以上、『晋書』魏舒伝)とあり、射術を得意としたようであるので、当該条の引用もこれに関連する逸話だと考えられる。

⑰嘉保三年五月二十九日条──『後漢書』

晴。時範(平)来。覧二文書一云々。其後申云、殿(師実)仰事、斎院(令子内親王)和合《歌字落歟》延否之由、可レ奏二事由一。早可レ有二左右一。女房装束各所二営経(経営)一也。不レ可レ有二延引一由、所レ被レ仰也。内和哥合後可レ候之由、所レ被二殿仰一也。延引。戌剋参内候宿。

裏書。良久。不道事也。

後漢書伝十五曰云々。迂久同訓也。大酔而還。

ここに引用されているのは、次にあげた『後漢書』劉寛伝である。

霊帝初、徴拝二太中大夫一、侍二講華光殿一。遷二侍中一、賜二衣一襲一。転二屯騎校尉一、遷二宗正一、転二光禄勲一。熹平五年、代二許訓一為二太尉一。霊帝頗好二学芸一、毎レ引二見寛一、常令レ講レ経。寛常於レ坐被レ酒睡伏。帝問、太尉酔邪。寛仰対曰、臣不二敢酔一。但任重責大、憂心如レ酔。帝重二其言一。寛簡略嗜レ酒、不レ好二盥浴一。京師以為レ諺。嘗坐客遣二蒼頭一市レ酒、迂久大酔而還。客不レ堪レ之、罵曰、畜産。寛須臾遣レ人視レ奴、疑二必自殺一。顧二左右一曰、此人也。罵言二畜産一。辱孰甚レ焉。故吾懼二其死一也。夫人欲二試レ寛令レ恚、伺下当二朝会一、装厳已訖上、使侍婢奉二肉羹一、翻汚二朝衣一。婢遽収レ之、寛神色不レ異、乃徐言曰、羹爛二汝手一。其性度如レ此。海内称為二長者一。

また、「迂久大酔而還」については、李賢注に「迂久猶良久也」とある。

*　*　*

師通はたびたび自邸で作文会を開いていた[17]。『師通記』において引用・抜書がなされたのは、この、作文との関係、特に佳句や語彙を書きとめておこうという意識があったのだろう[18]。中島和歌子は『師通記』における約八十もの見立て表現を指摘したが、このほとんどが天候に関するもので、うち、雪に関する見立ては三十六例にもなり、『師通記』における見立て表現の半数近くになる。また中島は、この見立て表現が『千載佳句』や『和漢朗詠集』によるものであることも指摘している[19]。小野泰央は、こうした朗詠表現の多用の背景に、この時期はじまった朗詠研究の影響を指摘している[20]。『今鏡』すべらぎの中第二「紅葉の御狩」では、白河院が匡房に『和漢朗詠集』の出典調査を命じたとあり、それを裏づけるかのように匡房には「朗詠江注」が残されている[21]。また、藤原基俊の朗詠出典研究と『千載佳句』参照が、『新撰朗詠集』編纂につながったとされている[22]。

『師通記』に多くみられる引用・抜書もこれと同じ流れにあるだろう。特に①寛治四年十月十一日条裏書のように、『和漢朗詠集』所収箇所の『後漢書』を抜書しているところもある。『和漢朗詠集』には『後漢書』から三句とられている。(23) 類聚本系『江談抄』第四・八十七には、『和漢朗詠集』「前栽」に載る菅原文時の詩の「予養」の語が『後漢書』の帝紀にみえる、との匡房の発言が記されているが、後藤昭雄は「匡房の詩嚢には『後漢書』の語彙が自家薬籠中のものとして貯えられていたであろうことを思わせる話柄である」と述べている。(24)「朗詠江注」には語の典拠として「三史」、つまり『史記』『漢書』『後漢書』や『文選』がよくあげられる。『師通記』においても、寛治五年十一月七日条別記の、文字の意を『後漢書』に求める例、⑭嘉保三年正月三日条裏書の、『後漢書』にみえる「春秋郷飲」の語に関する抜書、⑰嘉保三年五月二十九日条裏書のこれもやはり「良久」の語の意を『後漢書』に求め、その部分を抜書していることなどは、これに通じる。また、本文のみならず注とともに引用しているもの、あるいはその可能性のあるものも目立つ（⑥⑦⑧⑫⑭⑮⑰）。

なお、応徳三年九月十九日条には「古詩集諸選出〔葉室本「内」〕。自進所也〔葉室本「佳歟」〕。千栽〔載〕句□」とあり、古詩集から詩句などを選び出したこと、これになんらかのかたちで『千載佳句』が関係したことがうかがわれるほか、十月二十七日条には大江匡房を召して、『白氏文集』の江家点を書写したことが書かれており、(25)『和漢朗詠集』『千載佳句』などから、その出典の一つである『白氏文集』まで研究がおよんでいることをうかがわせる（『白氏文集』との関係については第三章参照）。

寛治五年七月十四日条別記には、道長筆『時務策』三巻、『抱朴子』七巻、『詞林』十巻を父師実より借りたことが書かれている。この『詞林』については、類聚本系『江談抄』第五・二十七に、諸家の集を源為憲に撰ばせたものであること、師通のもとにあることが記されている。十二月十九日条別記には大学頭菅原是綱に「菅尚書草」（道真の文草）を求めたが、ないとの返事であったこと、同六年十月十九日条には『白氏洛中集』を匡房から得たこと、十二月二十八日条には『三代御製』『本朝佳句』『本朝麗藻』を明年白河院に奉ることが書かれている。ここにみえる『本朝佳句』は現存しないが、類聚本系『江談抄』第四・九十三に言及されるほか、『和漢朗詠集』正安本の注、『和漢朗詠集永済注』に書名がみえる。

藤原基俊の『和漢朗詠集』研究と『千載佳句』参照が『新撰朗詠集』編纂につながったということを考えると、師通の詞華集の編纂とまではいかないものの、同様の機運の高まりが『師通記』からも読み取れるのである。

そしてこうした動きが、師通の場合、単なる作文ということにとどまらず、魏文帝・曹丕の[26]「典論論文」に代表される文章経国思想に通じる、政教的な意味合いをもつということは「雪賦」の分析を通してみてきた通りである（第二章参照）。学問の成果が現実のものごとの判断材料として、④寛治六年七月二十日条裏書の『史記』引用のように直接的にあらわれる場合もあった（第五章参照）。

また、①⑤⑥⑨のように、文脈にかかわらない抜書がなされているものもある。空格があり、文の前後の転倒を指示をしてはいるものの、①がヒントになるだろうか。こうした抜書の方法については未だ不明である。

さらに、今回あげた引用の多くが「裏書」にあるということに注目しなくてはならない。裏書にないものは、むしろ漢籍が本文に内在化されているものがほとんどであって、裏書とされたものは素材そのものの「抜書」である場合が多い。それはまさに注釈的思考によるもので、備忘録的性格のテクストである。裏書は〈知〉のストックといってもよいかもしれない。これらの蓄積が新たなかたちとなる前に、師通は若くして逝ってしまったのである。

注

（1）頼通の例に従って、摂政上表は二度行なわれ、一度目がこの十二日後の二十三日、二度目が十二月二十日で、師実は摂政を辞し、関白になっている。このときの上表文はいずれも匡房の作で『本朝続文粋』巻四・表上に収められている。

（2）大江朝綱「為二貞信公一辞二摂政一第三表」（『本朝文粋』巻四・一〇二）、同「為二貞信公一辞二摂政准三宮等一表」（『本朝文粋』巻四・一〇四)、同「為二清慎公一辞二右大臣一第二表」(『本朝文粋』巻五・一二二)、藤原実綱「関白第二表」(『本朝続文粋』巻四)など。

(3)『扶桑略記』『百練抄』同日条。

(4)『師通記』寛治三年六月十五日条裏書。

(5)高陽院については、朧谷寿「藤原頼通の高陽院」(『平安貴族と邸第』吉川弘文館、二〇〇〇年、初出一九八一年)、ならびに太田静六「平安末期における高陽院―里内裏時代の第三・四期高陽院―」(『寝殿造の研究』吉川弘文館、一九八七年、初出一九四二年)などを参照。

(6)これらについては、村山修一『日本陰陽道史総説』(塙書房、一九八一年)、中村璋八『日本陰陽道書の研究』増補版(汲古書院、二〇〇〇年、初版一九八五年)、山下克明「陰陽道の典拠」(『平安時代の宗教文化と陰陽道』岩田書院、一九九六年、初出一九八二年)、張麗山「日本古代における呪術的宗教文化受容の一考察―土公信仰を手がかりとして―」(『東アジア文化交渉研究』第六号、二〇一三年三月)などを参照。

(7)『師通記』も含めた平安朝の古記録にみえる『文選』については、拙稿「漢文日記に見える『文選』―東アジア漢文文化圏における書物交流の一痕跡―」(『史聚』第五十号記念号、史聚会、二〇一七年四月)参照。

(8)なお、『淮南子』の注釈として主なものに、後漢・高誘と許慎のものがある。李善注は当該箇所を許慎注とするが、ここは高誘注の可能性がある。新釈漢文大系『文選』「江賦」も高誘注としている。

(9)寛治五年十二月二日条本記、十二月十四日条別記、同七年正月八日条、正月十三日条など。

(10)藤原友実(一〇六二〜九七)は南家藤原氏で、父は大学頭季綱。師通と関係が深かった。

(11)才性四本については、文学篇(五)に言及があり、劉孝標注に「四本者、言二才性同・才性異・才性合・才性離一也」とある。

(12)今浜通隆「平安朝文学と『世説』(二)」(『日本文学研究』第十七号、梅光女学院大学、一九八一年十一月)は、この四日前の十一月五日条にみえる「寅剋夢想」のことを指すとする。なお、⑬にも鼠が出てくるが、その諸相については中島和歌子「平安時代の鼠の諸相―怪異占の背景―」(『札幌国語研究』第二十一号、二〇一六年八月)も参照。

(13) 曾孫にあたる慈円の『愚管抄』巻四には、「サテホリカハノ院ノ御時、山ノ大衆ウタヘシテ日吉ノ御コシヲフリクダシタリケル。返〳〵キクハイナリトテ、後二条殿サタシテ射チラシテ神輿ニヤタチナドシテアリケリ。友実トイフ禰宜キズヲカフムリナンドシタリケレバ、ソノタ、リニテ後二条殿ハトクウセラレニケリ」とあり、延慶本『平家物語』「後二条関白殿滅給事」では、「六月廿一日、又後二条関白殿、山王ノ御トガメトテ、御グシノキハニアシキ御瘡出来サセ給テ、打臥サセ給シガ、同廿七日、御年三十八ニテ、ツヰニ隠レサセ給ヘリ」とある。

(14) 中島和歌子「『後二条師通記』の雪月花」（第七十八回和漢比較文学会東部例会発表資料、二〇〇三年一月、於中央大学）。

(15) 小野泰央「『後二条師通記』の漢詩文表現―古記録の記述と時令思想―」（『中世漢文学の形象』勉誠出版、二〇一一年、初出二〇〇九年）五十九頁。

(16) 吉川忠夫訓注『後漢書』（岩波書店、二〇〇一〜二〇〇七年）。

(17) 応徳元年三月十三日条、寛治六年二月十八日条、嘉保三年三月二日条、三月十七日条など。

(18) 菅原道真「書斎記」（『菅家文草』巻七、『本朝文粋』巻十二所収）に「学問之道、抄出為ㇾ宗」とあるのは注意されてよい。また、大曾根章介「「抄出」の語について」（『大曾根章介　日本漢文学論集』第一巻、汲古書院、一九九八年、初出一九六五年）も参照。

(19) 中島和歌子前掲発表資料。

(20) 小野泰央前掲論文。

(21) 諸本の校訂を経て、伊藤正義・黒田彰・三木雅博編『和漢朗詠集古注釈集成』第一巻（大学堂書店、一九九七年）に所収。三木雅博「大江匡房の朗詠注」（『国文学　解釈と鑑賞』第六十巻十号、一九九五年十月）参照。『江談抄』との関係については、黒田彰「江談抄と朗詠江注」（『中世説話の文学史的環境』和泉書院、一九八七年、初出一九八二年）参照。また、その成立事情については佐藤道生「「朗詠江註」と古本系『江談抄』」（『三河鳳来寺旧蔵暦応二年書写　和漢朗詠集　影印と研究』研究篇、勉誠出版、二〇一四年、初出二〇〇七年）を参照。

(22) 今井昌子「「多賀切」から「新撰朗詠集」へ―詩題注記と「付」項目を手掛りに―」（『百舌鳥国文』第六号、大阪女子大学大学院国語学国文学専攻院生の会、一九八六年十月)、三木雅博「『和漢朗詠集』の享受と諸写本の本文形態の相違」(『和漢朗詠集とその享受』勉誠社、一九九五年)、田中幹子「基俊の『和漢朗詠集』学習について――「多賀切」詩題注からの考察――」(『和漢朗詠集とその受容』和泉書院、二〇〇六年、初出二〇〇〇年)。

(23) 「丞相」に一首(王良伝から)、「述懐」に一首(朱穆伝から)。

(24) 後藤昭雄「《書評》平安朝人は『後漢書』をいかに読んだか――吉川忠夫訓注『後漢書』第一冊を読んで――」(『文学』第三巻第一号〈二〇〇二年一・二月号〉、岩波書店)。

(25) 嘉承三年(天仁元、一一〇八)六月の師通の十回忌の願文「奉二為故博陸殿一室家被レ供二養自筆法華経一願文」(『江都督納言願文集』巻五・十二)に「抑、相府楽在二稽古一、業唯好レ文。為レ写二白氏之文集一、新儲二蔡侯之花牋一」とある。

(26) ⑮では曹操に関する引用があったが、次にあげた承徳三年(康和元、一〇九九)三月二十二日条では曹丕が想起されている。

晴。人々群集。蹴鞠有レ興。驚二目耳一。魏文帝女妓蹴鞠停止。弾棊所作也。酉剋有レ音、地震。(裏書略)

師通邸であろうか、人々が集まって蹴鞠を行なったが、師通は魏の文帝(曹丕)が女妓蹴鞠を停止したことを想起したようである。「弾棊」とは棊石を弾く遊戯のことで、曹丕がそれを得意としたことは、次にあげた『世説新語』巧芸篇からもわかる。

弾棊始レ自下魏宮内、用二妝奩一戯上。傅玄弾棊賦叙曰、漢成帝好二蹴鞠一。劉向以謂労二人体一、竭二人力一、非二至尊所一レ宜レ御。乃因二其体一、作二弾棊一。今観二其道一、蹴鞠道也。按、玄此言、則弾棊之戯、其来久矣。且梁冀伝云、冀善二弾棊格五一。而此云レ起二魏世一、謬矣。文帝於二此戯一特妙。用二手巾角一払レ之、無レ不レ中。有二客自云レ能。帝使レ為レ之、客箸二葛巾一、角低レ頭払レ棊、妙踰二於帝一。典論帝自叙曰、戯弄之事、少レ所レ喜、唯弾棊略尽二其妙一。少時嘗為二之賦一。昔京師少工有レ二焉、合郷侯東方世安・張公子。常恨レ不レ得二与レ之対一也。博物志曰、帝善二弾棊一、能用二手巾角一。時有二一書生一、又能低レ頭以二所レ冠葛巾角一撇レ棊也。

劉孝標注の引く傅玄「弾棊賦叙」には、漢の成帝が蹴鞠を好んだが、劉向が、蹴鞠が身体を疲弊させるものであり、天子のするものではないと思い、つくられたのが弾棊であったということであり、その所作も蹴鞠と同じものであるということが書かれている(『芸文類聚』巧芸部「弾棊」に、曹丕の「弾棊賦」が収載されている)。曹丕が蹴鞠を、しかも女妓の蹴鞠を停止したかどうかは、管見の限りそれに該当する文献は見当たらないが、蹴鞠が天子のするものではないとして「弾棊」を行なうというのは、大筋では『師通記』の内容に沿うものであろう。

附表　漢籍関連記事一覧

・本表は、『師通記』における漢籍関連記事を一覧にしたものである。なお、本書の趣旨からすれば他の古記録、儀式書、および仏典関連記事もとりあげるべきであるが、便宜上、書芸にかかわる記事以外は除外した。
・「引用・抜書」の丸数字は、附章「漢籍引用・抜書一覧」の番号に対応する。
・「作文関連」の丸数字は、『師通記』に書かれた漢詩を示し、時系列に番号を付したものである。
・「その他」の丸数字は、『師通記』に書かれた和歌を示し、時系列に番号を付したものである。
・「↓」以下には、関連情報をあげたが、最小限にとどめた。

年	永保三年（1083）	応徳元年（1084）
学習記録（教師）		
引用・抜書		
書物		
作文関連		**二・一四**〔本文A・B〕詩題を大江匡房、詩序を藤原有綱に献じさせる。**三・一三**〔本文A・B〕師通邸はじめての作文会。
その他	**二・一六**〔本文A・B〕中宮（藤原賢子）で和歌管絃あり。大江匡房、歌題「梅花久薫」を献ず。**一一・五**〔本文A・B〕白河天皇、琵琶を御覧になる。	**三・一六**〔本文A・B〕三条内裏で和歌管絃あり。序は源経信。↓『中殿御会部類記』所引『江記』ならびに『宗俊

	応徳二年	応徳三年	寛治元年	寛治二年 (1088)
	三・一〔本文A裏書〕『春秋左氏伝』読始。四・二五〔本文A〕『礼記』読始〔惟宗孝言〕。一一・二五〔本文A〕『文選』三十巻読了〔惟宗孝言〕。一一・二七〔本文A〕『論語』一巻初読。	九・二〇『漢書』霍光伝読了〔中原師名〕。→霍光は寛治五年三・一七〔別記裏書〕の漢詩、引用・抜書⑤にもみえる。		
		九・一九「古詩集」を選す。『千載佳句』。一〇・二七匡房に『白氏文集』江家点を移させる。		
				三・一三長楽寺花見ののち、講詩。→このときの詩は『中右記部類紙背漢詩集』巻九に所収。一部が『本朝無題詩』巻八にもあり。四・一三内裏にて詩歌。
卿記』にもあり。四・三〔本文A・B〕師実邸小弓・管絃。四・七〔本文A・B〕師通邸和歌。	三・六〔本文A・B〕源経信に琵琶を習う。	一〇・一三延暦寺舎利会に際しての源経信作の願文を記載。		正・二一忠実元服。前斎宮〔媞子内親王〕から小野道風筆御文を贈られる。四・一三同上。和歌序は藤原行家。

年	寛治二年(1088)	寛治三年	
学習記録(教師)			
引用・抜書			
書物		**正・一一**〔裏書〕朝覲行幸の贈物として『毛詩』。↓『朝覲行幸部類』「御贈物事」所引「大記」(『為房卿記』)にもあり。	
作文関連		**三・七**作文会。 **九・二一**作文大会。公卿は大江匡房ただ一人。	**三・四**〔裏書〕法性寺参籠中に作詩(漢詩①)。 **四・一九**鳥羽殿(白河上皇御所)に行幸。放鳥試あり。 〔裏書〕詩題「殿庭翻舞衣」。 **四・二〇**〔裏書〕白河上皇主
その他	**四・一七**忠実書始。源経信の朗詠あり。 **七・一五～八・二**金峯山詣。↓七・二七付自筆願文が現存。 **閏一〇・二五**源経信に琵琶を習う。 **一一・一**〔裏書〕大江匡房作成の朔旦冬至賀表を記載。	**二・二七**源経信に琵琶を習う(長雲楽)。経信、名人について語る。 **二・二九**師通、石清水八幡宮参詣。師通筆『般若心経』。 **五・四**源経信に琵琶を習う。 **五・一七**〔裏書〕服葫に関する丹波忠康の勘文を記載。 **八・二三**太皇太后(藤原寛子)宇治泉殿扇合。	

寛治四年
四・二八『漢書』受説（大江匡房）。 **四・二九**『漢書』学習終了（大江匡房）。 **一二・九**『後漢書』列伝読（大江匡房）。
①**一〇・一一**『和漢朗詠集』↓『後漢書』列伝第三（隗囂伝）
四・二九『漢書』に関して不審点があったので大江家の本で読み合わせるべきとのこと。 **一二・一三**師通、仮名本献上。
催の詩会。詩題「松樹臨池水」。大江匡房の詩序ならびに漢詩を記載。↓このときの詩序は『本朝続文粋』巻九、詩は『中右記部類紙背漢詩集』巻五に所収。師通の詩は寛治五年三・一八〔別記裏書〕にもみえる。 **四・二七**擬文章生の詩判について定む。↓『為房卿記』五月四日条に言及あり。 **五・六**詩判について。↓『為房卿記』によれば詩判は四日。 **一二・七**このところ大江匡房が作文に来ないので尋ねる。 〔裏書〕上旬の内に詩の披講をするために題目を奉らせる。題は「冬朝舟裏意」。 **一二・一〇**源経信らとともに師通邸にて連句ならびに管絃。
五・六源経信に琵琶を習う。 **八・八～一三**二度目の金峯山詣。 **一一・四**〔裏書〕一〇・二三の師実摂政初度上表を記載。作者は大江匡房。↓『本朝続文粋』巻四にも所収。 **一一・二二**師通、『大般若経』を書写。 **一二・一四**宇佐使発遣。師通

年	学習記録（教師）	引用・抜書	書物	作文関連	その他
寛治四年					上卿。大内記菅原在良作の宣命を記載。
寛治五年	**一一・四**〔別記〕『毛詩』第十六巻受（惟宗孝言）。		**七・一四**〔別記〕師実より道長筆『時務策』三巻、『抱朴子』七巻、『詞林』十巻を借りる。 **八・七**〔別記〕大地震につき『漢書』恵帝紀を見る。 **一〇・二五**〔別記〕橘俊綱に「沙糖」を贈られ『本草』下帙（十七巻）にみえると記す。	**三・一六**〔別記〕師通主催の曲水宴。→このときの詩は『中右記部類紙背漢詩集』巻七・十八・二十八に所収。 **三・一七**〔別記裏書〕前日の曲水宴を受けての源俊房と師通との唱和（漢詩②③）。 **三・一八**〔別記裏書〕師通の詩（漢詩④）。→寛治四年四・二〇〔裏書〕参照。 **七・二**〔別記〕源経信、儒者などとともに掩韻。 **一一・四**〔別記〕惟宗孝言、詩題「池水漸成氷」を進上、講師は秀才藤原永実。	**二・一八**〔別記〕師実、仁王会に際し藤原行成の書を進上。 **六・一**〔別記〕師実、師通に藤原行成自筆消息を与える。 **六・二七**〔別記〕源経信らと八条に遊ぶ。朗詠・催馬楽・連句・聯歌などあり。 **七**〔本記裏書〕閏七・二二付消息文案。 **九・二五**〔別記〕東山に紅葉見物。 **一〇・一**〔別記〕白河上皇、大井川にて紅葉見物ののち、六条院にて和歌会。序なし。

	寛治六年
	三・二九『後漢書』読（大江匡房）。 **八・二七**『後漢書』第四帙（列伝第三十一～四十）受読（大江匡房）。
一二・一四〔別記〕『文選』（謝恵連「雪賦」）の表現多用。	②**二・一三**『論語』 ③**四・三**〔裏書〕『新撰陰陽書』『群忌隆集』『宅撓経』『尚書暦』 ④**七・二〇**〔裏書〕『史記』陳・杞世家 ⑤**一〇・一**〔裏書〕『漢書』霍光伝↓応徳三年九・二〇参照。 ⑥**一〇・一〇**〔裏
一一・七〔別記裏書〕「妃」が皇帝の妻の名前であるとして『後漢書』帝紀にあるとする。これに関連して『東宮切韻』を調べるべしとする。 **一二・一九**〔別記〕菅原是綱に「菅尚書草」（道真の文草）を求めるが、ないとの返事。	**二・一二**『陳書』を大江匡房のもとから書写させる。 **九・八**師実より『琵琶譜』十巻ならびに摺本『系蒙』二帖を借りる。↓一一・二九参照。
	二・一八師通邸作文。序なし。↓『中右記』同日条も参照。 **七・七**〔裏書〕乞巧奠。師通の漢詩あり（漢詩⑤）。
	二・三師通邸管絃。 **五・七**師通、師実より道長の書を借りる。 **七・七**〔裏書〕同上。師通の和歌あり（和歌①）。

年	学習記録（教師）	引用・抜書	書物	作文関連	その他
寛治六年	一〇・二〇『後漢書』列伝読受（大江匡房）。 一二・七『後漢書』列伝第三十七（班超伝）読畢（大江匡房）。 一二・二〇『後漢書』列伝読（大江匡房）。	書』『文選』（郭璞「江賦」） ⑦一一・三『文選』（謝恵連「雪賦」）↓『毛詩』 ⑧一一・九『世説新語』『神農書』 ⑨一一・一三（裏書）『後漢書』列伝第三十六（郭鎮伝） ⑩一一・二二（裏書）『千載佳句』 ⑪一一・二三『文選』（謝恵連「雪賦」）	一〇・一五（頭書）大地震があったので委しくは『天地瑞祥志』を引くべしとする。 一〇・一九大江匡房より『白氏洛中集』を得る。 一一・三一昨日惟宗孝言のもとより『金楼子』十巻、『大唐六典』三十巻などを得る。 一一・九藤原友実より『世説新語』を召す。 一二・二直講孝貞をして『儀礼』十四巻に点をつけさせる。 一二・二三源経信、大江匡	一二・六詩題が大江匡房のもとより送られてくる。 一二・一〇詩会。序者は藤原友実、題は藤原通俊で「雪飛羈旅中」。	一〇・二〇師通、惟宗孝言に書を遣わす。 一〇・二二（裏書）惟宗孝言、師通に返書。

	寛治七年
房が来て話すには『晋書』伝第三・四巻が不明だという。この巻は嵆康の巻だという。 一二・二八『三代御製』『本朝佳句』『本朝麗藻』を明年奉れとあり。 一二・二九『系蒙』二帖を内裏に返却、昨日は『琵琶譜』十巻を返却。『儀礼注』『時務策』二巻を借りる。 ↓九・八参照。	正・一三〔裏書〕「随時変改」が『文選』序にあるとする。「南殿御障子賢聖図目録卌二人」。 二・一三「変改」について『文選』にあることを指摘。 二・一八源経信より明衡点『後漢書』第五帙〔列伝第四十一～五十〕を送ってくる。 二・二六大宰大弐藤原長房の赴任に際し「六帖和歌」〔『古今和歌六帖』カ〕を返却。 二・二七源経信に『後漢
	正・二三源経信、唐代のことを語る。 二・二二〔自筆別記〕篤子内親王立后宣命草を記載。

年	学習記録（教師）	引用・抜書	書物	作文関連	その他
寛治七年	**三・七**『後漢書』受読（大江匡房）。 **三・二九**『後漢書』列伝第四十三受（大江匡房）。 **四・五**『後漢書』列伝読受（大江匡房）。 **六・九**『後漢書』列伝第四十六受読了（大江匡房）。	⑫**四・六**（裏書）『礼記』曲礼篇	書』帝紀十二巻を送る。経信次男基綱に教授させるため。 **二・二九**『天地瑞祥志』を引見すべきかとする。 **三・二九**『後漢書』帝紀第四を引見すべしとする。→四・六参照。 **四・五**三条殿造作に関連して『百忌暦』を見る。 **四・六**『後漢書』紀第四を「握翫」する。→三・二九参照。	**六・二八**高陽院ではじめて作文会あり。読師は源経信、講師は藤原俊信。 **六・二九**父師実と使者を介して七月七日の高陽院の作文会の打ち合わせ。和歌とり漢詩。序者は惟宗孝言。題「織女風為扇」については大江匡房に改定させるかと仰せあり。 **七・九**源経信来臨、掩韻あ	**三・一〇**師通、高陽院の障子に詩歌を書きつける。 **三・一一**高陽院の中宮（篤子内親王）御方で小弓。蹴鞠、管絃あり。和歌はなし。 **五・二七**『後撰和歌集』、梨壺の五人（本文では六人）に言及。 **七・七**高陽院和歌会。管絃あり。師通の和歌とその返歌を記載（和歌②③）。→『中右記』同日条も参照。

永長元年（1096）	嘉保二年	嘉保元年	
			九・一七『後漢書』列伝第五十一受読（大江匡房）。 一一・二七『後漢書』列伝第六十五読（大江匡房）。 一二・二八『後漢書』学習終了（帝紀は惟宗孝言、列伝は大江匡房に学んだという）。
⑭正・三（裏書）『後漢書』列伝第十一（李忠伝） ⑮二・一一（裏書）『三国志』魏書第一 ⑯二・二五「青史秘録」			⑬一〇・一〇（裏書）『白氏文集』第六十八
二・一一（裏書）大江匡房と書籍、『礼記』、儀式作法のことなどを話す。 二・二一『春秋左氏伝』第六披見。			一一・三菊花を植える。『本草』を引見すべしとする。→四・二三（裏書）にも菊を植えたとあり。
三・二師通邸作文会。→『中右記』同日条も参照。			り。 七・一六～一八（裏書）（漢詩⑥⑦）
二・一四師実より「中務宮（兼明親王）手跡」を賜る。 二・二三師実の京極殿における十種供養にともない和歌管絃あり。→このときの和歌序は源俊房で『扶桑古			九・一二師通、十二帖の屏風（堀河天皇所持品で藤原行成自筆漢詩・和歌）を書写して師実に贈る。 一〇・四（裏書）白河上皇・郁芳門院媞子内親王、日吉社より還御に際し、師通、逢坂関の清水で師実に歌を贈り、返歌あり（和歌④⑤）。

年	永長元年（1096）
学習記録（教師）	
引用・抜書	⑰**五・二九**〔裏書〕『後漢書』列伝第十五（劉寛伝）
書物	**三・七**〔裏書〕「驀子馬」が『華林遍略』にあると指摘。 **五・九**この日の天候に関して『天地瑞祥志』に言及。 **七・一一**藤原伊周点で「直幹」（橘直幹カ）が家々の説を裏書した『毛詩』を手に入れる。書物に対する思い「書籍披閲、案頭不レ絶、心中悦レ意、事々無レ彊矣」。
作文関連	**三・三**作文会。 **三・一七**師通邸作文。題「春深花漸落」（惟宗孝言）、序者は藤原敦宗。→『中右記』同日条も参照。
その他	文集』に所収。また師実や師通の和歌が『千載和歌集』巻一「春歌上」に所収。 **三・一〇**師通、師実主催の京極殿における懺法に際し『般若心経』を書写する。 **三・一一**清涼殿和歌管絃会。→このときの歌題は「花契千年」で大江匡房の序が『本朝続文粋』十に所収。 **三・一八**師通、一切経書写供養に際し『華厳経』外題を書す。 **五・八**斎院令子内親王家歌合について議す。 **五・二九**斎院令子内親王家歌合延引。 **七・一一**師実より東三条院（藤原詮子）の書を賜る。 **九・一一**師実、師通のために『大般若経』第一巻を一行ほど書写する。→九・二〇の供養のため。 **九・二〇**師通、『大般若経』供養。三帙の外題を書す。 **一〇・八**師通、『止観（四巻カ）経』を書写させ、外題を

	承徳元年	承徳二年	康和元年（1099）
一一・二三（先年）『史記』本紀第七の一部を読受（惟宗孝言）。 **一二・五**『白氏文集』一・二・六・七帙読（大江匡房）。			
一一・二四この日の大地震について『天地瑞祥志』に言及。 **一二・一一**『後漢書』帝紀に仮名をつけさせるために下す。 **一二・一四**『史記』本紀第十巻を源俊房より借りる。			
書す。 **一二・九**この年「世間淫乱」、一一・二四の大地震により改元あるべしとして大江匡房、文章博士藤原成季、藤原敦基などに年号を選ぶよう命ず。			**三・一七**師実・師通観桜。（裏書）女房と源師忠の和歌を記載（和歌⑥⑦）。 **三・二二**師通邸で蹴鞠。魏文帝（曹丕）の話。→附章注26参照。 **三・二七**翌日の中宮（篤子内親王）の和歌会の歌題について。 **三・二八**中宮（篤子内親王）小弓、蹴鞠、管絃、和歌会。→このときの歌題は「風静花芳」で藤原正家の序が『王沢不渇鈔』下に所収。

年	学習記録（教師）	引用・抜書	書物	作文関連	その他
康和元年（1099）			**四・一二**兼基書『拾遺新説』上巻を奉る。		**三・二九**師通邸管絃。 **四・一**翌々日の斎院令子内親王御所における和歌会の題を師通が選ぶ（松葉映水）。 **四・三**斎院令子内親王御所において、小弓、蹴鞠、管絃、和歌会。 **五・二四**（裏書）藤原行成筆『仁王経』下巻を五行ほど書写する。

第Ⅲ部　〈古記録〉の論理

第一章　私日記の発生と展開

一、はじめに

中国を模範として成立した日本の律令国家は、早い段階から独自の道を歩みはじめる。その一つが国史編纂事業である。

中国では、国史編纂は王朝交代にともなって次代の王朝が前代の王朝の歴史を叙述するというかたちで行なわれていた。編纂は前代より積み重ねてきた資料に基づく。まず、皇帝のそばに仕えた史官が「起居注」とよばれる日誌を記し、それをもとに皇帝の死後に「実録」が編纂される。そして、その「実録」を次の王朝がまとめるといった手順である(1)。その方法は日本でも模倣され、特に国史編纂の資料となる記録(中国でいう「起居注」にあたるもの)が律令制度下における中務省内記所の「内記日記」であり、太政官外記局の「外記日記」、蔵人所の「殿上日記」などの公日記も広くはそれに含めてよいと考えられる。

しかし、王朝の交代を前提としない日本においては、このようなシステムは国情に合わなかったのだろう。国史は早い段階で変容し、やがて編纂されなくなり、私日記が盛行するようになった。この「私日記」は、「公日記」に対する個人の日記であり、『師通記』をはじめとする古記録である。この国史の廃絶と私日記の盛行という問題の関連性については、すでに約一世紀前に黒板勝美(2)や和田英松(3)らによって、国史の材料となっていた日記が残りはじめた、という説が出されており、その後、小島小五郎(4)による反論はあったものの、現在まで概ね支持されつづけている。(5)

本章においては、廃絶すべくして廃絶した国史と、その後盛行する私日記との関係を、外記日記を中心に据えて論じていきたい。

二、国史と外記日記

国史編纂と大外記

日本における国史は養老四年（七二〇）撰進の『日本書紀』にはじまり、延喜元年（九〇一）撰進の『日本三代実録』まで六度編纂された（六国史）。確認しておきたいのは、これらの撰者に大外記あるいは外記経験者がほぼ毎回選ばれているということである。(6)『新儀式』巻五「修二国史一事」には、撰者は「第一大臣。執行参議一人。大外記幷儒士之中、択下堪二筆削一者一人上、令レ制二作之一。諸司官人堪レ事者四五人」と規定されている。『新儀式』は六国史後につくられたものではあるが、六国史の事例をふまえたものと考えられる。国史編纂には外記が関わり、編纂実務を担当していたのである。

外記の職掌拡大と強化

律令国家において記録に携わったのは外記だけではない。中務省内記所に内記があり、主に詔勅の作成と、御所の記録をつかさどった。しかも、内記日記は唯一律令に規定された公日記であった。(7)また、『養老令』の官位令では、大外記が正七位なのに対して、大内記が正六位に位置づけられている。つまり、律令において外記よりも内記のほうが格上とされていたのである。

この内記と外記の関係に変化が起きはじめるのが、延暦二年（七八三）五月である。外記の職務が繁多であるということで、大外記を正七位から正六位としている（『続日本紀』延暦二年五月十一日条）。これによって大外記は大内記と官位を並べることになる。

また、弘仁六年（八一五）正月二十三日宣旨（『類聚符宣抄』第六「外記職掌」所収）には、大臣の諮問に備え、内裏の儀式に違失のないように、これ以後、宮中における儀礼の際には、外記も候じて、直接それを拝観し、その大要を、内記とともに記録することにする、とある。いわばこの宣旨は、内記の職掌の一部に外記が介入することを意味している。橋本義彦(8)や小口雅史(9)も指摘するように、この宣旨によって、外記日記は公的な権威を明確に与えられたのである(10)。

外記の職掌が拡大、充実するにつれて、内記の職掌が縮小していくのは当然である。また、嵯峨朝の弘仁元年に蔵人所がおかれて以降に書きはじめられた殿上日記は、常時伺候でない内記の日記に比べて内容が充実していたと考えられる。森田悌(11)が指摘するように、この殿上日記と外記日記は、前者が主に内廷の記録を、後者が外廷の記録をつかさどることから相互補完の関係にあり、この点からも内記日記の記録の意味は薄れていったと考えられる。このことは、内記日記が外記日記に比べて逸文が極端に少ないことからも証明される(12)。

儀式と外記日記・『類聚国史』

外記の職掌拡大と強化がなされたのは、年中行事の成立と儀式との関連性があるのではないか。山中裕は年中行事の成立過程を、次に述べるようないくつかのピークに分けて説明している(13)。

一つ目は、「大化改新から律令制定時代（孝徳天皇―文武天皇まで）」であり、外来、日本古来、そしてその融合した型など、さまざまな年中行事を朝廷に取り入れ、律令国家成立の過程のなかで整えてきた時代であるとしている。

二つ目は、「桓武天皇から嵯峨天皇の時代（「弘仁式」、「弘仁儀式」、「内裏式」など、最も早い儀式書の成立時代）」である。この時代には、年中行事・儀式のテクスト化がすすめられた。『内裏儀式』や『内裏式』はこの頃編纂されている(14)。もちろん、これは格式編纂の機運とは無関係ではない。中国では格式は律令とともに編纂されたが、日本では律令の撰修が行なわれなくなってから編纂され、それが律令にとって代わるところが特徴である。三代格式のはじめである『弘仁格式』がつくられたのもこの時代である。格は律令の修正法、式は律令・格の施行細則である。このような儀式のテクスト化がはじめられた弘仁年間（八一〇～二四）に、外記の職掌拡大が時を同じくして行なわれたのは偶然ではないだろう。朝廷の儀式を記録する組織としての外記にスポットライトがあてられたのである。

三つ目には、「清和天皇時代（「貞観儀式」成立のころ）」をあげている。この時代には『貞観格式』と『貞観儀式』が編纂される。山中は『貞観儀式』に儀式の発展、深化をみてとれるとし、この時期は、宮廷行事とその儀礼の完成の時期であり、「公家貴族の宮廷行事に対する関心は、ますます深くなってゆく」と述べている(15)。

四つ目は、「宇多、醍醐、村上天皇時代（いわゆる寛平、延喜、天暦の治の時代）」である。この時代は、停止になっていた行事が復活するなど、新たなる宮廷行事の発展の時代であったと指摘する。醍醐天皇の時代には三代格式の最後『延喜格式』、『延喜儀式』が編纂される。『延喜儀式』については、その存在の有無をめぐって議論があるが、『貞観儀式』の部分的修訂にとどまったと考えるのが穏当であろう。その編録の勅は延喜十三年八月二十九日に発せられている。それが次にあげたものである（『別聚符宣抄』所収）。

左大弁橘朝臣澄清伝宣、大納言藤原朝臣忠平宣、奉レ勅、検二諸司式一。或云、事見二儀式一者。而件式雖レ有二草藁一、未レ畢二編録一、巻軸欠失、履行多レ疑。宜下以二彼草一為レ本、勘二拠外記〔局カ〕巻式一、幷諸司記中件儀式上者。

延喜十三年八月廿九日　　左大史大春日列□奉

これについて、岩橋小彌太は「儀式の草稿を土台として、外記の記録や諸司の記録に勘拠して更に儀式を編録することを命ぜられたのである」[16]と述べている。

つづいてみてみたい。

撰式所

請代々大嘗会記文雑書幷諸節会及諸祭等日記事在二外記一

右為レ宛下撰二儀式一之勘会上、所レ請如レ件。

延喜十四年九月廿一日　　右史生中臣園継

式部少録葛井清明

右大史御船

少外記小野美実

右大臣（藤原忠平）宣、件等雑書宜二借給一者。

同年十月三日　　権少外記中臣利世奉

九月二十一日の宣旨で、撰式所から外記局に対して儀式撰修のための記文貸与の願い出がなされ、十月三日に貸与されている（以上、いずれも『類聚符宣抄』第六「文譜」所収）。以上は『延喜儀式』撰修のものではあるが、儀式書編纂にあたって外記日記が重要な役割を果たしたことが確認できる。

さて、ここで六国史の状況に目を転じてみたい。これまでみてきたような年中行事、儀式書編纂の機運は、国史の内容にも変化をもたらしている。六国史が均質ではなく、それぞれが特徴をもって編纂され、また、その過程で時代にあわせた変容をともなっていることは坂本太郎の指摘するところである[17]。坂本は二番目の国史である『続日本紀』と最後の国史である『日本三代実録』を比較し、内容的相違の特徴として年中行事記事をあげている。「毎年定期に行なわれる行事の記載は、三代実録には克明に存在するが、他の国史には稀にしかない[18]」という。

この『日本三代実録』の撰進は延喜元年である。年中行事の日取りと要点を列記した「年中行事御障子文[19]」が藤原基経によって献上されたのが仁和元年（八八五）のことであり、朝廷の年中行事を解説した惟宗公方の『本朝月令』が成立したのは延喜年間であろうと考えられる。山中の分類でいえば四つ目の時期に当たるこの時期に、年中行事への関心が高まっていたと考えることができるだろう。

そして、国史にとって最も大きな転換だったのが、菅原道真による『類聚国史』の編纂である。『類聚国史』は、国史を事項別・年代別に並べたもので、成立には中国の類書の影響が大きいと考えられる。寛平四年（八九二）に一旦成立し、後人が『日本三代実録』の記事を増補したと考えられている。その志向するものは国史とは正反対の方向だった。国史編纂が過去・現在・未来とつながる「直線の思考」であるならば、国史を類聚するということは、春夏秋冬のめぐりと同じ「循環の思考」といってよいだろう。毎回同じことが起きるのならば国史を編纂する必要はないわけで、根底には変化とともに記していくという、歴史性がある。それに対して、類聚書編纂というのは、先例をかき集めることによって、のちにそれを参照する人々の行動規範をつくりあげた。つまり、過去の出来事が、現在、未来をも規定していくのである。これは歴史性の否定といえるだろう。『類聚国史』の編纂は、国史が先例引勘の材料となりはじめたことを意味した。『日本三代実録』撰進の直前に『類聚国史』が菅原道真によって編纂されたこと、『日本三代実録』が年中行事記事を多く収めたということは、まさに、来たるべき先例主義の時代の到来を予感させる[20]。

三、外記日記と私日記

儀式書編纂の機運とともに、外記の職掌の重要性が高まった。さらに、儀式が政務の中心となったことが国史にも影響してきたことはこれまでもみてきた通りである。その意味で『類聚国史』の編纂は国史にとって一大転機であった。重視されるのは国史ではなく、儀式書であり、公の記録である外記日記なのであった。これと時を同じくして、天皇や貴族たちの私日記が残りはじめる。

ここからは、公日記としての外記日記と私日記との関係を探っていきたい。ただし、外記日記それ自体は現在残っておらず、逸文のみであるので、私日記から外記日記をみていくかたちをとる。

㈠、先例引勘の材料としての外記日記

私日記が残りはじめた頃、先例引勘の中心は外記日記にあった。例えば次にあげたのは、『政事要略』（巻二十八「年中行事」十二月上）所引『吏部王記』延長六年（九二八）十二月二十九日条である。

左侍従陽成院二親王(元平親王)及奏賀按察大納言(藤原仲平)集二八省院一習礼。即共昇二大極殿一、合二外記日記一定二位程歩儀一。外記曰、先年日記、侍従進二南栄一、西折入二第二間一立レ台。右亦如レ之。外記・右侍従進二南栄一、到二第五間西柱南一、北向、傍行跪膝行、称礼畢。按察大納言云、（後略）

記主重明親王が元平親王と藤原仲平とともに、外記の立会いのもと、外記日記を見ながら朝賀の習礼を行なった例である。つづいては『九条殿御記』巻一「大臣家大饗」承平六年（九三六）正月三日条である。

巳時依レ召参レ殿。太閤(藤原忠平)仰云、所レ煩未レ平、明日大饗事不レ定。検二前例一去元慶八年大(太)政大臣(藤原基経)殿大饗如レ常。但主

人大臣不レ出二客亭一。右大臣源多早到行事。是所レ注二外記日記一也。佐〔依〕二彼例一、欲レ行二明日饗事一。而彼大〔太〕政大臣家例也。我非二其職一。何追二彼例饗一。此事如何。余執申云、所二天誡一、雖レ非二太政大臣職一、摂政之職異二他大臣一。依二彼例一被レ行二饗事一、如何。（後略）

父忠平が、明日の自分の大饗について、元慶八年（八八四）の基経の大饗の先例によって行ないたいが、太政大臣ではない自分が太政大臣の例によるのは不適切だろうか、と記主の師輔に尋ねている。師輔は、摂政の職が太政大臣以外の大臣とは異なるので、それでいいのではないか、と書いているのだが、ここで忠平がその父基経の先例を引いたのが外記日記であった（後代であれば当然自分の家の日記で確認しているはずである）。

これ以外にも『西宮記』巻七所引『貞信公記』承平五年十二月三十日条には、「尋二見外記々説一」とあり、『九条殿御記』巻二「駒牽」承平七年八月二十八日条には、外記日記の説が引かれ、また、『九暦記』天慶六年（九四三）三月二十日条には、藤原敦忠の薨奏について天慶元年十一月九日の勤子内親王が薨じた際の外記日記を引勘している。『西宮記』巻五所引『村上天皇御記』応和二年（九六二）九月三日条には、外記日記によって上卿を定めたことが書かれている。以上のように、先例を尋ねる場合に外記日記を参照した例は多い。

また、『貞信公記』天慶元年九月十五日条には次のようにある。

斎王（徽子女王）出レ従二八省一之後、微雨。参二八省一、出二無（立カ）伊勢斎王一。依二御物忌一、皇帝（朱雀天皇）不レ幸。仍以二黄楊木小櫛一、愚加二斎王額一。是准下処〔拠〕元慶代九月例幣帝王勅詞・先大〔太〕閤（藤原基経）仰二中臣一之例上、所レ加也。自余事外史記レ之。

斎宮徽子女王の群行に際して、元慶の例によって行なった旨が書かれているのだが、注目したいのは「自余事外史記レ之」とあることとである。このような例は、『御産部類記』三所引『九暦』天暦四年（九五〇）七月二十三日条にもみられる（「儀式如レ例。具由在二外記日記一」）。

少なくとも、『貞信公記』『九暦』『吏部王記』『村上天皇御記』が書かれた延喜七年(21)から康保四年（九六七）(22)のあいだ（初期の私日記の時代）においては、貴族たちは儀式・政務の現場で外記日記に依存していたのだろう。そして、時に記録を外記日記に任せている記事もあることから、先例の典拠として外記日記が重んじられていたということであろう。

『新国史』編纂

ここで改めて国史に目を向けたい。官撰国史を『日本三代実録』までとし、まとめて「六国史」とよぶのは後世の視点であって、実際には『日本三代実録』以降も国史が編纂されようとしていた。その一つが『新国史』である。撰国史所をおき、藤原恒佐、平伊望を別当に任命した承平六年十一月二十九日の宣旨をはじめとして、安和二年（九六九）二月十三日の宣旨まで、三十三年間に十七通の撰国史所関係の宣旨が出されている。[23] 坂本太郎は、「これらの史料の限りでは、三代実録の撰修後三十六年で次の国史撰修の議が起こり、撰国史所の職員が任命されたとしなければならぬ。それは前史の撰修後、文徳実録が三年、三代実録が十四年で着手されたのに比して、間隔がだいぶん長くなっており、意欲の減退は蔽い難いが、それでも国史を絶やすまいとした執心は、十分に認められる」[24]と述べている。

撰国史所関係の宣旨が出された期間に注目すると、この期間が先ほどみてきた初期の私日記の時代とほぼ重なる。この時代は貴族たちが儀式・政務にあたって外記日記に依存していた時代であった。後述するが、外記日記の逸文の状況をみても、ちょうどこのあたりの時期が一番多いので、外記日記がしっかりと書かれていた時代であったといえよう。つまり、国家の記録組織が依然その中心的役割を果たしていたということである。よって、国家の記録がそのまま歴史書の編纂と関わってくることは当然であろう。この時代はまさに、国史編纂がまだ過去になっておらず、現実に考えられていたのである。

日記の管理と紛失

もう一つ確認しておかなければならないのは、日記の管理状況の問題である。

延長五年正月六日宣旨（『類聚符宣抄』第六「文譜」所収）には、「年々日記、破損是多。宜㆘以㆓堅厚紙㆒令㆓書写㆒備㆗後鑑㆖者」（外記日記の破損が年々多くなってきているので厚紙で補修し後鑑に備えよ）とあるし、永延三年（永祚元、九八九）五月十七日付宣旨（『類聚符宣抄』第七「左右弁官史生可㆑任㆓内官㆒事」所収）では、寛和二年（九八六）以降、外記日記が実質的に記されていないことが問題になっている。ほかにも、類従本系『江談抄』第二・十六には外記日記が図書寮の紙工によって盗み取られた話があり、その類話が『水左記』治暦二年（一〇六六）七月十日条、同三年四月二十七日条、[25]『台記』仁平元年（一一五一）二月十日条にもあることから、外記日記の管理の問題は長くつづいていたようである。外記日記が先例の典拠として重んじられ、使用頻度が増えたこともあり、保管状況は危機的状況に陥っていた。藤原実資のように自らが所持している場合もあった。[26]

また、この時代の日記（主に私日記）の原本が伝存せず、抄本や逸文が伝わるのみであるのは、情報を整理することにのみ重点がおかれ、日記それ自体に存在価値が見出されていなかったからであろう。藤原実頼の『清慎公記』が孫の公任によって部類記作成のために切り継ぎされ、散失してしまったというのはその一例である。[27]日記は、日々を綴るという本来の歴史性を離れ、年中行事のような循環性をもった、毎年同じ営為を続けるための儀式書（＝ルールブック）作成の道具にすぎなかったのである。

(二)、外記日記の黄昏

村上天皇朝の応和三年のはじめ、『新儀式』が成立したとみられる。『延喜儀式』につづく儀式書である。先に述べたように、山中裕はこの時期を新たなる宮廷行事の発展の時期ととらえており、それがつくられた意味は大きい

はずであるが、全六巻のうち伝わるのは二巻のみである。『新儀式』については岩橋小彌太が次のように述べている。(28)

延喜の儀式が古礼になつたから、天暦に新儀式が作られたといふけれども、新儀式は概して小作りで、三代の儀式とは到底較べ物にはならず、新儀式とはいふけれども、決して三代の儀式の躅に倣つたものではない。殊に第五巻の修国史事、封事事以下は其の篇目を見ても、又其の内容を読んでも知られるやうに、これは儀式即ち礼制の書ではなく、政務を規定した式であつて、其の点はいはゆる公事の書即ち西宮記、北山抄等と一類の書のやうに見える。其の上に内裏式、国史、外記日記、晋礼、唐礼等を引き、多くの先例を挙げたところも、これ等の公事の書に似てゐる。これは史臣に命じて修撰せしめられた他所行の儀式や内裏式とは違つた私抄の姿である。

『新儀式』はこれまでの儀式書とは質を異にするものであり、のちに私撰でつくられる『西宮記』『北山抄』『江家次第』などの儀式書につながっていく。儀式自体が変容したことにともない、外記日記や私日記も変わっていく。

村上天皇が崩御したのが康保四年、それから数年後、藤原実資が『小右記』の執筆をはじめる。(29)この頃から私日記は次の段階に入る。この時代は『小右記』の執筆全期間にわたる。すなわち、長暦四年（長久元、一〇四〇）くらいまでである。(30)

次にあげたのは『小右記』長徳元年（九九五）六月二十一日条である。

昨日両大将（藤原道長・藤原顕光）宣旨被レ仰ニ中納言時中（源）一。而無レ音退出。今日有ニ被レ咎仰事一。仍今日行ニ除目一。下ヨ給兵部ニ云々。件事尋ニ先例一可レ裁。被レ任ニ大将一之事、先預兼日被レ仰ニ其人一、然後被レ任者也。依レ有ニ其儲一。而当日被レ任。未レ知之事也。又右大臣（道長）昨日参ニ弓場殿一、令レ奏ニ慶賀一云々。新任大将奏ニ慶賀一。未レ有ニ旧人之奏レ賀歟。故殿（藤原実頼）天慶七年四月

十六日御記云、今日兼二任大将一之宣旨了。《下歟》奏二慶賀一否之由、依二殿（藤原忠平）仰一令レ勘二外記幷殿上日記一、無二所見一云々。
同十七日御記云、兼二任大将一之時、奏レ慶之由、外記・殿上日記無二所見一之状執申了。依レ無二所見一不レ令レ奏者。

任大将の奏慶賀について、祖父であり養父である実頼の『清慎公記』天慶七年四月十六日条、十七日条を引いている。その『清慎公記』の記述のなかには、（実頼は）両日とも父忠平の仰せの通りに外記日記ならびに殿上日記を見るも記述なし、とある。[31] 長和五年（一〇一六）正月二十九日条にも、三条天皇の譲位の諸儀式に際して『清慎公記』安和二年の円融天皇即位時の例を引いている。そこには延長八年の朱雀天皇のときの外記日記が引勘されているが、外記日記にはこのことがみえなかったようで「是若日記漏失歟」とあるのみである、と実資は記している。ほかにも長和五年四月二十八日条では、外記日記に先例を尋ねるも「不レ注二外記日記一」であったし、治安元年（一〇二一）十月十一日条では、停任者還復の宣旨についても同様であったということが書かれている。

外記日記が「不レ注」「不レ記」であるという記事は、ほかの日記には例えば『西宮記』巻一所引『吏部王記』延長八年正月八日条に、御斎会の際、内弁の大臣が座に着くか否かのことが外記日記には「不レ記」である、というようにあるが、そもそも「不レ記」と記すこと自体、そこに当然書かれるべきものであったことを示している。私日記が書かれはじめた時代、外記日記は先例の典拠として重んじられていた。しかし、この時代になって、外記日記に記されていない、という記事が出はじめる。これは、儀式の先例引勘に外記日記が対応できなくなってきたことと、儀式そのものが変容しはじめたことによるのではないか。[32]

もちろん、この段階においても先例の典拠として外記日記が最も重んじられていたことに変わりはない。それは、先例引勘の対象とされる数の多さからも明らかである。しかし、この頃から外記日記とともに私日記を引いている例が頻繁にみられるようになる。

その用例としては、『左経記』長和六年（寛仁元、一〇一七）四月二十二日条があげられる。寛仁改元に際して、天慶十年四月二十二日改元（天暦元年）の日の外記日記とともに、延長九年四月二十六日改元（承平元年）の日の『貞信公記』を引くのである。次にあげたのは『小右記』万寿二年（一〇二五）八月五日条、六日条である。

五日。甲寅。宰相（藤原資平）来。大外記頼隆（清原）云、諸卿悉触穢。釈奠祭如何。余答云、触穢人納二廟像一有二着行例一歟。頼隆云、軽服人例也者。引二見故殿（藤原実頼）（御記脱カ）天慶八年一触穢又着行。依二外記日記一所レ被レ行云々。頼隆不（云カ）、可レ引二見局日記一者。即退出。（後略）

六日。乙卯。（中略）大外記頼隆云、見二天慶八年釈奠日記一。上達部身為二丙穢一。内裏乙之故。仍雖二触穢一更着処不レ可レ穢。有二此定一。納二廟像一須二着行一者。仰下可レ進二日記一由上了。（後略）

五日条では公卿の触穢による釈奠の処置について、実資が『清慎公記』の天慶八年の例を引見すると、外記日記に書かれた例によって行なわれたという。それを大外記清原頼隆に述べると、頼隆はそのときの外記日記を調べるために退出する。六日条では、前日のことを受けて頼隆が来て、外記日記の内容を実資に伝えている。ここの記事では、先例引勘の中心が『清慎公記』であり、そこから儀式の典拠となった外記日記を引くということが行なわれている。しかし、『清慎公記』に書かれた外記日記について、大外記は承知していなかったのである。

あげた以外にも外記日記が他の私日記とともに引勘されるという事例は多数ある。このような事態が生じたのは、松薗斉が指摘するように[33]、外記の能力の低下と儀式の変容にともない、公日記の儀式記録の限界がみえてきたからではないか。儀式が政務と一体化するに至って、固定された視点から儀式を記録する公日記としての外記日記よりも、さまざまな年齢・身分の人間がそれぞれの視点から記した私日記の方が、より詳細な記録になるであろう。こののち、私日記の需要はますます高まってゆく。

㈢、私日記の盛行――日記の家の時代

藤原道長・頼通の摂関全盛時代を経て、これまでの研究にもあるように[34]、家格の固定がはじまり、家によって職掌も定まってくる。松薗斉の研究[35]が証明しているように、それぞれの家に応じた日記が書かれ、それが「家記」として代々継承されてゆく。「日記の家」の成立した時期でもある。

こういった状況下では、公的な日記が先例引勘の材料として対応できるはずがない。ここでは摂関全盛期を経た時代（摂関家でいえば師実以降）の日記と外記日記について考えてみたい。

この時代の日記で断片的にも現存するものは『水左記』『帥記』『江記』『為房卿記』『時範記』『師通記』『中右記』『長秋記』『殿暦』『永昌記』『兵範記』『台記』『山槐記』『顕広王記』『玉葉』『吉記』などがある。だが、前代よりも多くの日記が残るにもかかわらず、管見の限りでは「外記日記」という言葉が一回でも出てくるのは、『水左記』『為房卿記』『師通記』『台記』『山槐記』『玉葉』『吉記』のみで、膨大な量が残っている『中右記』『殿暦』にまったくその用例がみられない。それを考えると、この時代の外記日記がどのような位置にあったかがわかるだろう。

それでは、この時代の日記に外記日記がでてくるのはどのようなときだろうか。次にあげたのは『師通記』寛治六年（一〇九二）十月二日条である。

為レ見二外記文殿日記一借召レ之。付二外記義資（大宅）一返二送之一。仰云、撰二出永延・永祚年等一、明旦可二持参一。（後略）

この日、師通は外記日記を借り、永延（九八七～八九）・永祚（九八九～九〇）などの記事を撰出したとある。また、二日後の十月四日条には、

正暦元年暦記被二相尋一之処未レ出。外記局件記被レ失之由外記所レ申也。遺恨莫レ過レ斯。又々可二相尋一也者。

とあり、正暦元年（九九〇）の外記日記がないことを「遺恨莫レ過レ斯」と記している。さらに、この四日後の十月八日条には、

外記局記之中、天徳元・二・三・四年等不レ候云々。

と天徳元年から四年（九五七〜六〇）の記事がないということが書かれている。

また、『台記』仁平元年二月十日条には、外記日記の天長元年（八二四）、承平元年、天暦三年、安和元年の例をあげている。先例勘考の典拠として外記日記を利用しているのである。

次は『玉葉』建久二年（一一九一）九月二十日条である。

明日奉幣事、依二先日師尚（中原）勘文一有二其沙汰一。而猶不審之間、尋二見宣命等一之処、延喜・天慶等無二宣命一。天徳二年九月十三日有二宣命一。依二天変一、石清水已下五社可レ調二進神宝一之由有二御願一。其後無為。仍為二報賽一被二発遣一。更不レ載二任〔狂〕花事一。但延喜十五年、依二衆木秋花一有二六社石清水已下也奉幣一之由、見二外記日記一。然者依二彼例一被二発遣一。更不レ可レ有二其難一之上、奉幣已明日也。忽不レ能二停止一。仍於二発遣之条一者、偏任二延喜例一、更無二異儀一。重加二愚案一之処、不レ被レ申二伊勢一之条如何。中古以来、臨時諸社幣、多被レ申二伊勢以下一歟。或依二御占之方角一、或謝二其社之怪異一之類。非二此限一、只祈二年災一申二変異一之時、有下除二伊勢一臨時奉幣例上哉否。重問二外記及師尚等一了。

奉幣の際の宣命について、延喜十五年、天慶、天徳二年（九五八）の例を外記日記によって確認している。

以上からは、この時代の用例のほとんどすべてが同時代の引勘ではなく、過去の引勘であることがわかる。しかも、その引勘される時期には偏りがある。

外記日記逸文の分布からわかること

ここで、外記日記の逸文の分布をみてみたい[36]。これはあくまでも現在の逸文の分布であって、当時にはもう少し多くが存在していたことは間違いないが、そうだとしても、ある一定の傾向はつかめるのではないか。逸文が多く残っているということは、それだけ引勘されたという証拠である。外記日記逸文が最も多いのは、表で＊1とした西暦九二一年から九六〇年の間、和暦でいうと延喜・延長・承平・天慶・天暦・天徳年間である。これはちょうど初期の私日記の時代と重なる。

また、＊2とした時期も比較的多く残存している。＊1の時期ほどではないが外記日記が多く書かれていたということがわかるだろう。この時期は、外記日記は引勘材料として重視されたものの、それだけでは間に合わなくなり、過去の私日記も並列して引勘された時期であった。ちょうど道長全盛の時期と重なるのは、彼が比較的外記日記を重視したこと[37]と関係するかもしれない。

その後は「日記の家」の時代である。逸文は少々残存しているが、めったに引勘されなくなっている。引勘されたとしても、先にあげた例のように過去の事例（特に＊1、2の事例）を調べているも

外記日記逸文の分布

年（西暦）	逸文残存数	備考
790	2	
821〜840	5	
841〜860	1	
861〜880	9	
881〜900	11	
901〜920	12	
921〜940	46	＊1　延喜・延長・承平・天慶・天暦・天徳
941〜960	47	
961〜980	19	
981〜1000	11	
1001〜1020	34	＊2　長保・寛弘・長和・寛仁
1021〜1040	4	
1041〜1060	2	
1061〜1080	5	
1081〜1100	5	
1101〜1120	9	
1121〜1140	11	
1141〜1160	10	
1161〜1180	2	
1181〜1200	1	

のが多い。また、外記職はほぼ中原氏と清原氏によって占められていくが、彼らの書いた私日記が外記日記とよばれることもあるので注意しなければならない(38)。公日記であった外記日記が、私日記へと変貌を遂げていくのである。

四、おわりに

国史編纂事業は、時代に合わせながら変化を遂げてはきたが、時代が儀式中心へと傾いていくにしたがって、困難をともなう事業への情熱とその意義を失っていった。一方で、儀式の典拠として重視されたのが、類聚された国史と、国史の材料となった外記日記であった。しかし、その外記日記も、私日記にとってかわられてゆく。政務における儀式の重要性が増し、個人がどのように身を処すのかが問われるようになったときに、外記日記だけでは間に合わなくなってきたのである。また、皮肉なことに先例引勘の材料として重視されつづけてきたゆえ、外記日記は人々に貸し出され、参照され、結果として散逸してしまった。さらに、日記の家の時代になると、引勘される外記日記自体が少なくなるとともに、引勘されたとしても、それは外記日記が書かれた全盛期の時代についてであって、同時代資料として引勘されることはないのであった。

本章では公日記である外記日記の変容を通して、私日記の発生について考えた。外記日記は国史と私日記をつなぐ蝶番の役割を果たしており、その時代の歴史叙述と日記叙述というテクストの問題を考える際にポイントとなるものであった(39)。

注

（1）内藤湖南『支那史学史』（『内藤湖南全集』十一、筑摩書房、一九六九年、初出一九四九年）、『漢文研究シリーズ中国の歴史書』（尚学図書、一九八二年）、池田温「中国の史書と『続日本紀』」（『東アジアの文化交流史』吉川弘文館、二〇〇二年、初出一九九二年）参照。

（2）「我が国日記の沿革を述べて馬琴翁の日記鈔に及ぶ」（『馬琴日記鈔』文会堂書店、一九一一年、のち『虚心文集』第六、吉川弘文館、一九四〇年）、「記録の研究」（『更訂 国史の研究』総説、岩波書店、一九三一年）。

（3）「日記に就いて」（『史学雑誌』第二十四編第十号、一九一三年十月、のち『国史国文之研究』雄山閣、一九二六年）。

（4）「「儀式」と公家日記との関係―平安朝の日記流行に関する一試論―」（『史学研究』第五十五号、広島史学研究会、一九五四年六月）。

（5）松薗斉「王朝日記の〝発生〟」（『王朝日記論』法政大学出版局、二〇〇六年、初出二〇〇一年）も参照。

（6）『日本書紀』には上表文や序がないので詳細は不明だが、他のものは上表文や序から、その撰者に大外記もしくは外記経験者が入っていたことがわかる。『続日本紀』には秋篠安人・中科巨都雄、『日本後紀』には坂上今継・島田清田・山田古嗣、『続日本後紀』には安野豊道（『日本文徳天皇実録』斉衡二年（八五五）二月十七日条。同四年（天安元）正月に下総介に任じられて以降は携わらなかったとみられる）、『日本文徳天皇実録』には善淵愛成・島田良臣、『日本三代実録』には大蔵善行・三統理平などである。

（7）『養老令』職員令中務省条・同考課令などにその規定がある。

（8）「外記日記と殿上日記」（『平安貴族社会の研究』吉川弘文館、一九七六年、初出一九六五年）。

（9）「内記日記と外記日記」（山中裕編『古記録と日記』上巻、思文閣出版、一九九三年）。

（10）天長六年十一月十六日宣旨（『類聚符宣抄』第六「外記職掌」所収）は、この弘仁六年の宣旨の励行と定着をはかっているものである。

（11）「殿上日記」（山中裕編『古記録と日記』上巻、思文閣出版、一九九三年）。

（12）なお、内記日記については、その役割をもう少し積極的に評価すべきであるという細井浩志「九世紀の記録管理と国史―天文記事と日唐の月食比較―」、同「記録官司としての内記局の研究」(以上、『古代の天文異変と史書』吉川弘文館、二〇〇七年、前者初出二〇〇一年、後者初出二〇〇四年)の指摘があるが、本章では十分にふまえることができなかった。今後の課題としたい。
(13)『平安朝の年中行事』(塙選書、一九七二年)三十三〜九十一頁。
(14)『内裏儀式』と『内裏式』の成立については、西本昌弘「古礼からみた『内裏儀式』の成立」(『日本古代儀礼成立史の研究』塙書房、一九九七年、初出一九八七年)参照。
(15)山中裕前掲書五十七頁。
(16)「儀式考」(『増補上代史籍の研究』下巻、吉川弘文館、一九七三年)二〇〇頁。
(17)『坂本太郎著作集 第三巻 六国史』(吉川弘文館、一九八九年、初出一九七〇年)。
(18)坂本太郎前掲書二十八頁。
(19)山中裕は、これが「年中行事」の語が文献にみえるはじめであると指摘している(前掲書十四頁)。
(20)歴史の部類については、遠藤慶太「国史編纂と素材史料―律令公文を中心として―」、同「『三代実録』と『類聚国史』―歴史の部類をめぐって―」(以上、『平安勅撰史書研究』皇學館大学出版部、二〇〇六年、前者初出二〇〇一年、後者初出二〇〇四年)参照。
(21)『貞信公記』の現存する最初の記事がある年。
(22)『村上天皇御記』の現存する最後の年。
(23)『類聚符宣抄』第十「可㆑賜㆓上日㆒人々」(撰国史所)」所収。
(24)坂本太郎前掲書二二九頁。
(25)『扶桑略記』同日条にも同じ記事がある。
(26)『小右記』長和四年六月三十日条。
(27)『小右記』寛仁四年(一〇二〇)八月十八日条、万寿二年七月七日条、同五年(長元元)七月一日条など。これについては、桃裕行「『北山抄』と『清慎公記』」(『桃裕行著作集 第四巻 古記録の研究〔上〕』思文閣出版、一九八八年、初出一九七四年）参照。
(28) 岩橋小彌太前掲論文二一三頁。
(29) 鈴木裕之は、『小右記』の起筆時期を天延二年（九七四）十一月一日以前と推定している（「『小右記』起筆考―朔旦冬至と「前記」を手掛かりに―」『日本歴史』第七七九号、二〇一三年四月）。
(30) 木本好信「『小右記』最下限逸文」（『平安朝日記と逸文の研究―日記逸文にあらわれたる平安公卿の世界―』桜楓社、一九八七年、初出一九七九年）参照。
(31) ここは、外記日記と殿上日記が相互補完の関係にあるという森田悌前掲論文の指摘に通じる記述である。
(32) 松薗斉は、外記の職員間の能力格差が広がりつつあったことを、『小右記』長元四年（一〇三一）正月十四日条などをあげて指摘している（「外記局の変質と外記日記」『日記の家―中世国家の記録組織―』吉川弘文館、一九九七年、初出一九八七年・一九九四年、二八二～二八四頁）。ちなみに長元二年二月三日条などには、外記顔負けの先例通の実資の姿をみることができる。
(33) 松薗斉前掲論文「外記局の変質と外記日記」。
(34) 橋本義彦「貴族政権の政治構造」（『平安貴族』平凡社選書、一九八六年、初出一九七六年）など。
(35) 松薗斉前掲書『日記の家―中世国家の記録組織―』。
(36) 木本好信「『外記日記』について」（前掲書、初出一九八六年）の「『外記日記』逸文一覧表」をもとに作成した。
(37) 例えば『権記』長保四年（一〇〇二）二月十一日条。
(38) 松薗斉前掲論文「外記局の変質と外記日記」二八七～二九〇頁。
(39) 歴史を書くことの観点から論じた神野藤昭夫「六国史と歴史の手法」（『岩波講座日本文学史 第二巻 九・一〇世紀の文学』岩波書店、一九九六年）を本章全体にわたって参照した。また、本章でふれることができなかったものとして、藤原頼長の外記日記、殿上日記記載の督励があげられる。頼長が外記日記や殿上日記を督励させた意味は何か。頼長の目指したものは律令国家本来の姿に政治を戻すことであり、国史編纂事業もその先にあったのではないか。その後の藤原通憲（信西）の『本朝世紀』編纂はその延長上にあるもので、『本朝世紀』が外記日記とよばれたことも意味のあることだろう。

〔補記〕

本章の初出論文発表後に、遠藤慶太『平安勅撰史書研究』（皇學館大学出版部、二〇〇六年）、『歴史学研究』八二六号「小特集　古代国家と史書の編纂」（歴史学研究会、二〇〇七年四月）、細井浩志『古代の天文異変と史書』（吉川弘文館、二〇〇七年）、遠藤慶太『六国史―日本書紀に始まる古代の「正史」』（中公新書、二〇一六年）などの研究が陸続と世に出されたが、本書に収めるにあたって、これらを十分にふまえることができなかった。関係諸氏の御寛恕を乞うとともに、今後の研究を期したい。

第二章　記憶と記録
――中宮賢子の死、および「永長の大田楽」をめぐって――

一、はじめに

本章では「書かれたもの」から「記憶」を考えることによって、出来事を叙述するということはどういうことかを考えていく。特に記録、歴史資料という扱いをうけている古記録の叙述について、「記憶」をキーワードとして読んでいくことで、「記憶」と「書くこと」の関係が明らかになれば、フィクション（文学作品）と歴史という二分法ではとらえられないテクストのありかたがみえてくるのではないかという目論見がある。

二、記憶／忘却

日記には常に忘却の恐れがつきまとっていた。次にあげたのは『九条殿遺誡』冒頭部分である。

先起称二属星名字一七遍。（微音、其七星、貪狼者子年、巨門者丑亥年、禄存者寅戌年、文曲者卯酉年、廉貞者辰申年、武曲者巳未年、破軍者午年。）次取レ鏡見レ面、見レ暦知二日吉凶一。次取二楊枝一向レ西洗レ手。次誦二仏名一及可レ念下尋常所二尊重一神社上。次記二昨日事一。（事多日々中可レ記レ之。）次服レ粥。

『九条殿遺誡』は、九条家の祖である藤原師輔の家訓である。師輔は朝起きてからすることを順番にあげており、その五番目に傍線部のように、昨日のことを記し、事が多いときには日中にでも記すように、と述べている。また、次にあげたのはその中盤の記事である。

次見二暦書一、可レ知二日之吉凶一。年中行事、略注二付件暦一、毎レ日視之次先知二其事一、兼以用意。又昨日公事、若私不レ得レ止事等、為レ備二忽忘一、又聊可レ注二付件暦一。但其中要枢公事、及君父所在事等、別以記レ之可レ備二後鑑一。

忽忘に備えるため、暦書に昨日の公事を記し、そのなかでも要枢となる公事と君父の所在については別記を作成して後鑑に備えよ、とある。師輔は、朝起きてするべきことの一つに、「日記の記述」をあげ、また中盤以降の記事においても、「忽忘に備えよ」と子孫に指示している。

つづいては、藤原宗忠の『中右記』保安元年（一一二〇）六月十七日条である。

今日私暦記部類了。従二寛治元年一至二此五月一、卅日〔ママ〕四年間暦記也。合十五帙百六十巻也。従二去々年一至二今日一、分二侍男共一、且令二書写一、且令二切続一、終二其功一也。是只四位少将宗（宗能）、若遂二奉公之志一者、為レ令レ勤二公事一所二抄出一也。為二他人一定表〔力脱カ〕二嗚呼一歟。為二我家一何不レ備二忽忘一哉。仍強尽二老骨一所二部類一也。全不レ可二披露一、凡不レ可二外見一。努々々。若諸子之中、居二朝官一時、可レ借二見少将一也。

この日、「私暦記」（日記）の部類が終わったという。起筆にあたる寛治元年（一〇八七）からこの年保安元年五月までの三十四年にもわたる膨大なもので、この二年前からこの日に至るまで書写したり切り継ぎさせたりした様子がわかる。また、長男宗能のためにつくったことが強調され、他見を強く禁じている。宗忠の日記に対する姿勢がよくわかる一文であるが、注目したいのは傍線部である。ここで宗忠は、わが家のために「忽忘」に備えんがために老骨に鞭打って部類したのだ、と強調する。

また、『古事談』巻一・四十二には、次のようにある。

後一条院御時、踏哥節会出御之時、乍レ置二三位中将師房（源）一、大納言斉信（藤原）卿講〔称〕二警蹕一之事。権大納言行成（藤原）卿注二其失錯於扇一、置二臥内一。而子息少将行経（藤原）取二件扇一参内。隆国（源）相二替自扇一見レ之、記二文〔斉〕卿失礼事一云云。及二披露一之条、

斉信卿怨恨無レ極云云。行成卿云、為レ記レ暦先注レ扇、為レ不レ忘二彼日事一。而行経取レ之参内。後聞二此事一。極不便云云。本自不快之中也。若作二不レ知顔一及二多聞一歟。斉信卿所レ怨尤可レ然。至二失錯一者、可レ無レ所レ遁歟云云。

藤原斉信は、踏歌節会での自分の失錯を、藤原行成が扇に記していたことを知り、はげしく怨んだが、これについて、行成は「為レ記レ暦先注レ扇、為レ不レ忘二彼日事一」（日記に記す前に、忘れないために扇に記したのだ）と述べたという。

記憶と忘却とは不即不離の関係にある。古記録に忘却の恐れがつきまとっていたのは、記憶の変容が自明のこととして認識されていたからではなかったか。先例が重視される時代にあって、日々の出来事を詳細に記すことは貴族たちにとって重要なことであった。「いかに正確な記録を残すか」ということが貴族たちの使命であり、そのためには記憶が薄れないうちに、できるだけそのときその場で記す、ということが必要とされたのであろう。

貴族たちが忽忘を怖れ、きわめて真剣に取り組んでいた日記、しかし、その「正確性」というのも、実は幻想でしかないのではないか。

三、記憶の現在と書くこと

記憶を書くという構造はどのようなものであろうか。一般に図1のような構造が想定される。出来事があり、それを体験する、それが記憶となり、それを書く、つまり記録されるというものである。

しかし、本当にこういった構造が妥当なものなのか。「記憶」について、前田雅之は次のように述べている。[1]

記憶とは、言ってみれば、認識・諒解する行為を支え、促し、時には阻碍し混乱させる諸々の情報を引き出せるように、情報群を貯え保存する貯蔵庫といったものだろう（但し、単に鎮座ましましている不動の貯蔵庫では

図１　出来事⇒体験→記憶⇒書く＝記録

図２　記憶の現在［書く＝記録］⇒出来事

図３　記憶Ａ［書く＝記録］⇒出来事Ａ
記憶Ｂ［書く＝記録］⇒出来事Ｂ
記憶Ｃ［書く＝記録］⇒出来事Ｃ
※Ａ，Ｂ，Ｃはそれぞれ時間差をあらわす。

ないことが問題をややこしくし、かつまた深くする）。

記憶は情報を貯え、時に引き出すための貯蔵庫であるという認識を示し、また、それが不動の貯蔵庫でないということを指摘している。港千尋は、

　記憶している事柄は、脳のどこか一箇所に保存されているのではなくて、その都度新たに創出されるものではないか。

と述べ、前田の見解からさらにふみ込み、記憶されたことはその都度新たに創出されるもの、との認識を示している。[2] 港のいう「新たに創出される」のは、記憶を想起するときであると考えられるが、その行為についてフィル・モロンは次のように述べる。[3]

　思い出すというのは、ある出来事の正確な記録にアクセスするというよりも、むしろそれを再構成するような――物語を語るような――ものである。

記憶はそれだけでは存在し得ず、想起されること、あるいは忘却されることによって存在し得るのである（もちろん忘却された時点で記憶はなくなるのであるが）。

記憶を想起するということは、ある出来事の正確な記録にアクセスするのではなく、その都度新たに創出し、再構成するという行為ととらえてよさそうである。ここでは、記憶を想起する時点のことを「記憶の現在」とよびたい。「記憶の現在」に基づいて創出し、再構成することが、書くという行為、記録するという行為なのである。書かれることによって、その対象は規定され、枠組みを与えられる。となると、記憶の書記構造というのは、図１のように、ア・プリオリに出来事が存在するのではなく、図２のように、記憶の現在に基づいて書かれたものが出来事を規定するという構造になってくるのではないだろうか。出来事は書かれることによって、その都度、記憶の現

在に従って再構成され、規定されるのである。

それはつまり、記憶は変動するものであるということでもある。書くという行為も、その時点の記憶によるものとなり、記憶の書記構造は図3のようにさらに複雑になる。対象とする出来事が同じものであったとしても、記録は書かれた時点での記憶に依存するので、おのずと出来事に対する認識が変わってくる。

四、日次記／非日次記

──『師通記』二つの本文──

ここからは古記録を題材にして具体的に考えていきたい。古記録は漢文体で書かれ、先にみた『九条殿遺誡』にもあったように、日々書き継いでゆく、「日次記」としての基本的性格をもっていた。『師通記』もその一つで、これは同時期に二つの本文をもつという特徴があることは第Ⅰ部第二章・第四章で確認した。なかでも永保三年（一〇八三）から応徳二年（一〇八五）に至る三年間の二つの本文（本文A・B）は、本文Aが当初書き継いだ本文、つまり、書かれた出来事が起きてからほどなくして書かれた本文であり、本文Bは本文Aの成立から数年のちに、文法などの誤りも含めて情報を整理し書き直された本文である。これをふまえ、応徳元年九月十七日から二十三日までの本文Aの記事をみてみたい。この記事の前の九月十二日、関白夫妻（師実・麗子）は四天王寺参詣の旅に出ている。この参詣には上達部や殿上人の大部分も随行し[4]、盛大なものであった。『師通記』によると十四日には住吉大社、そして四天王寺に参詣、十五日には四天王寺の宝物を見ている（以上は、本文A・Bいずれにも記されている）。

十七日。甲寅。
和歌留了。関白殿（師実）・御前（源麗子）同車、内令ㇾ参給。
廿三日。庚申。

内参也。

十七日は和歌会が中止され、父師実、母麗子が同車して内裏に参ったということ、その間、十八日から二十二日まで日記がなく、二十三日に師通が内裏に参ったということのみの記事である。どうやら、和歌会も何かが原因で中止されたようである。和歌会が中止されたこと、関白夫妻が参内したこと、つづく二十三日条の師通の参内の詳細は不明で断片的な記事である。

しかし、本文Bをみると、淡白な記事として片づけられない事情があったことが判明する。

十七日。甲寅。依二中宮（藤原賢子）御悩一、和歌留レ之。関白殿・大盤所（源麗子）御同車令二参内一。中宮御悩重煩給云々。

廿二日。己未。中宮極重煩給、於二三条殿一已以薨給。参《万》人泣涕難レ止。

廿三日。庚申。八卦物忌也。参二三条殿一。

傍線部は、本文Aにはない情報である。つまり、本文B作成の際につけ加えられた情報である。ここからわかることは、和歌会が中止されたのは「中宮御悩」によってであったということである。白河天皇の寵妃である中宮藤原賢子が重篤におちいったというのだから一大事である。中宮の養父母であった関白夫妻は急ぎ内裏（ここでこのときの里内裏が三条殿にあったことがわかる）に駆けつけたのであった。このあと二つの本文いずれにも記事がないことは、記す暇のないほど立て込んでいたことを証明する。二十二日には三条殿で中宮が亡くなっている。(5)本文Aに二十二日の記事がないことから、これは本文B作成時につけ足された記事であることは明白である。

これら中宮賢子の死去に際しての記事は、二つの本文の性格を対照的にあらわしている。

本文Aは一日ごとの情報を記した、まさに「日次記」というべきテクストである。それに対して本文Bは、後から俯瞰しているため、因果関係のはっきりとした、ストーリー性をもったテクストである。中宮賢子の死というテーマに基づいて、本文Aの記事を再構成している。本文Aの段階でも一日の流れのなかで記すべき事柄の取捨選択があり、テーマもあるわけだが、一日単位で完了する出来事でない場合、その全体像がみえにくいため、断続的にならざるを得ない。それに対し、本文Bは、日次記の体裁は維持しながらも、ベクトルはある一定のテーマに従って現在から過去へとむかう。本文Bの書かれた時点、「記憶の現在」に基づいて、断片をつなぎ合わせて本文を再構成し、過去を規定するのである。

この二つの本文は、師通の急死によって偶然に残ったものであり、結果、現在の我々は古記録のテクストの生成の過程をみることが可能となっている。(6)

五、「日次」の方法

――嘉保三年六月の『師通記』『中右記』――

古記録は日々の出来事をある程度正確に記録した、客観性が担保されたものであるという、暗黙の了解があると思われる。(7) しかし、先にみたように、古記録は具注暦に日次に書かれたままでは機能しないがゆえに再編されることも多く、また、たとえ日次の体裁をとっていても、書かれた段階の「記憶の現在」に基づいて、あるテーマのもとに再構成されているテクストなのである。一日一日書き継がれたようにみえる本文Aも、一日、あるいは数日経ったのちの記憶の現在に基づいて書かれているのだから、その書かれたものとしての本質は本文Bと変わりはない。これをふまえて、以下では、嘉保三年（永長元、一〇九六）六月の『師通記』と『中右記』を題材にして考察をすすめていく。

次にあげたのは『師通記』と『中右記』嘉保三年六月十二日条である。

『師通記』

鶏鳴小雨降。払暁雨晴。早旦従レ内罷出。

『中右記』

早旦参内。頃而退出。

此十余日間、京都雑人作二田楽一互以遊興。就中昨今諸宮・諸家青侍・下部等皆以成二此曲一。昼則下人、夜又青侍、皆作二田楽一満二盈道路一。高発二鼓笛之声一、已成二往反之妨一。未レ知二是非一。時之夭言所レ致歟。寄二事祇園御霊会一、万人田楽不レ能二制止一也。

『師通記』によると、この日、「鶏鳴」(午前二時頃)は小雨が降っていたが明け方にはやみ、早朝に師通は内裏から退出している。記事はこれのみである。

それに対して『中右記』の宗忠は早朝に参内し、しばらくして退出したことが書かれている。そして付記して――ここは、前節の『師通記』でいうところの本文Bに近い本文である――「この十日あまり、京都の雑人が田楽をつくり遊興をしている。昨今では諸宮・諸家の青侍・下部などがこの田楽をなし、昼は下人が、夜は青侍が皆田楽をつくって道路に満ち、高く鼓笛の声を発し、往反の妨げとなっている」という。こういった事実に対し、宗忠は「未レ知二是非一」と判断を停止し、「時之夭言所レ致歟」とも書いている。また、「寄二事祇園御霊会一、万人田楽不レ能二制止一也」とも書いており、これが祇園御霊会に事寄せて行なわれたことを指摘している。祇園御霊会は六月七日に神輿を迎え、十四日に送るのを定例としていた。

『中右記』にみられる「此十余日間」という部分に注目したい。この「十余日」というのは厳密な数字ではないが、この前日にあたる六月十一日条の『師通記』には次のような記事がある。

晴。十余日。午剋甘雨難レ降。西方雲出。甘雨降雷鳴。雖レ為二末代一、神泉院霊験難レ量。民闕(国)之本也。欣々無レ極。入レ夜参内候宿。蔵人仲(源)正神泉勅使給二御衣一云々。

この「十余日」は、晴が十余日つづいたという意味で解釈できる。『師通記』によれば、六月に入ってほとんど雨は降っていない。五月も本格的に雨が降ったのは十五日であり、(8)それから曇りの日はあったものの、降雨はほとんどなかったようである。だからこそ、「欣々無レ極」と記しているのである。

連日の晴天は六月に入っていよいよ問題化してきたようである。四日の『師通記』には「小旱」とあったが、五日の『中右記』には「極熱之間依二炎気一難レ堪也」、七日には「従二去月十五日一以後不レ雨、近日民戸頗有二炎旱憂一云々」と書かれ、次第にこの炎天への焦りが感じられる。『師通記』によれば、四日から六日までは蔵人源仲正に神泉苑の池を掃除させている（前掲『師通記』十一日条の「蔵人仲（源）正神泉勅使給二御衣一」というのは、このときの功としてである）。掃除が終わった翌日の七日には神祇官において祈雨をはじめ、『中右記』には、祈雨の臨時二十二社奉幣の定が行なわれたとある。

しかし、結局のところ十一日も一時的に雨が降っただけであった。十二日も少し降るものの、すぐにやんでしまう。

十三日条以降の『師通記』の記述を追ってみたい。十三日は「南堂」（紫宸殿）において『大般若経』を転読し、師通の料でこの日から六経を書写させ、神泉苑で『孔雀経』の読経、大極殿では臨時の仁王会を行なっている。つづいては十四日条である。

晴。未時雨降。頃之雨晴。入レ夜庭上敷二蘆蘗一。着二束帯一。甘雨難レ下。土民愁歎。書籍子細事々見レ之。仰曰、訴訟之至莫レ過二於祈《斯》一。雖レ為二末代一、日月照曜、相違無レ之。百王未レ及。甘雨忽下。再拝了。

出来事を比較的淡々と記してきた師通にも、少々焦りが出てきたようである。

さて、『中右記』をみると実はこの日、『師通記』には記されていない別の出来事があったことがわかる。

巳時許参内。終日祇候。今日祇園御霊会間禁中無レ人。仍終日候二御前一也。後聞、院（白河院）召仕男共四百人許供奉。又院蔵人町童部七十余人、内蔵人町童部卅余人、田楽五十村許。近代第一

見物之年者。入内従〔夜〕レ内退出、
晩頭権大納言家忠（藤原）卿参二仗座一、被レ奏二宣命草一。廿二社奉幣也。御慎由、近日旱魃天下疾疫由、同被二作載一云々。

この日は、祇園御霊会の神輿送りの日であった。宗忠は終日宮中で天皇の御前に伺候していた。禁中は御霊会のため無人であった。そして、後で聞いた話として、白河院が男たち四百人あまりを集めて供奉させ、ほかに院蔵人町の童部七十人あまり、内蔵人町の童部を三十人あまり、それから周囲の村々五十村から田楽を集めた、という。宗忠も「近代第一見物」と書いているように上から下まで相当な人数が集まって、大変な騒ぎであったようである。

結局のところ、『中右記』の「十余日」は、田楽とそれに興じる人々にむけられていた。それに対し、『師通記』の「十余日」は、天候に目がむけられていた。

天候と田楽がまったく関係ないことかといえば、そうではない。日記の記主が二人とも同じ時間と空間に身をおいていたわけで、この二つの現象は相互作用をもたらすものであったに違いない。旱魃は世間に末法的な渾沌とした感情をもたらし、そこに祇園御霊会という要素が加わった。小峯和明は、「平安期の都市の発展にともない、鬱積した穢れを払う必要が出てきて、御霊会は京周辺の境界にある寺社でもっぱら行なわれた。ことに中心的な役割をはたしたのが祇園の御霊会であった」とし、御霊会は「法会にちなむ芸能が盛んであ」り、これらの芸能と「疫病消除を祈願する御霊会との結びつきには必然性があり、夏の京に鬱積する民衆の過剰なエネルギーのはけ口にもなっていたことは想像にかたくない。御霊会の芸能のなかでもとくに意義をもったのが田楽である。（略）田楽が御霊会と結びつく根本は必ずしも明らかではないが、疫病を払拭し鬱積するエネルギーを発散させるには、熱狂的な喧騒の楽がふさわしかったからであろう。（略）田楽は神事にまつわる芸能にとどまらなかった。それは多く暴力事件に及び、暴動にも発展し、社会不安や世相の混乱を招いていた」と述べている。[9] そもそも御霊会がはじめて行なわれたのは貞観五年（八六三）のことであり、祈雨の法会も行なう神泉苑でのことであった。宗忠をして「時之天言所レ致歟」と書かせたのは、こういった社会の空気があったからであろう。

では、『師通記』にはこういった社会の不安定要素が書かれないかといったらそうではない。祇園の神輿迎えの日である六月七日条には、祇園の神人と院の壁工とが乱闘を起こしたことが記されている。また、神輿送りの日(十四日)、田楽騒動が起きているが、この日の日記には「土民愁歎」と記されている。

さて、こののち天候はどうなったか。『師通記』と『中右記』の両方をみていきたい。

祇園神輿送りの翌日の十五日、師実と師通は祇園社を参詣しているが、田楽などに関する記述はどちらの日記にもまったくみられない。この日も晴れ、臨時二十二社奉幣が行なわれている。

十六日も晴れ。師通は、請雨経法・孔雀経の修法を行なうべき旨を師実や白河院に述べ、「旱魃愁頻《歎》」と記している。十七日、これを受けて院は醍醐寺の法眼勝覚をして請雨の経法を行なうことを決定している。師通は「欣々無レ極」と記している。

『師通記』によると、十九日は孔雀経法の結願、延暦寺において千僧の読経が行なわれるが、「依二世間不静一、所レ令二祈禱一也。旱魃相二加仰事一云々」とあり、これは世間不静のためであり、旱魃もこれに加えるとのことである。世間不静とは田楽も含めた世の中の騒擾を指すのであろう。『中右記』にはこの日軒廊御卜があったことが書かれ、「是賀茂社怪異幷旱魃由」としている。世間不静とつながる記事である。『中右記』にはこれ以降、七月一日条まで旱魃に関する記事はみられないため、以降は『師通記』による(10)。

二十日には東寺長者定賢が孔雀経法を修している。もちろん祈雨のためである。二十一日、午刻には雨が降るがしばらくしてやんでしまう。師通は前日より神泉苑の池を掃除させ、諸社に祈願したため、「霊験顕然也」と記し勅使藤原宗仲に御衣を賜っている。

次は二十二日条である。

陰。雨脚密下。庭沙滂沱。公家祈禱之所レ致也。去月廿八日以後至二廿日一、景光異外也。甘雨忽降、民闕《国》之本也。
景《万》人欣々交深。（後略）

ようやく雨がたくさん降った。「公家祈禱之所レ致也」と、これまでさまざまな対策を講じてきた感慨を述べている。翌日も雨が降って、旱魃はおさまったかにみえたが、実はこの後も師通の天気との格闘がつづくことになる。

ここまで『師通記』を中心にみてきたが、師通と宗忠のほぼ同じ時期に記された「十余日」という言葉にはズレがあった。

実のところ、「永長の大田楽」とよばれるこの田楽騒動は[11]、ここからまさに本番といった様相を呈する。『中右記』の記事では、七月十二日条、十三日条および十九日条に貴族たちによる田楽の狂騒が書かれるが、『師通記』には田楽についてはまったくといっていいほど書かれない。このような『師通記』の態度に関していくつかの論考があるが[12]、本章ではそれらとは別に、記憶と書くことの問題としてとらえてみたい。

先に中宮賢子の死に関する記事をあげたときに、特に本文Bにはテーマ設定があったのだと述べた。しかし、よく考えれば、書くという行為自体が、ある一定のテーマ設定、あるいは規準がなければできない所作であり、それに基づいて人は記憶し、書くのである。それゆえに、本節の冒頭でも述べたように、日次の記事であってもテーマという思考の枠組みからは逃れられない。図4のように、同じ時間と空間のなかで、師通は天候に特に関心をもって叙述し、宗忠は田楽の側面から叙述した。もちろんこれらは同じ空間のなかの出来事の切り取り方の問題であって、御霊信仰的な、世間に鬱積した負のエネルギーにつながるものであった。また、師

図4

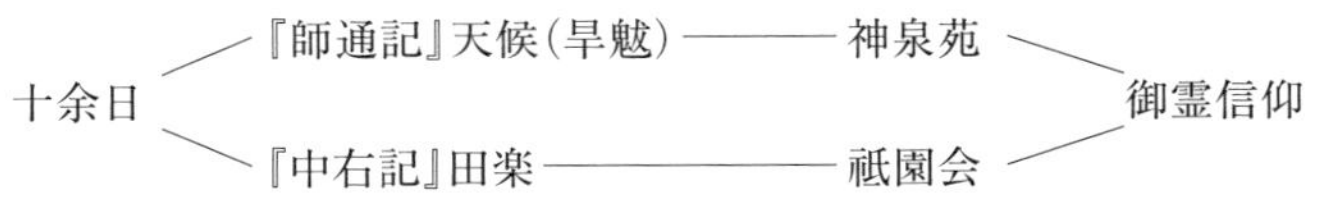

通が天候に関心をもって叙述するのは、第Ⅱ部第二章でもとりあげたように、漢籍の〈知〉を背景に漢詩的な表現を用いて天候を記したのと共通し、そこに天の意志を読みとっていたからであろう。

現に、この年は田楽騒動の後、怪星の出現（八月十三日）、興福寺の炎上（九月二十六日）、六度の大地震（十一月二十四日）、春日社の鳴動（十一月二十五日）などが『師通記』に書かれていく。そして「世間不静」「世間穢気」の四文字が散見される。結局、十二月も半ばを過ぎた十七日に「永長」と改元されるのであった。

六、「記」の方法
――『洛陽田楽記』――

最後に簡単に大江匡房の『洛陽田楽記』（『朝野群載』巻三所収）について述べておきたい。[13] 永長の大田楽を語る際に必ず引用される『洛陽田楽記』であるが、「記」という文学ジャンルも含めて、テクストとして考えるべき問題が多い。以下がその全文である。

永長元年之夏、洛陽大有二田楽之事一。不レ知二其所レ起。初自二閭里一、及二於公卿一。高足・一足・腰鼓・振鼓・銅鈸子・編木・殖女・春女之類、日夜無レ絶。喧嘩之甚、能驚二人耳一。諸坊・諸司・諸衛、各為二一部一、或詣二諸寺一、或満二街衢一。一城之人、皆如レ狂焉。蓋霊狐之所為也。其装束尽レ善尽レ美、如レ彫如レ琢。以二錦繡一為レ衣、以二金銀一為レ飾。富者傾二産業一、貧者跂而及レ之。郁芳門院（媞子内親王）殊催二叡感一。姑射之中、此観尤盛。家々所々、引レ党予参。不二唯少年一、緇素成レ群。仏師・経師、各率二其類一、着二帽子一繡二裲襠一、或奏二陵王・抜頭等舞一。其終文殿之衆、各企二此業一。孝言（惟宗）朝臣以二老耄之身一、勤二曼蜒之戯一。有俊（藤原）・有信（藤原）・季綱（藤原）・敦基（藤原）・在良（菅原）等朝臣、並折レ桂射レ鵠之輩、不レ偏二一人一。或着二礼服一、或被二甲冑一、或称二後巻一。驍勇為レ隊、入レ夜参レ院、鼓舞跳梁。摺染成文之衣袴、法令所レ禁、而検非違使又供二奉田楽一。皆着二摺衣一、白日渡レ道。蓬壺客又為二一党一、歩行参レ院。侍臣復参二禁中一。権中納言基忠《（藤原）》卿、捧二九尺高扇一、通俊《（藤原）》卿両脚着二平藺水一、参議宗通《（藤原）》卿着二藁尻切一。何況侍臣装束、推而可レ知。或裸形腰巻二紅衣一、或放レ髻、頂戴二田笠一。六条・二条、往復幾地、路起二埃塵一、遮二人車一。近代奇怪之事、何以尚レ之。其後院不予。不レ経二幾程一、遂以崩御。自二田楽御覧之戸一、輦二御葬送之車一。爰知妖異所レ萌、人力不レ及。賢人君子、誰免二俗事一哉。

これに関しては、井上満郎が次のように述べている(14)。

匡房が永長大田楽に興味をもったのは、それが庶民間に爆発的に展開したということからはじまってはいるけれども、単にそれだけに対する興味・関心ではなく、匡房と同じ階層に属する学者たちや院政の当事者たちが参加していることに対しての驚きなのである。匡房は田楽に参加していないし、あくまで傍観者であったから、そうした人々の参加が不思議でならなかったらしい。その故にこの直後の郁芳門院の死をこの田楽のせいにして因果応報的に捉えたりしているのである。結局、これが匡房の限界であって、『田楽記』が生き生きした躍動的な表現にならずに、見聞記的なものにとどまってしまった原因であろう。

「生き生きした躍動的な表現にならずに、見聞記的なものにとどまってしまった」かどうかは別として、匡房が傍観者であり、田楽を因果応報的にとらえたというのは正鵠を射ている。また、神田龍身は「問題としたい一点」として、「かかる祝祭的雰囲気に配しての、なぜか傍観者としてあり続ける匡房の奇妙な姿勢」をあげ、匡房以外の儒者が田楽に多数参加していることを、「ここで匡房は、田楽に興ずる彼ら同僚達から決定的に疎外されてしまってある」と述べる。そして『中右記』の記事と比較して、『洛陽田楽記』に書かれた田楽の行なわれた日時がすべて異なることを指摘し、「『田楽記』では、それら一切が空間的に統一化され、極彩色な非現実的イメージとして再構成されてしまっている」と述べている(15)。

これらの指摘の重要な点は、田楽に実際に参加していなかった匡房が、これらの騒動を因果関係で整理したということである。特に、行なわれた日時の異なる出来事を空間的に統一し、それを再構成したという神田の指摘は重要である。

この田楽騒動を「不レ知二其所一レ起」と記し、「妖異」による郁芳門院の死へと帰結させていく匡房のとらえかたは、ある一定の筋によって、書かれた時点において起承転結のかたちに再構成されたものである。同時進行ではわからなかったものを構成的かつ俯瞰的にみることでその全体をとらえたのがこの記であったのだ。

鷲田清一は、聴くということは能動的行為であると述べている(16)。つまり、聴くときはさまざまな音から選んで聴いているのであって、受動的ではない。記憶についても同じことがいえるだろう。記憶する主体は、それぞれの関心に従って記憶し、その記憶の現在に基づいて記録する。それぞれの関心がテーマとなってくるのである。

先にあげた『師通記』の二つの本文においても、日次であるがゆえにみえにくかった事の顛末も、中宮賢子の死というテーマに基づいて、時間が経ったのちの記憶の現在に基づいて書かれたとき、ひとつのストーリーとしてあらわれてくる。

また、日次の体裁をとる『師通記』と『中右記』においても、「永長の大田楽」に関する認識の違いがみられる。日々書き継いだ日次のテクストであっても、それぞれある一定のテーマに基づいて書かれているのである。『洛陽田楽記』は、これらより時間をおいたのちの「記憶の現在」に基づき、因果関係をはっきりさせながらストーリーを形成している。その意味で、第四節であげた本文Bに非常に近い視点である。

問題にすべきはこの先にある。書かれたものが「記憶の現在」に基づいて書かれているとすれば、それはある一定のテーマをもつわけで、恣意的ともいえるテクストを形成する。また、本文B、もしくは冒頭にあげた『中右記』保安元年六月十七日条に書かれたような、後からまとめられた記事は、日次記を標榜しながらも、長いスパンでのテーマによって、そして書かれた時点での記憶の現在に基づいて書かれている。これらは日次の体裁をとっているだけで、ある程度の見通しのもと、断片をつなぎ合わせ再構成した、ストーリーをもっているテクストである。

七、おわりに

結局のところ、「日次」とは何だろうか。これまでもみてきたように、一日一日の記事にもテーマがあり、記す内容を取捨選択していた。そもそも書くこと自体がそういうものである。「記憶の現在」に基づいて、ものごとをある側面からとらえたものなのであって、そこには客観性は求められない。公式記録に使われた漢文と、日次という体裁に想像以上の信頼をおいてしまっては危険である。

『師通記』の本文Aは、師通の急死によって偶然残ったテクストであった。『中右記』の記事をみると、手を加える前のテクストは廃棄されてしまっている。「記憶の現在」に基づいた二重、三重の編集を経てテクストは目の前にある。

他のテクストと同様、古記録は、時代、身分、そして人によってさまざまな位相がある。それでも乱暴を承知で古記録というカテゴリーでテクストを論ずるならば、王朝貴族たちが暦に沿って陰陽道にのっとった生活をしていくなかで、日々の出来事を認識し、「記憶の現在」に基づいて再構成をすることに力を注いだその先に、別記の作成や儀式書作成があった。これは、先例の蓄積であると同時に、新たな規範の創出でもあったといえるだろう。

古記録の発生点とされる宇多朝以降は類聚文化である(17)。それまでに積み重ねられてきたさまざまなものを類聚するという作業が行なわれたなかで、菅原道真による『類聚国史』は特筆すべきものがある。国史編纂が過去・現在・未来とつながる「直線の思考」であるならば、国史を類聚するということは、春夏秋冬のめぐりと同じ「循環の思考」といってよいだろう。国史編纂の根底には変化とともに記していくという、歴史性がある。毎回同じことが起きるのならば国史を編纂する必要はないわけで、類聚書編纂というのは、先例をかき集めることによって、のちにそれを参照する人々の行動規範をつくりあげる行為である。つまり、過去の出来事が、現在、未来をも規定していくのである。これは歴史性の否定といえるだろう（第一章参照）。

類聚すること――出来事を分類し、先例とすること――はいわば記憶の先導者となることである。書かれた記憶は権威となる。ただし、記憶とはその主体のバイアスのかかった代物であることはこれまでみてきた通りである。それゆえに、いわゆる真理としての「歴史的事実」などというものは存在し得ないのである。あるのは〈個人の記憶〉か〈共同体の記憶〉である。

最後にもう一度整理したい。記憶は常に現在に依存し、変動し、一つとして同じものはない。そして、書かれた時点（＝記主の記憶の現在）によって固定化された、出来事を記したものが「記録」なのである。

注

（1）「記憶は認識か―テネフ氏の疑問に応えて―」（『物語研究』第六号、二〇〇六年三月）。

（2）「複雑性の芸術」（『予兆としての写真―映像原論―』岩波書店、二〇〇〇年）四頁。

（3）フィル・モロン著、中村裕子訳『フロイトと作られた記憶』（岩波書店、二〇〇四年）六～七頁。

（4）『師通記』九月十二日条本文Bには、「宮・大盤所令二同車一給。出車六両、宮女房二両、殿下女房四両。上達部中納言以下騎馬」とあり、『栄花物語』巻四十「紫野」には「上達部・殿上人残り少なく参らせたまへり」とある。

（5）このときのことは、『栄花物語』『扶桑略記』『今鏡』『古事談』等に記され、白河天皇の悲嘆を語ってあまりある。また、中宮賢子が内裏で亡くなったことは『今鏡』『古事談』などに言及があり、源俊明が天皇にこれを指摘すると「例ハ自此コソ始ラメ」と天皇が述べたという『古事談』巻二・五十三の逸話はあまりにも有名である。

（6）『中右記』寛治五年十二月条巻末の奥書には、「此巻年少之間依二注付一、旧暦中甚以狼藉也。仍令二少将《（藤原宗能）》清書一。但寛治

三年自清書也。本暦記破却了。皆見合也」とあり、これまでの記事は破棄されている。

（7）これは、これらのテクストを枠づける「記録」という用語の問題もあるだろう。記録の問題性については、拙稿「『御堂関白記』のテクスト学―記録することと和歌を書くこと―」（『日本文学』第六十五巻第五号、日本文学協会、二〇一六年五月）も参照。

（8）『中右記』六月七日条には、「従二去月十五日一以後不レ雨」とある。

（9）小峯和明「御霊信仰論―田楽と絵巻」（『院政期文学論』笠間書院、二〇〇六年、初出一九九二年）。

（10）『中右記』七月一日条には、「天陰雨下。已不二正現一。誠是仏法之令レ然歟。就中従二去五月中旬一炎旱殊甚。時々雖レ有二小雨一不レ及二庭湿一。仍祈雨御祈等旁雖レ被二勤修一、甘雨不レ下。而今日天陰雨下。是雖二仏法験力一、又帝徳之所レ致歟」とあり、それ以降も旱魃に関する記事がみられるため、これは宗忠が天候に関心がなかったというよりは、日記の記主の旱魃に対する政策の関わり方の問題となってこよう。

（11）田楽騒動があったのは、まだ年号が「嘉保」のときで、永長に改元されたのは、この年の末の十二月十七日であったことから、本来的にいえば「永長の大田楽」というのは正しくない。『洛陽田楽記』が「永長元年之夏」とはじまることも含めて、この騒動に対する、ある一定の認識を示すものとしてとらえるべきであろう。

（12）多くの先行研究は、師通が故意に無視したとしており、それ以上の論はみられない。これらの先行研究のなかでも『師通記』に多く言及しているのは、井上満郎「『洛陽田楽記』をめぐって」（『赤松俊秀教授退官記念 国史論集』赤松俊秀教授退官記念事業会、一九七二年）である。次に引用する。「（論者注：師通は御霊会の翌日に父師実とともに祇園社に詣でているが）そこで田楽の様子を聞かなかったわけはないし、師通も当然その状況をあていど知ったはずである。書いていないのは、その伝聞を書き記して後世に残す必要を認めなかったか、または記録するに足るだけの新鮮な衝撃を受けなかったかのどちらかである。師通は政務や年中行事についてはきわめて詳しい記載をもっているのに、田楽についてはまったく触れられていない。このことの意味は、下降する摂関家勢力と新しく生れてきた院政のことについて考えることなしにはとけない。記録において、書かれていることのみが一方的に重視されるのはある意味で当然のことであるが、それと同時に書かれていないということも書かれたという事実と同じくらい重要視され、評価されねばならない。この時期、摂関政治はすでに終っており、摂関家氏長者で関白の師通も、新しいものに注目し、観察し、吸収するという気力をもう失なっていた。田楽の盛行は知ったであろうが、これを記録にとどめて摂関家の子孫たちに伝え、政事の参考とさせる必要性を認めなかったのである。おそらくそれほどの印象もなかったのかも知れない。だから当然、それを吸収して自分のものにしようという気力など、失なっていた。いわば、摂関家勢力下降という事態がもたらした必然的結果でもあった。もちろんこれには師通個人の資質の問題もあっただろうが、それ以上に政権交替期の没落者たちの精神のもたらすところが大きかった。古い体制を支えるのにせいいっぱいで、その能力を新しい政権に対応させて展開させることのできない貴族たちの行きつく先でもあった」（四二三～四二四頁）。井上は摂関政治と院政との対立軸ですべてをみてしまっている。田楽騒動を師通が記さなかったのは、師通が日記にそのことを記す必要性を認めなかったからである。「新しいものに注目し、観察し、吸収するという気力をもう失なっていた」わけでもないし、「摂関家勢力下降という事態がもたらした必然的結果」でも「古い体制を支えるのにせいいっぱいで、その能力を新しい政権に対応させて展開させることのできない貴族たちの行きつく先」でもない。そこには『師通記』の、師通の日記の論理があったのである。

(13)　大曾根章介「「記」の文学の系譜」（『大曾根章介　日本漢文学論集』第一巻、汲古書院、一九九八年、初出一九九〇年）、深澤徹「「記」の世界から」（『中世神話の煉丹術―大江匡房とその時代―』人文書院、一九九四年、初出一九九〇・一九九一・一九九二年）、吉原浩人「大江匡房と「記」の文学」（『国文学　解釈と鑑賞』第六十巻十号、一九九五年十月）、小峯和明前掲書「Ⅱ　大江匡房論・前編―〈記〉と江談」の一連の論考（初出一九八一～一九九四年、および書き下ろし）が参考になる。

(14)　井上満郎前掲論文。

(15)　神田龍身「『洛陽田楽記』―半身不随患者の幻想―」（『中古文学論攷』第一号、早稲田大学大学院中古文学研究会、一九八〇年十一月）。同じく匡房の手になる『狐媚記』も一連の怪異を「康和三年」の出来事としてまとめている（小峯和明「『狐媚記』考―漢文学と巷説のはざまで」前掲書、初出一九八五年）。

(16)　植田正治・鷲田清一『まなざしの記憶―だれかの傍らで』（ＴＢＳブリタニカ、二〇〇〇年）。

（17）日本におけるテクストの「類聚」に着目したのは、池田亀鑑『岩波講座日本文学 日本文学史概説（二）平安時代』（岩波書店、一九三二年、のち『池田亀鑑選集 古典文学研究の基礎と方法』至文堂、一九六九年）を受けた、萩谷朴『平安朝文学の史的考察』（白帝社、一九六九年）、特に第四章「類聚集成運動」であった。「二十巻本類聚歌合」を発見した萩谷ならではの論ではあるが、これが卒業論文（昭和十四年度）であること、時代の制約があることを考慮したうえで述べるならば、「文学」の定義が限定的で、反対に「類聚」の定義が曖昧かつ広すぎる嫌いがある。本書が問題意識を共有するものとしては、大隅和雄「古代末期における価値観の変動」（『中世仏教の思想と社会』名著出版、二〇〇五年、初出一九六八年）、池田源太「「本文」を権威とする学問形態と有職故実」（『奈良・平安時代の文化と宗教』永田文昌堂、一九七七年、初出一九六九年）、小原仁「摂関・院政期における本朝意識の構造」（『中世貴族社会と仏教』吉川弘文館、二〇〇七年、初出一九八七年）、小峯和明「院政期文学史の構想」（前掲書、初出一九八八年）、木村茂光『「国風文化」の時代』（青木書店、一九九七年）、小川剛生「知と血 摂関家の公事の説をめぐって」（院政期文化研究会編『院政期文化論集 第一巻 権力と文化』森話社、二〇〇一年）、前田雅之『記憶の帝国―〈終わった時代〉の古典論』（右文書院、二〇〇四年）、『文学』第七巻第三号〈二〇〇六年五・六月号〉（岩波書店）の特集「古典知 想起する力」などがある。

第三章　語りと筆録
――記さざる人・頼通の言説――

一、はじめに

本章では、『師通記』を俎上にのせて、古記録における「語り」と「筆録」との関係を問う。古記録は、貴族たちが日々書き継いだ政務の一環という側面の強いテクストであるが、平安後期になると、これらは蓄積され、「家記」と称されて、日記の家を形成する。(1) 日記の家の形成は、家と職掌の固定化、また、政治の儀式化という時勢と密接にかかわり、貴族たちはいかに情報を蓄積し、先例を引勘するかという点において、官人としての力量が試されていた。

それにしても、これまでの研究では、日次記・儀式書・有職故実書、というように、「書かれたもの」を自明視し、特化しすぎた感がある。古記録において、「書かれたもの」のみならず、時にはそれ以上に、「語られたもの」を重視することがあるのを見落とすべきではない。語られたものは、語られた時点では確かに「声」として存在するが、書かれた段階ではすでに消失している。「書かれた声」は、その声としての特性を戦略的に利用した声ならざる声であり、それを記すことに古記録の方法があるのではないのか。

古記録において「語り」の意味を考えることは、『江談抄』『中外抄』『富家語』などのテクスト群のみならず、語りの編纂物たる説話集など、同時代の言説状況を考える際にも有益な視座を提示してくれるだろう。

二、先例故実の引勘とその材料

表1は、『師通記』が先例や故実として引勘した日本の書物の一覧である。(2) 第二位の『九暦』、十二位の『九条殿年中行事』は、九条流の祖・師輔の記録として、十四位の道長の『御堂関白記』はもちろん、十二位の源師房の『土右記』なども広義の家記として、みることができよう。(3) また、平時範の『時範記』、大江匡房の『江記』、源経信の『帥記』、藤原為房の『為房卿記』などは家司（もしくは家司に準ずる人々）の日記であり、摂関家の『師通記』を、これらの日記がその内容において補完する関係にあった（第I部第三章参照）。第三位の『北山抄』が引勘されたのは、「小野宮・九条両流の故実を集大成した書」であり、「成立当初より定評があった」(4)ためであろう。また、藤原行成の『権記』からの引勘が最も多いのは、道長の時代を知る好個の資料であるためである。(5) 一方で、道長の『御堂関白記』の引勘が少ないのは、それが「道長による」記録である点においては貴重であっても、内容が概略的であるため、出来事を詳しく知るには適していな

表1

	名称	回数
1	権記	15
2	九暦	14
3	北山抄	10
4	時範記	7
5	村上天皇御記	6
	江記	6
7	醍醐天皇御記	5
	延喜式	5
	西宮記	5
	外記日記	5
	帥記	5
12	九条殿年中行事	4
	土右記	4
14	吏部王記	3
	御堂関白記	3
16	律	2
	蔵人式	2
	左経記	2
	致方記	2

※本表には二回以上登場するもののみをあげた。一回のみのものには『本朝月令』『貞信公記』『小右記』『相尹記』『頼隆記』『親信卿記』『為房卿記』『成宗記』などがある。
※回数は一日につき何回出てきても一回と数えた。
※『二代御記抄』はそれぞれ『醍醐天皇御記』『村上天皇御記』にカウントした。

かったからであろう。

これら『師通記』が引勘した日本の書物の傾向は、大別すると、次の五つに分けることができる。

（1）九条流の祖師輔の先例…『九暦』『九条殿年中行事』
（2）道長時代の先例…『御堂関白記』『権記』
（3）頼通時代の先例…『土右記』
（4）同時代の記録…『時範記』『江記』『帥記』『為房卿記』など
（5）その他…『西宮記』『北山抄』など

師通は、摂関家の先例として師輔、道長、頼通そして父師実に関する記述を引勘していたようであるが、この分類によると師輔と道長の先例は十八回、頼通は四回となる。頼通時代の先例引勘が少ないのは、坂本賞三も指摘しているように(6)、頼通が摂政となった長和六年（寛仁元、一〇一七）から、亡くなる延久六年（承保元、一〇七四）の、六十年近くにおよぶ期間、特に後半の資料が少ないことも――当時と現在の現存状況は多少違いはあると思われるものの――関係しているに違いない。しかし実際は、師通は父師実の先例とともに頼通の先例を重視していた(7)。師実の先例は師実自身に問えばよかったのであるが、頼通の先例はどのように調べたのだろうか。

表2は、表1の書物の記主――『師通記』が書かれはじめた永保三年（一〇八三）時点の生存者を除く(8)――に頼通を加えたうえ、書物（日記や儀式書の引用）とは別の場面で先例故実と関連して登場した回数をカウントしたものである。名前がない人物は単に登場がないのである。

ここからは、日記を記した人物と比較しても祖父頼通の用例が群を抜

表2

	名前	回数
1	藤原頼通	30
2	藤原道長	16
3	藤原師輔	2
4	源師房	1
	藤原忠平	1

※本表の作成にあたっては先例・故実と関係して日記上に登場した人物のみを数えることとし、一日につき何回出てきても一回と数えた。

表3

	名前	回数
1	藤原頼通 ＋土右記 ＋源師房	35
2	藤原道長 ＋御堂関白記 ＋権記	34
3	藤原師輔 ＋九暦 ＋九条殿年中行事	20

いて多いことがわかる。

表3は、表1をもとにした先ほどの（1）から（3）の分類に、表2の結果を加えたものである。頼通はまとまった日記を記さなかったため、[9]日記の引用がないにもかかわらず、最も多く参照されたことがわかる。これは、表1のように書かれたテクストのみをみていると気づかないことである。道長は、『権記』とあわせて考えれば、三十四例となる。要するに、父師実はもちろん、道長、頼通という直系の先祖、そして九条流の祖である師輔が『師通記』では重視されていたといえそうである。

三、口伝とその構造
――『師通記』における頼通の言説――

まとまった日記を記さなかった頼通は、『師通記』のなかでどのように登場するのだろうか。次にあげたのは、寛治二年（一〇八八）三月十六日条である。

天晴。参レ殿。四位前駆者、路納言以下不レ可レ下。但大臣者可レ下之由仰事也。宇治殿《(頼通)》路也《説》。前駆作法、有二若車留一者如二八字留一也。八字行幸随身馬歩。又八字歩也。（後略）

師実が前駆に関する作法について述べている。傍線部に「宇治殿《(頼通)》路也《説》」とあるように、これらの作法が頼通の説であるということが強調されている。つづいては、寛治五年十月十五日条別記である。

霜如レ粉。巳剋殿レ参。帰宅。民部卿《(源経信)》光臨、世間事言語。庄園事被レ立無レ隙。不便也。弓場始有レ科人者、一上乍レ居取二気色一。其後仰二所掌一、召二件人一如レ常。小定考事、着レ靴云々。宜陽殿令レ置二膝突一事、置二官人一。見二吏

期記〔部〕。故宇治殿仰事也。寛平宣旨、延喜御時弁二善悪一而被レ下二宣旨一云々。件事相尋可二引見レ之云々。（後略）

源経信が師通のもとを訪ねて世間話をするわけであるが、[10]荘園の乱立を嘆いた後に弓場始や小定考、宜陽殿の膝突などについて話がおよび、「故宇治殿仰事」という断りがはいる。

次の寛治六年十二月三日条も同様である。

晴。民部卿返事云、小定孝〔考〕日弁官着レ靴之由。申云、故宮内卿経長〔源〕語次申云、宇治殿御語云、小定孝〔考〕日弁官着レ靴之由聞レ之者。令レ申云、更不〔着脱カ〕靴候者。後日見二件日記一。有二弁官着レ靴之由一、仍令レ申二其由於宇治殿一。被レ仰云、件儀吾不レ見。只以二旧聞一所レ示也者。又主上御服日立二黄兀子一之由、見二記文中一。或儀者以二黄薜〔孼〕〔蘗〕子一塗二兀子一立レ之。而件日記之兀子上畳染レ黄。仍用二薬子一之事也。（後略）

小定考の着靴に関して、師通から諮問されていた経信は、兄である故宮内卿経長の言葉から、頼通の「御語」に根拠を求め、師通に返事をしている。

そのほか、嘉保三年（永長元、一〇九六）二月十九日条や承徳三年（康和元、一〇九九）四月十六日裏書においても同様に頼通の「仰事」が強調され、それが儀式を遂行する際の根拠となっている。

以上のように、日記を記さなかった頼通の仰事が認識され、『師通記』で重要な判断材料となった背景には、竹内理三がすでに指摘しているように、[11]書かれたテクストにおいて「口伝」「教命」としての語りが重視される素地があったということができる。

『師通記』において頼通の仰事を「口伝」であると認識していたのがわかる記事として、次の寛治五年十一月二十四日条別記と寛治六年正月八日条をあげてみたい。

〈寛治五年十一月二十四日条別記〉

午剋雨止。払暁参二三条殿一。蔵人所前屏之内鋪レ座。東西敷。先臨時春日被レ立二奉幣一也。使出納也。次吉田幣被レ立如レ常。殿下（師実）神馬事如レ常。

殿下御語被レ仰之処、故宇治殿奉幣（朱）尓「所」被レ立也。四条宮（藤原寛子）御二坐一所一云々。蔵人所前於二立蔀内一、被レ立二奉幣一也者。依二口伝一所レ記也云々。内御物忌也。試楽日也。

〈寛治六年正月八日条〉

（前略）

口伝云、八日参レ殿。白馬節会事被レ仰云、就二東階下一揖レ之。搢レ笏也。殿下被レ仰、不二慥覚一云々。不二作法者有一件揖二云々。給二下名一之間、臂者如レ輪而給レ之云々。昨日放レ腕而被レ給也。猶円而可二以給一也。ウテノクヒハカリヒラクヤウニシテ。謝座。向レ東立。午寅（午歟丑歟）方向立。其後可レ揖也。立レ廓可下以二随身一召中内記上也。故宇治殿被レ仰云、緩々如忌（ママ）所レ被レ行レ之也。猶常始被レ行之様、思可二以思一也云々。

寛治五年十一月二十四日条別記では、師実が春日と吉田の両社に奉幣をするわけであるが、頼通が奉幣を立てたときのことを師実が「語り仰せられた」のである。これに対し、師通は「依二口伝一所レ記也」と記しており、師実から伝わった頼通時代の奉幣について記すことを「口伝」であると認識していたことになる。

また、師通が七日節会で内弁を務めた翌日の寛治六年正月八日条には、「口伝云」とわざわざ断って、師実や頼通の仰事を記している。割注には「殿下被レ仰、不二慥覚一云々」ともある。

この二つの記事はいずれも頼通↓師実↓師通と連なる口伝意識のあらわれとみることができよう。考えてみれば父師実の故実も師実自身の「語り」によるものであり、いずれ「口伝」となる可能性を秘めている。『師通記』における「口伝」の用例は決して多くないが、十二例のうち七例が寛治四年から七年にかけてであり、この時期は『師通記』が最も充実した時期でもあり、口伝意識が高まっていたことは想像に難くない。

しかし、こうした意識は、おおよそ先例故実とは思えないようなものさえも、それが情報の発信元（発話者）によって、「口伝」としてしまう。この「発話者」は『師通記』においては頼通ということになる。次にあげたのは、寛治四年十一月二十四日条裏書である。

民部卿（源経信）言語。孝言（惟宗）伝云、所望事左右違極不便。御心用意可レ候者也。件事故宇治殿御仰事也。

これは、所望することが左右違っているのはきわめて不便であるから、心積もりをきちんとしておくべきだという頼通の言葉を、惟宗孝言が伝えて言ったと、民部卿源経信が「言語」した、という記事である。現在からしてみれば、頼通の発言は当然のことである。当時の人にとっても当然のことであったであろう。

また、次の寛治七年六月十四日条では、

晴。召二外記義資（大宅）一明法博士国任（惟宗）勘申不レ叶二法意一。宜レ進二過状一事仰二件外記一了。痢病不レ宜、不レ召レ饌歟。不レ有二霍乱一云々。自二殿下一有二御使一。今程何様有哉。饌食如何。已及二夜候一。依レ有二狐疑一明日許可レ食候歟。御使来云、故宇治殿仰事云、夏気不例之時、饌不レ可レ食由所レ被レ仰也。

夏風邪にかかって腹を下していた師通の不例を心配した師実が使をよこし、「故宇治殿仰事云」として、頼通が夏の不例の際には食事はとるべきでないと言っていた、と述べている。

以上のような例は、わざわざ書くまでもない常識的な情報といってよい。しかし、それが頼通の仰事となれば意味は変わってくる。頼通の仰事だからこそ、語り、記したのであって、むしろこういった瑣末ともいえる情報を聞きうる、閉鎖的な空間にいたということこそが大切であって、口伝が口伝として存立する根拠はそこにあった。公の場ではなく、他人を介在させない私的で閉鎖的な場所においてこそ口伝は成立する。これらの情報はまさにそういった場所に身をおいていたという証拠になるものであった。

また、単に「頼通の仰事である」といっても説得力はない。必要なのは口伝の大本と――今回の場合頼通であるが――、その伝達経路である。先にあげた記事を確認すると、例えば寛治四年十一月二十四日条裏書では、頼通↓

経信→孝言→師通、寛治六年十二月三日条では、頼通→経長→経信→師通と、入れ子型に語りが書かれ、また、師実や経信といった、頼通と同じ時代を生きた人々が直接師通に話す場合もあった。口伝が成立するには口伝の大本はもちろん、閉鎖的空間で聞き手を限定し、その伝達経路を明らかにして伝えるという条件があったわけである。

要するに、どのような情報でもよいというわけではなく、その家の者でなくてはわかり得ないような限定性のある情報が重視された。それが口伝が記録とともに、時には記録以上に尊重されたゆえんであろう。しかし、日記中に「口伝」「口伝」と書かれることに違和感を感じることも確かである。その理由は、口伝が記録とともに、時にはそれ以上に尊重されるにもかかわらず、「書かれること」によって存在しているというところにある。結局のところ、口伝も「書かれた口伝」なのであって、日記や記録と同様、書かれたテクストなのであった。同時に、口伝は書かれることによってその閉鎖性を打破されるのであって、結果として日記、記録と本質的にかわりがなく、「口伝」というものは幻想でしかない。書かれたテクスト上で口伝の優位性をいうことは、同時に口伝の無意味さをさらすことになる。

四、日記の家としての摂関家の始発

――頼通と日記――

書かれたテクストである古記録は、出来事を記録することと同時に「口伝」が重視され、『師通記』においては頼通関連の口伝が重要な意味をもっていた。口伝と語りは区別しなければならないものであるが、古記録においては、発話者とその語りの系譜が明らかである語りが重視されていたため、それは口伝に近いものとして機能していたといえよう。

それでは、なぜ頼通に関する口伝が重視されたのだろうか。松本昭彦は、「藤原良房・基経以来師実まで十四人の藤原氏の摂政・関白の中で、前摂関である父親が政治的にも体力的にも余力を残した段階で直接その職を譲られた唯一の存在」である頼通と、やはり父師実が存命中に職を譲られた師通との類似性を指摘しており[12]、例えば、寛治六年二月十六日条には次のようにある。

晴。去日対二面民部卿《源経信》一、言語之次除目事也。宇治殿初摂録《籙》年除目、御堂《道長》上達部参会。除目如何。四条大納言《藤原公任》命云、優美也。但民部丞叙位之後、補二諸問《国カ》権守一、令《今カ》被レ補レ介。何様候覧。俊賢《源》卿答云、三条殿《藤原頼忠》頼節々《仰カ》被レ補レ介例侍者。如何、公任卿不レ答云々。（後略）

ある日、民部卿経信と頼通がはじめて摂政となった年の除目の話となる。頼通がはじめて摂政となった長和六年は、未だ道長の影響力が強かった時期であり、「御堂《道長》上達部参会」とあるのはそのことである。その道長の前で頼通のはじめての除目について聞かれた四条大納言公任は、優美ではあるが、民部丞は叙位ののち、諸国の権守に補せられるのが通例であるが、今は介に任じられたのはどういうことか、と批判している。これに対し、道長の側近源俊賢が、公任の父親の頼忠も同様の補任をしたことを指摘すると、公任は答えなかったという話である[13]。

また、この二日後の二月十八日条には次のようにある。

民部卿言語之次、故宇治殿被レ仰処□入道殿蒙二勘当一事二事也。一者惟亮子補二明法博士一。又故孝信父補二大夫史一。所レ被二責仰一也。両人者能人也。当日所レ被《仰脱カ》、然而宇治殿無二御過失一云々。

経信の語るところによれば、頼通いわく、頼通は道長から二つのことで勘当を蒙ったことがあったという。一つは「惟亮子[14]」を明法博士に任じたことと、もう一つは「故孝信父[15]」を大夫史に任じたことの責めを受けたことである、という。しかし経信は、この両人は有能な官人であり、頼通には過失はなかったのだ、と師通に述べている。

寛治六年九月十三日条には次のようにある。

晴。民部卿来臨。於二宇治殿一承二万事一之処、被レ仰云、入道殿有二勘気《当》一。依二一事一也。大外記小槻頼信・明法博士惟亮男子等所レ補也者。大外記者可レ用二智者一之上美灑（麗カ）人也。明法人可レ用二直心一也。再拝承レ之。秉燭之後、以二（源）盛長一、被レ下二給延喜御記一。秘蔵書覧。宇治殿不レ能二披見一。

ここでは「故孝信父」が「小槻頼信」（未詳）となっているという違いはあるものの[16]、大筋では先の二月十八日条の話と同じである。高齢の経信がつい同じ話を二度してしまったのであろう。それとともに松本昭彦も指摘するように、「それを二度とも筆録したことは、師通の関心の高さを窺わせるものである」[17]。

以上の三例は、道長存命中の頼通の執政について経信が述べたことを筆録したものであり、承徳三年正月十日条には、鞍馬詣に際して寛仁二年二月十四日の頼通の先例と同じようにできたことを「相二叶件例一。尊重罔レ極耳」とも記している。

また、頼通がまとまった日記を残さなかったことも、その仰事が「口伝」として重視されたヒントとなろう。頼通が日記に対して冷めた見方をしていたようであることは、次にあげた寛治六年九月十二日条においても垣間見ることができる。

晴。参二高陽院一。於二陣座一而披二見文書一。良久事也。近代不レ見。而被レ下二宰相許一、令二読挙一歟。日記等不レ可レ見二才智人一之由、宇治殿所レ被レ仰也。最莫レ過二於斯一。酉剋帰宅。

師通は陣座で文書を披見するも「近代不レ見」とあり、当時の政務の状態を書いている。そこに頼通の仰言「日記等不レ可レ見二才智人一之由」を引用している。どうやら摂政・関白など才智の人は自分では見ずに、他の者に読みあげさせたようである。また、先にみた翌十三日条には、秘蔵の『醍醐天皇御記』を頼通は見なかったことが記されている。

頼通がなぜほとんど日記を記さなかったのか、という疑問は日記を記すということを前提としている。むしろ頼通にとって、日記を記すことの必然性はなかったのではないか(18)。

さて、坂本賞三の指摘(19)をふまえて考えるならば、道長、頼通とつづく御堂流嫡流による摂関継承は、頼通の段階ではやくも危機が訪れた。頼通は後継者に恵まれなかった。まず、村上源氏の師房を養子にする。そののち通房が生まれるも早世、今度は弟教通の長男信家を養子にしたりと後継に苦労した。結果として、師実が生まれて摂関家を継ぐことになるのだが、それは後世になってからわかることである。一旦は氏長者も含めて関白を弟教通に譲り、摂関職は師実に戻るはずではあったが、教通は教通で息子信長を後継にしたいと考えたことから、頼通との間に緊張が生まれ、摂関家の内部争いは頼通・師実と教通・信長と二代にわたって繰り広げられることになった。この緊張関係は寛治八年（嘉保元、一〇九四）に信長が亡くなるまでつづいた。

松薗斉は、日記の家としての摂関家は師実からはじまると述べているが(20)、その原因はこの摂関家内部の対立にあるのではないか。頼通の死後、教通も一年でこの世を去るが、健在であった信長と師実は親子ほどの差があり、師実が信長に対抗するためには頼通の言説に規範を求めるしかなく、頼通は日記を残していなかったため、その発言に注目したとは考えられないだろうか。少なくとも、師実や師通は摂関家の作法を頼通に求め、それを筆録することで自らの地位を保証したということはいえそうである。

五、おわりに
——書かれた口伝を隠蔽する——

この時代の言説状況が、次にあげた『水左記』承暦三年（一〇七九）二月十三日条にあらわれている。

天晴。早旦参レ殿（師実）。示レ余曰、故右大臣殿（源師房）暦記之中宇治殿被レ仰事等多由風聞。抄出可レ被レ及、是為レ自大切要事也。余申下如二教命一抄出可レ献之由上。

師実が、記主源俊房の父故右大臣師房の日記中に頼通の仰事が多くあるというので抄出すべし、という。『水左記』は村上源氏源俊房の日記で、その父師房は一時頼通の後継者であり、道長在世中に道長の指示によってその娘尊子と結婚していた。加えて治暦三年（一〇六七）、頼通が後三条天皇即位にともなって関白を辞した際、師実が二十六歳であるのに対して、師房は六十歳であったため、身内の立場から頼通の政務に実際に多く接していた師房の日記『土右記』が重視された[21]。そこから頼通の仰事を抜き出して、いわば頼通の口伝集の作成を命じたのであった[22]。

また、『師通記』寛治七年正月五日条裏書には、叙位儀にかかわる「葉紙一帖」について「殿下啓尋問之処、□故宇治殿仰レ之。土御門右府染レ筆注ニ書口伝一記也」とあり、これとの関係が考えられる[23]。

この記事によって、一つの口伝のメカニズムが暴露されることとなった。頼通の発言は、それが肉声を語り継いだということで重視されてきた。しかしながら、実は、語り継いだのではなく、書かれたもののなかから発言を切り取っていたという舞台裏がみえてしまったのである。書かれたテクストから頼通の発言を抜き出し、「仰事」とする例は、次にあげた『中外抄』上三十にもみることができる。

> 又准三宮事ヲハ有レ恐由宇治殿被レ仰之〔旨カ〕間、見ニ故殿(師実)御記一。師光(中原)申〔元〕云、御堂、宇治殿雖レ有ニ御表一遥不レ被レ許。然任人・御封戸事如何。仰云、雖レ不ニ恩許一任人・封戸事ハ一切ニ不ニ沙汰一也。又身ニ有レ毛人乃才ハ有也。近クハ我子共関白殿(藤原忠通)も勝レ毛之人也。

ここでは頼通の「仰事」が「故殿御記」（師実の『京極関白記』）にみることができるという。

もちろん、頼通の発言とされるものはすべて書かれたものだとまではいわない。たびたび師通を訪ね、世間話をしていた長老源経信の語りのようなものもあろう。しかし、寛治六年二月十八日条と九月十三日条の『師通記』にもあるように、同じことを二度話しても誤差があり、そのときの記憶によって語りは変化するものであるから（第二章参照）、それもやはり頼通の「語り」そのものであるとはいえまい。

問題は「書かれた」語り（＝口伝）のあやしさにある。「声」ゆえの一回性とその閉鎖性から、語りは「口伝」として尊重され、時には書かれたもの以上の価値を付与された。しかし、何度も述べているように、結局のところ、古記録において口伝は「書かれたもの」として存在するしかないのである。

書かれたテクストは、共有された出来事や、すでに書かれたものに出典を求めることができるのに対し、口伝は、書かれたものであるにもかかわらず、それを隠蔽した結果、その閉鎖性、密室性ゆえ、疑わしく、怪しげなものとなる。特に『師通記』における頼通の言説は、頼通が日記を残していないことから、語りをかき集めたものであるわけだが、その内容は入れ子型に語る発話者たちのなかで、最も現在に近い発話者と筆録者に大きく依存することとなり、頼通の言説としては大変疑わしい代物なのである。[24]『師通記』において、頼通は「造形されている」といっても過言ではないだろう。

日記を記さなかった頼通の言葉が、時代の言説情況と絡んで、古記録においても重要な要素となった。結果として「書かれたもの」であることを隠蔽した「口伝」が重視されることによって、「書かれたもの」である古記録を否定してしまうというパラドックスが生まれ、こののちしばらくして『江談抄』『中外抄』『富家語』のような言談筆記テクストを生み出す思考土壌がつくられたのであった。[25]

注

（1）松薗斉『日記の家―中世国家の記録組織―』（吉川弘文館、一九九七年）参照。

（2）あえて、「日本の」書物と断りを入れたのは、当然東アジア文化圏共通の古典としての漢籍の存在も意識してのことであり、『師通記』における漢籍引用が、先例・故実としてなされることの意味も考慮されるべきだが、本章では「日本の」＝「本朝の」書物に限定した。なお、『師通記』における漢籍については第Ⅱ部を参照。

（3）坂本賞三「村上源氏の性格」、片山剛「源師房序説―後期摂関時代の変奏―」（以上、古代学協会編『後期摂関時代史の研究』吉川弘文館、一九九〇年）、木本好信「『土右記』と源師房」（『平安朝日記と逸文の研究―日記逸文にあらわれたる平安公卿の世界―』桜楓社、一九八七年、初出一九八六年）など参照。

（4）朝尾直弘・宇野俊一・田中琢編『角川　新版　日本史辞典』（角川書店、一九九六年）。

（5）『平安時代史事典』「権記」項（田中裕美子執筆）、木本好信「『後二条師通記』と藤原師通」（前掲書、初出一九八五年）など。

（6）坂本賞三『藤原頼通の時代―摂関政治から院政へ―』（平凡社選書、一九九一年）。

（7）当然のことながら、『師通記』に師実が登場するのは日常茶飯のことであり、師実の先例を数えあげることは不可能なくらい膨大である。

（8）生存者を含めなかったのは、本章においては過去の先例や故実といったものが日記内でどのように扱われるかを中心に問おうとしたためである。

（9）『院号定部類記』上東門院に、「宇治殿御記」万寿三年（一〇二六）四月二十七日条がみえる。

（10）「古代・中世の説話集が多く収録の対象としたのは昔話ではなく、主として世間話であった。世間話といえば世間の雑事についてのとりとめのない噂話や雑談の類について用いられる言葉であるが、ここでいう世間話とは、もう少し限定された範囲の話を指す。すなわち昔話のように定まった型を持たず、荒唐無稽な空想事ではなくて実際に起こった出来事、あるいは話し手自身の経験したこととして話される話のことである。仏教の霊験譚も貴族の言行譚もほとんど全てがこの世間話に属する」（池上洵一「「説話文学」を考える」『池上洵一著作集　第二巻　説話と記録の研究』和泉書院、二〇〇一年、初出一九八七年、二八二頁）。

（11）竹内理三「口伝と教命―公卿学系譜（秘事口伝成立以前）―」（『竹内理三著作集　第五巻　貴族政治の展開』角川書店、一九九九年、初出一九五八年）。

（12）松本昭彦はこの辺の事情を次のように推測している。「師通が「大殿」道長の下での頼通の執政に関心を持っていた理由としては、両者の境遇の類似が考えられる。師通にとって頼通は、祖父でありかつ五十年も摂関を務めた、仰ぐべき祖先の一人であることは言うまでもないが、二人の間にはもう一つ重要な共通点があった。頼通は、藤原良房・基経以来師実まで十四人の藤原氏の摂政・関白の中で、前摂関である父親が政治的にも体力的にも余力を残した段階で直接その職を譲られた唯一の存在なのである。つまり頼通以前の摂関は、父の死後、父以外の人物から摂関職を引き継いだか、父が病により余命いくばくもない段階で引き継いだかのいずれかであり、自身の執政上に前摂関である父親「大殿」の影響力を考える必要はなかった。しかし頼通は、寛仁元年（一〇一七）三月に弱冠二十六歳で内大臣になった十二日後、五十二歳の父道長から摂政を引き継いだのである（道長は十年後の万寿四年まで生存）。そして、頼通の弟教通、教通の甥師実をはさんで師通が嘉保元年（一〇九四）に内大臣のまま関白になった際も、同様に、父「大殿」師実はまだ五十三歳で健在であった（七年後の康和三年まで生存）。寛治六年（一〇九二）の段階ですでに内大臣に就任して十年目の三十一歳であった師通には、近い将来摂関職を譲られることも視野に入っていたであろう（前述）が、唯一の先例頼通を見ると、近く父が健在なうちに関白を継承した場合、父「大殿」との関係には多少難しいところも出てくると予想できたのではないだろうか。頼通の執政のあり方への関心は、近い将来の自分の執政について頼通の場合のような「大殿」との二重構造を危惧する気持ちを含んでいたと、まずは言えるだろう。そしてまた、そのような頼通でさえ「大殿」道長の勘当を蒙りながらも自らの人事を行ったことがあったことにも注目しているわけである」（「藤原師通における家系と執政への意識―寛治六年源経信の除目に関する言談から―」関西軍記物語研究会編『軍記物語の窓』第二集、和泉書院、二〇〇二年、十二頁）。また、樋口健太郎「院政期摂関家における大殿について」（『中世摂関家の家と権力』校倉書房、二〇一一年、初出二〇〇二年）、佐藤健治「藤原師実・師通―両殿下制の挫折」（元木泰雄編『古代の人物六　王朝の変容と武者』清文堂、二〇〇五年）、海上貴彦「大殿の政務参加―藤原道長・師実を事例として―」（『古代文化』第七十巻第二号、二〇一八年九月）も参照。

（13）　類話が広橋本『江家次第』巻四「裏書」（所功「〔付〕『江家次第』逸文拾遺」『平安朝儀式書成立史の研究』（国書刊行会、一九八五年、初出一九八五年）参照）に収められているが、これに関しては松本昭彦が「『江家次第』の説話的記事をめぐって」（『国語国文』第六十五巻第四号、一九九六年四月）や前掲論文などで指摘している。

（14）　大日本古記録では「惟亮」を惟宗允亮と推測し、「子」とは允亮の子である道成ではないかと推測している。

(15) 大日本古記録では「故孝信」は小槻孝信であり、「父」とはその父だから貞行であろうと推測している。

(16) 大日本古記録は「前文二月十八日ノ条ニ拠レバ、大外記小槻頼信ハ、大夫史小槻貞行ノ誤リカ」とする。

(17) 松本昭彦前掲論文「藤原師通における家系と執政への意識―寛治六年源経信の除目に関する言談から―」九頁。

(18) 摂関家氏長者の日記執筆が前提となるのは、松薗斉の指摘する摂関家が「日記の家」化する師実からではないか。忠平以後、実頼・伊尹・兼通・頼忠・兼家・道隆・道兼・道長と摂関に就任するが、兼通・頼忠・兼家・道隆・道兼は日記執筆が確認できず、道長の前後だけをあげれば、むしろ道長が執筆したことのほうが異例ともいえる。摂関家にとっての日記執筆の意義はもう少し考えられるべき問題である。

(19) 坂本賞三前掲書。

(20) 松薗斉「摂関家」（前掲書、初出一九九三年）二〇七頁。

(21) これに関しては木本好信前掲論文「『土右記』と源師房」に詳しく、木本も「師実も忠実も宇治殿頼通のことを知りたくて、師房の日記を求めんとしていたことが明らかとなる（中略）頼通の公事を現実に受業したのは、実のところは師房であったのであり、師実へ継業したのも頼通ではなく、師房であったということができよう」と述べている。また、細谷勘資「村上源氏の台頭と儀式作法の成立」（細谷勘資氏遺稿集刊行会編『中世宮廷儀式書成立史の研究』勉誠出版、二〇〇七年、初出一九九三年）参照。

(22) 神田龍身「漢文日記／口伝書／説話集―『江談抄』『中外抄』『富家語』の位相」（『偽装の言説―平安朝のエクリチュール―』森話社、一九九九年、初出一九九七年）一四一頁。

(23) なお、俊房の子の師時の『長秋記』長承二年（一一三三）七月八日条には、「別当(源雅定)、故治部卿隆俊(源)卿之蒙二宇治殿口伝一所二注置一之秘書一巻借送。彼人極秘蔵者、隆俊不レ伝二長子俊実(源)卿一、而伝二故太政大臣雅実一。一見之処、誠有二情感多一。是土御門殿御日記相同。尤可二秘蔵一。」とあり、醍醐源氏である源隆俊が頼通の口伝を注しおいたものがあったことがわかる。ここには、この書を隆俊は「極秘蔵」とし、長子俊実には伝えず、外孫で村上源氏の雅実に伝えたことが書かれ、雅実の次男で検非違使別当雅定が師時に「借送」しているのである。そして、「土御門殿御日記」（『土右記』）と同様、「情感多」くあり、最も秘蔵すべきものであるとされている。

(24) こうした視点は第二章と同じものである。

(25) 福長進はこれらの文献に共通する言談の場について注目し、次のように述べている。「日記の現在に対する規範性は、閉鎖的なタテ関係の場において強固に保持されるだろう。ところが、日記伝承の閉鎖性が打破されてくると、日記の現在に対する規範性は薄らぎ、日記に記されていることと現在との一対一の向い合う関係が崩れていくことになる。そのとき日記に記されていたことが様々な角度から解釈され、様々な相貌を持ったものとして立ち現われてくることになろう。そして、日記伝承の閉鎖性が打破される場が言談の場であり、故実説話発生の地盤であったと考えるのである」(「『大鏡』と日記」山中裕編『古記録と日記』下巻、思文閣出版、一九九三年、二一二頁)。神田龍身はこの辺の事情を次のように説明する。「『江談抄』『中外抄』『富家語』という、主家の文書の相承にあずかれないものたちによる、口伝の筆録というぎりぎりの手段をもって成立しているテクスト内で、あえてこういう発言(論者注:『中外抄』上八十二のような記事をいう)がなされていることの意味を徹底して考えるべきであろう。日記に対して口伝なるものを切りだし、相対させるという論理操作に作為を認めるべきであり、自らの書物の存在価値を表明せんがために、日記の限界性が言われているのではないのか」(前掲論文一三八頁)。

結

世界は言葉によって織りなされるのであり、テクストそのものである。事物が言葉に先立って存在するのではなく、言葉が事物を規定し、それが織りなされることによって世界が形成される。テクストは他のテクストと関わり合いながら、それぞれの世界を形成する。これまで、書かれたものを、例えば歴史資料と文学作品とに分けてしまうことで、学問方法の境界ができてしまっていた。よって、そういった分類を一旦とりはらい、書かれたものすべてをテクストとして分析しようというのが本書の試みであった。複数の書かれたものを「史実」を構築する材料とするのではなく、また、書かれたものを「作品」として閉ざすのでもなく、言葉によって織りなされた、テクストとして、世界を読み解こうというのである。

古記録は、蓄積された先例に基づいて、それ自体も先例となるべく書かれた、平安朝以降の日本の貴族社会を規定する中心的テクストである。そのなかで、本書では『後二条師通記』を主たる対象としてきた。このテクストの転機はやはり、記主師通の早世であろう。古記録は他のテクストに比べて記主への依存度が高い。記主が一生涯にわたって日々書きつづけるのみならず、書いたものにも適宜編集の手を加えていたことは本書でもみてきた通りである。永保三年（一〇八三）から応徳二年（一〇八五）までの本文Aは、将来的に破棄されるべきテクストであったが、応徳三年以降多くみられるようになるペンディング記事などからもうかがわれるように、本文Aのみならず、現存する『師通記』自体がそもそも破棄される予定だった可能性が高い。しかし、記主によって繰り返し生成されるはずのテクストであった『師通記』は、記主師通が亡くなった三十八歳の時点で一旦生成を停止し、その状態で後世の人々に伝えられることとなった。『師通記』は、古記録の生成過程を知ることができる好個のテクストなのである。

さて、本書でこれまで考察してきたことから考えると、永保三年からの本文Aと本文Bは具注暦に書かれた草稿的本文とその清書という関係にはとどまらない、それぞれが別の論理をもったテクストであることがみえてくる。例えば、本文Aは日々書き継がれたものであるため、一見無関係な出来事の羅列のようにみえる。対して本文Bは、日次という形式を用いつつも数年後に書かれたため、出来事につながりが与えられ、記主の認識もうかがえる。出来事をとらえる時間的視野によって、テクストの性質は大きく異なるのである。

一方で、本文Aは、本文Bが関連性を見出さなかった別の事象がとらえられている可能性もある。これを物語的に構成される以前の事実を伝える「原史料」として尊重するのは容易であるが、これとても一日のある段階でふりかえって書かれた認識のひとつにすぎない。これらのテクストからは書くということの問題性が明らかになったのである。

また、文体に注目すれば、本文Aは和文的であり、本文Bは漢文を志向していた。どの文体を選択するかで、そのふまえるべきテクストが変わってくる。『師通記』における漢文体への志向は、東アジア古典世界にテクストを位置づけることになった。師通の学問や、その関係記事、漢籍の引用・抜書などは、そうした志向を端的にあらわしている。

他の年紀のテクストにおいても、ペンディング記事は、テクストが増補される可能性を示しているものであったのと同時に、先行する儀式書や日記、さらに同時期の日記をも取り込む意思を示すものであった。他のテクストを取り込むというのは、そのままそれが構築する世界を取り込むことであるため、そこには権力関係が成立する。

『師通記』が摂関家の日記たるゆえんである。

寛治五年（一〇九一）の二つの本文も、『師通記』が同時並行的に二つの世界をつくりあげる試みであったし、『師通記』の後半では、忍び寄る病魔によって世界の転倒可能性をほのめかすにとどまらず、実際にテクストに変質をもたらしてしまった。師通の晩年は、病が師通のみならず社会全体をゆさぶる事態となっていた。師通の身体は社会と連動していたのである。これは摂関家嫡流の師通の身体であればこそか。事実、その死は摂関家をさらに弱体化させることになったし、政治システムの転換点ともなった。また、その死後に承徳から康和に改元され、世界のリセットが試みられたわけであるが、日次を基本とする古記録は、「時間」を規定するテクストでもあった。師通が病に過敏にならざるを得なかったのもそれゆえであった。

『師通記』は、「日次」という形式に則りつつ、その内部では異なる位相をもったテクストが四方八方にうごめいていたのである。

本書においては、『師通記』をして古記録一般を語りすぎた感もある。さまざまな立場の貴族が記した古記録を、摂関家嫡流の日記である『師通記』に代表させるのは無理があろう。となると、最後に『師通記』とは何か、師通にとって日記を書くとはどのようなことか、について述べねばなるまい。

摂関家嫡流にとって日記を書くことは、必ずしも自明のことではない。頼通のように（まったく書かなかったわけではなくても）「書かない」という選択肢もあったはずである。あるいは家司の日記に記録を任せるならば、自らは書かなくともよかったのではないか。しかし、それでも書いたということは、家司の日記とは異なる自らの日記の意義を見出していたということになる――「有㆓委者時範記㆒」、「子細見㆓於左大弁記㆒」のように書くたびに、自分の日記とは何かという問題を突きつけられるのである――。

本書からみえてきたことは、日記の執筆によって支えられている記主師通の姿であった。師通は日記の執筆を通し、摂関家嫡流として、君子たらんとする自らを構築していた。

それは、例えば先例と漢籍に対する態度にもあらわれている。先例は、この時代の政務において、それに則ることが半ば目的化し、その根拠のために日記が書きつづけられた面があった。漢詩文は、東アジア古典世界における思想性から離れて通儒および男性貴族たちの交遊のための文化的ツールとなっていた。『師通記』はこれらの動きとは一線を画していた。

確かに先例は師通にとっても規範としてあった――だから院のような新しい権力による、先例を無視するような行為は認めなかったし、日記にも書かなかったのである――が、過去に行なわれたことを先例としてただ単に受け入れるのではなく、そこに原理と根拠を求めた。自らの存在の根拠たる道長・頼通・師実とつづく摂関家嫡流の先例を重視したのはもちろん、漢籍引用もその延長線上にあった。

「関白」の語の由来となった前漢の名臣霍光は繰り返し言及されている。道長の例をふまえた寛治五年の曲水宴でも、霍光および、曲水宴の創始者として周公旦が想起されていた。『漢書』霍光伝には周公旦の故事が引かれており、いずれも輔弼の臣として名の知られた人物である。師通は自らを、周公旦・霍光・道長という系譜のなかに位置づけようとしていたのである。『後漢書』に代表される学習はこれと根を同じくするものであろう。

また、漢籍は、物事の判断の根拠としても用いられた。「蹊田奪牛」故事引用や、謝恵連「雪賦」引用とそれをふまえた表現はその一例である。「蹊田奪牛」故事における申叔時、「雪賦」の李善注などをふまえ「臣道」や「委積之臣」など、君臣関係のあるべき姿を読み取っていたことなどは、輔弼の臣として自らを位置づけようとする意識のあらわれである。

テクストという観点から考えてみると、先例引勘も漢籍引用も同じことで――「先例引勘」というと、儀式や政務におけるもので、歴史学的対象とされ、「漢籍引用」となると、文学的対象とされてきたことから、それぞれ別に検討されることが多かったが、本来先例も漢籍も目の前にあるテクストをほどいていくときにみえてくる、織り込まれた先行するテクストである――、漢籍こそが東アジア古典世界をつくったテクストであり、ふまえるべき先例であった。

同様に、詩文を引用し、自らも詩的言語を日記に書き連ねる行為は、詩を通して世界を把握しようという、東アジア古典世界の君子を志向したものであった。古記録では使用されない語である「廻眸」を使用したのも、単に白居易という流行作家が使用した語であるからということではないだろう。和語「見わたせば」に通じる、自らを古代の聖王に見立て、高所より世の中を見わたし、時に睥睨するような師通の視線と姿勢がある。それゆえに、こうしたふまえるべき先例・典拠から外れたものを徹底して無視をしたのである。病や彦根詣、大田楽などがそうであり、これらは、高所から見わたす師通の立場を転倒させかねない、古典テクストが構築してきた秩序を乱すものであった。

『師通記』は、摂関家嫡流として君子たらんとする師通の生き方の記録であったわけだが、その終わりはまことにあっけないものであった。この、日記からのドラマティックな退場――テクストの日常が突然終わりを迎えることになった、あっけない幕切れ――を演出したのは、彼が懼れ、忌避した病であった。「不例」（例ならず）とも書かれる病が、あるべき「例」を志向していた師通および『師通記』を内側から次第に蝕み、破壊したのである。一方でこれによって、皮肉にも『師通記』は古記録というテクストの生成過程を残すことにもなったのである。

初出一覧

各章と既発表論文との関係は以下の通りである。旧稿にはそれぞれ大幅に手を加えている。

序　書き下ろし

第Ⅰ部　『後二条師通記』生成論

第一章　現在
「『後二条師通記』の伝本と受容」（『日本漢文学研究』第五号、二松学舎大学日本漢文教育研究プログラム、二〇一〇年三月）

第二章　二つの本文──永保三年〜応徳二年──
「漢文日記の生成──『後二条師通記』二つの本文──」（『日本文学』第五十六巻第九号、日本文学協会、二〇〇七年九月）

第三章　開かれたテクスト──応徳三年〜寛治四年──
「開かれたテクストとしての漢文日記──『後二条師通記』応徳三年〜寛治二年条を中心として──」（『学習院大学大学院　日本語日本文学』第四号、学習院大学大学院人文科学研究科日本語日本文学専攻、二〇〇八年三月）

第四章　再び二つの本文──寛治五年──
「『後二条師通記』寛治五年の「本記」「別記」」（『史聚』第四十三号、史聚会、二〇一〇年三月）

第五章　病と揺らぐテクスト

「後二条師通の彦根詣――病・夢・書物――」（物語研究会例会口頭発表、於神奈川大学、二〇一二年七月）

第六章　受容と現存

「『後二条師通記』の伝本と受容」（『日本漢文学研究』第五号、二松学舎大学日本漢文教育研究プログラム、二〇一〇年三月）

第Ⅱ部　東アジア古典世界のなかの『後二条師通記』

第一章　師通の学習記録

「『後二条師通記』の学習記録――日記叙述とテクスト生成――」（『東アジア比較文化研究』第七号、東アジア比較文化国際会議日本支部、二〇〇八年五月）

第二章　日記叙述と漢籍――謝恵連「雪賦」をめぐる諸相――

「漢文日記叙述と漢籍――摂関家の日記としての『後二条師通記』――」（『日本中国学会報』第六十三集、日本中国学会、二〇一一年十月）

第三章　師通の白詩受容

「藤原師通の白詩受容――『後二条師通記』が拓く文学世界――」（Tomasz Majtczak and Senri Sonoyama『Language and Literary Traditions of Japan』Jagiellonian University Press、二〇一四年）

第四章　寛治五年「曲水宴」関連記事における唱和記録

「『後二条師通記』寛治五年「曲水宴」関連記事における唱和記録――「劉公何必入天台」を始発として――」（吉原浩人・王勇編『海を渡る天台文化』勉誠出版、二〇〇八年）

第五章　師通の漢籍〈知〉と匡房・通俊――声と文字との往還――

「藤原師通の漢籍〈知〉と匡房・通俊――声と文字との往還――」（磯水絵編『論集 文学と音楽史――詩歌管絃の世界』和泉書院、二〇一三年）

附　章　漢籍引用・抜書一覧
「『後二条師通記』における漢籍引用――日記叙述とテクスト生成――」（『学習院大学 人文科学論集』第十七号、学習院大学大学院人文科学研究科、二〇〇八年十月）

附　表　漢籍関連記事一覧
新規作成

第Ⅲ部　〈古記録〉の論理

第一章　私日記の発生と展開
「私日記の発生と展開　覚書――外記日記の変容を通して――」（早稲田大学古代文学比較文学研究所編『アジア遊学 別冊三 日本・中国 交流の諸相』勉誠出版、二〇〇六年三月）

第二章　記憶と記録――中宮賢子の死、および「永長の大田楽」をめぐって――
「記憶の現在――漢文日記 書くことの論理――」（『物語研究』第七号、物語研究会、二〇〇七年三月）

第三章　語りと筆録――記さざる人・頼通の言説――
「漢文日記における語りと筆録――『後二条師通記』を中心として――」（『中古文学』第八十四号、中古文学会、二〇〇九年十二月）

結　書き下ろし

あとがき

本書は、学習院大学大学院人文科学研究科に提出した博士学位論文をもととし、加筆、補訂したものである。審査にあたられた神田龍身先生（学習院大学文学部教授）、安部清哉先生（学習院大学文学部教授）、吉原浩人先生（早稲田大学文学学術院教授）に篤く御礼申し上げる。

また、本書をまとめるにあたり、懇切な校閲をして下さった山岸健二氏、刊行を御快諾下さった和泉書院代表取締役廣橋研三氏に心より感謝申し上げる。

出版に際しては、学習院大学大学院人文科学研究科博士論文刊行助成金の交付を受けた。

平成三十一年（二〇一九）三月三十一日

中丸貴史

索　引

・人名、研究者名、書名については、五十音に配列し、古記録言及引用箇所については、『師通記』とその他のテクストに分けてそれぞれ時系列に配列した。
・引用本文（除研究論文）中の語は原則として採らなかった。
・研究書名および論文題目中の語は採らなかった。
・人名索引において、天皇・上皇・院などについては、退位前・後にかかわらず、天皇名で採った。
・書名索引は、対象テクストを江戸時代以前のものに限った。

人名索引

へ

ほ

ま

み

研究者名索引

書名索引

古記録言及引用箇所索引

【後二条師通記】

【他の古記録】

■**著者紹介**

中丸貴史（なかまる　たかふみ）

博士（日本語日本文学）

防衛大学校人文社会科学群人間文化学科准教授

〔略歴〕

一九七九年　埼玉県川口市生

二〇〇三年　学習院大学文学部日本語日本文学科卒業

二〇〇九年　二松学舎大学日本漢文教育研究プログラム研究員

二〇一〇年　学習院大学大学院人文科学研究科日本語日本文学専攻博士後期課程修了

二〇一一年　（大韓民国）啓明大学校人文大学日本語文学科助教授

二〇一二年　防衛大学校人文社会科学群人間文化学科講師

二〇一五年　同准教授

〔主要業績〕

『時範記逸文集成』（共編、岩田書院、二〇一八年）

『王朝歴史物語史の構想と展望』（共著、新典社、二〇一五年）

『王朝文学と東ユーラシア文化』（共著、武蔵野書院、二〇一五年）

『藤原彰子の文化圏と文学世界』（共著、武蔵野書院、二〇一八年）

研究叢書516

『後二条師通記』論
―平安朝〈古記録〉というテクスト―

二〇一九年一一月一日初版第一刷発行

（検印省略）

著者　中丸貴史

発行者　廣橋研三

印刷所　亜細亜印刷

製本所　渋谷文泉閣

発行所　有限会社　和泉書院

大阪市天王寺区上之宮町七－六

〒五四三－〇〇三七

電話　〇六－六七七一－一四六七

振替　〇〇九七〇－八－一五〇四三

ISBN978-4-7576-0937-2　C3395

研究叢書

『発心集』と中世文学 主体とことば	山本　一著	501	九〇〇〇円
日本鉱物文化語彙攷	吉野政治著	502	一一〇〇〇円
ゴンザ資料の日本語学的研究	駒走昭二著	503	一〇〇〇〇円
平安朝の歳時と文学	北山円正著	504	九五〇〇円
笈の小文の研究 評釈と資料	大安　隆・小林　孔 松本節子・馬岡裕子著	505	一三〇〇〇円
『三玉挑事抄』注釈	岩坪　健編著	506	一五〇〇〇円
仮名貞観政要梵舜本の翻刻と研究	加藤浩司編著	507	一二五〇〇円
転換する日本語文法	吉田永弘著	508	八〇〇〇円
二合仮名の研究	尾山　慎著	509	一三〇〇〇円
古代語の疑問表現と感動表現の研究	近藤要司著	510	一三〇〇〇円

（定価は表示価格＋税）